Eine wahre Geschichte
von einer Reise um die Welt,
einer Frau, die vom Himmel fiel
und der Kunst, das Leben zu umarmen.

Bibliografische Information der Deutschen Nationalbibliothek
Die Deutsche Nationalbibliothek verzeichnet diese Publikation in der Deutschen Nationalbibliografie; detaillierte Daten sind im Internet abrufbar über: https://dnb.de

Einmal Himmel und zurück zu mir (Originalausgabe)

1. Auflage April 2023
Ein Imprint der C. Klein & J. Helbig GbR, Hortensienstraße 26, 40474 Düsseldorf

Autorin: Celine Stüker
Coverfotos © Celine Stüker
Gestaltung von Celine Stüker & KLHE-Verlag
Fotos von Celine Stüker ©, ausgenommen das Foto der Kajakfahrt auf Seite 52 - Kayak Santa Cruz ©, die drei Fotos des Hilfsprojektes in Bolivien auf den Seiten 288 und 289 - Wolfgang Landes ©, sowie das Autorenfoto auf Seite 292 - Orion Dahlmann ©.
ISBN: 978-3-98538-105-0

Weitere Informationen zum Verlag:
www. klhe.de
Kostenloser Newsletter mit Info-Grafiken und Bonus-Inhalten unter:
www.klhe.de/helper/bonus-2

EINMAL HIMMEL UND ZURÜCK ZU MIR

von
Celine Stüker

KLHE

Hinweis

Geographische, geologische und geschichtliche Angaben habe ich nach bestem Wissen und Gewissen recherchiert. Für die Fehler Dritter übernehme ich keine Haftung. Aus Gründen des Datenschutzes habe ich Namen von Personen verändert. Das Buch habe ich allein aus meiner subjektiven Wahrnehmung heraus verfasst, weshalb ich Personen und Situationen möglicherweise anders dargestellt habe, als die Betroffenen sie erlebt haben. Eben diese Wahrnehmung ist es, die das Leben so kompliziert, aber auch so spannend und wundervoll macht. Es verleiht ihm so Würze und Einzigartigkeit.

Inhaltsverzeichnis

Vorwort

◇◇◇◇

Ich hatte mich verloren.
Die Bedürfnisse anderer für die meinen gehalten. Hatte mich eingesetzt, abgehetzt, verausgabt. Die einst strahlenden Farben meiner Identität verblassten mehr und mehr. Und mit ihnen verschwand die Leichtigkeit aus meinem Leben. Es geschah nicht plötzlich. Nein, ganz unbemerkt und leise ging sie fort, wie eine Freundin, die hinnahm, dass sich keine gemeinsame Zeit mehr finden ließ. Mit vierzig rüttelte mich diese Erkenntnis wach und zwang mich zu handeln. Mich dürstete es nach erfreulichen, neuen Eindrücken. Ich wollte riechen, schmecken, lachen und tanzen. Ich wollte mutig sein. Mich „resetten" auf mein jüngeres, unbeschwertes Ich. Eine Weltreise schien mir die Lösung. Das war vielleicht etwas drastisch; doch halbe Sachen waren noch nie mein Ding gewesen. Im Januar 2017 startete ich dann in mein Abenteuer …

Teil I

Die Welt ist ein Buch.
Wer nie reist, sieht nur eine Seite davon.

Augustinus Aurelius

Turbulenzen

Ich schaff es nicht, ich schaff es doch.

◇◇◇◇

Ich mach's tatsächlich! Mein Herz schlug wild in meiner Brust. Jubel und Übelkeit rangen miteinander. Ich befand mich am Flughafen. Nur wenige Schritte vom Terminal entfernt. Während der nächsten elf Monate werde ich tun und lassen, was ich möchte, versprach ich mir. Mein „altes Ich" wehrte sich gegen die ungewohnte Freiheit und reagierte mit einem flauen Magen. Der Drang, mich gleich zu übergeben, wurde fast übermächtig. Mir war heiß und kalt zugleich.
„Ihr Ticket bitte und den Reisepass", forderte mich die Mitarbeiterin am Check-in auf. Dankbar für die Ablenkung reichte ich ihr mit zittrigen Händen die Unterlagen. Zu meiner Freude ergatterte ich einen Sitz am Gang. Also genügend Platz, um meine Beine während des Fluges gut ausstrecken zu können. Bis zum Boarding war noch ein bisschen Zeit. In diesem Moment fühlte ich mich völlig aufgeschmissen. Was hatte ich mir nur gedacht? Mein bisheriges Leben war geprägt gewesen von Struktur und Regeln. Ich führte Listen. Ja, ich hatte eine regelrechte Sucht entwickelt, denn sie halfen mir, keine meiner zahlreichen Aufgaben zu vergessen. Die Tatsache, nur mit einer ungefähren Vorstellung meiner Reiseroute aufzubrechen, erschien mir mit einem Mal völlig absurd. Doch für Änderungen war es zu spät.
Du bist eine starke Frau! Du schaffst das, baute ich mich auf. Um meine Sorgen zu zerstreuen, ging ich in Gedanken noch einmal meine Checkliste durch: Mein Reisepass war in der Bauchtasche, mein Impfausweis, das Visum für Australien und meine Kreditkarten ebenfalls. Sollte ich doch noch etwas vergessen haben, konnte ich wohl darauf verzichten. Ein gutes Gefühl!
Eine Sache bereitete mir jedoch noch Kopfschmerzen: Ich hatte zwei Tage zuvor versucht, mit meinem Handy eine Unterkunft über Airbnb in Buenos Aires zu buchen. Die Kreditkartennummer hatte ich bereits eingegeben, nur die Bestätigungsmail hatte ich bis jetzt noch nicht erhalten. Ob das wohl gutgeht, fragte ich mich. Schnell schob ich den Gedanken beiseite, denn mein Flug wurde gerade aufgerufen.
Nach einem Zwischenstopp in Amsterdam stand ein riesiger Jumbo-Jet bereit, der uns über den Atlantischen Ozean tragen würde. An Bord der Maschine roch es nach Desinfektionsmittel und trockener Ventilatorluft. Auf meinem Platz lagen eine dunkelblaue Decke, ein Kissen und Kopfhörer. Sorgfältig eingeschweißt warteten sie nur darauf, von mir ausgepackt zu werden. Erleichtert ließ ich mich in den Sitz sinken und begrüßte die beiden Mitreisenden in meiner Reihe. Für ein richtiges

Gespräch war ich zu nervös. Außerdem drängte mich der Dreizehn-Stunden-Flug nicht gerade zur Eile. Aufgeregt umklammerte ich meine Armlehnen und schielte aus dem Fenster. Der Augenblick, in dem ich spürte, wie das gewaltige Flugzeug vom Boden abhob, ließ meinen ganzen Körper vor Erregung erzittern. Ich hatte die richtige Wahl getroffen! Ich war mir sicher … oder doch nicht?
Als die Stewardess kam, um mir ein Getränk anzubieten, nahm ich ein Glas Rotwein, eine Hommage an meinen Vater. Er hatte einen „guten Tropfen" stets zu schätzen gewusst und täglich davon gekostet. „Das fördert die Gesundheit", hatte er behauptet. Jetzt ging es mir nur darum, meine Nerven zu beruhigen, denn mein Puls beschleunigte sich, als sich erneut eine leise Stimme in mir regte und mich aufforderte, ganz ehrlich zu mir zu sein. Denn ich war nicht nur auf der Suche nach meiner Identität, sondern hegte die Hoffnung, dass die Zeit, die vor mir lag, meine Wunden heilen würde, die die Trauer hinterlassen hatte.
Eine weitere Facette meines Lebens, die mich hierhergebracht hatte: auf Platz 18 C …

◇◇◇◇

„Es war ein tragischer Unfall!", hörte ich mich in der Erinnerung sagen. Die Menschen in meinem Umfeld wollten immer wieder eine Erklärung für den Tod meiner Mutter. Also gab ich ihnen, wonach sie verlangten, damit sie mich in Ruhe ließen. Möglichst schnell.
„Sie war so glücklich, hatte gerade den Mietvertrag für ihre neue Wohnung unterschrieben! Und dann das! Was für eine Tragödie!", musste ich mir immer wieder anhören. Aber was sollte ich darauf sagen? „Ja, in der Tat, das war es."?
Ich dachte an unser letztes Treffen vor dem Unfall. Es war ein Samstag gewesen. Ich weiß es noch ganz genau. Wir packten das blau-weiße Hutschenreuther Service, das wir nur für besondere Anlässe aufbewahrten, in die Umzugskartons. Nach getaner Arbeit griff ich zum Stift und schrieb wieder eine meiner Listen. Für meinen nächsten Besuch am kommenden Wochenende wollte ich gut vorbereitet sein. Die Sauna sollte geliefert werden. Luxus und Freude zugleich, die sich meine Mutter gönnte. Am Sonntag drückte ich ihr zum Abschied einen Kuss auf die Wange und am Mittwoch erhielt ich den verhängnisvollen Anruf von ihrem Sturz. Wie ein Blitzschlag durchfuhr mich Adrenalin, so als ob meine Seele um die Folgen bereits wusste. Sofort packte ich meine Autoschlüssel und setzte mich in meinen Mazda. Es lagen acht sorgenvolle Stunden Fahrt vor mir, denn für eine berufsbegleitende Ausbildung zur Heilpädagogin war ich vor einem Jahr umgezogen. Und nun das …
„Hat sie sehr gelitten?", wollte Margot, eine entfernte Verwandte, Wochen später auf der Trauerfeier wissen. Für einen Moment fehlten mir die Worte.

Wie sollte ich all das, was mich bewegte in eine verständliche Erklärung packen? Unsere Leben waren eng verwoben gewesen, wie die Fäden eines Teppichs. Bereits bevor ich laufen konnte, hatte ich stolz im Sattel vor meiner Mutter gesessen und durch die Reithalle gerufen: „Neller! Neller!“ Es konnte mir nicht schnell genug gehen. Mit ihr hatte ich mir alles zugetraut. Ich war knapp sechs Jahre alt, als sich meine Eltern getrennt haben. Meine Mutter war die einzige Konstante in meiner neuen, mir fremden Welt. Als das jüngste von drei Geschwistern blieb ich als Nesthäkchen bei ihr zurück …
„Hat sie sehr gelitten?“, hallte die Frage in meinem Kopf nach. „Jetzt geht es ihr jedenfalls gut! Als Christin ist sie von einem Leben nach dem Tod überzeugt gewesen“, erwiderte ich unbeholfen und ausweichend. Ich vermied den Blickkontakt. Rückte meine Sonnenbrille zurecht, die ich auch im Gottesdienst anbehalten hatte. Wäre es anders gekommen, wenn ich nicht umgezogen wäre?, nagte ein haltloser, quälender Gedanke an mir. Schnell verbannte ich ihn in einen fernen Winkel meiner Seele.
Mittlerweile lag die Beerdigung einige Monate zurück. Monate, in denen ich als gehorsame Soldatin wieder meinen Dienst angetreten hatte und meinen Pflichten nachgekommen war. Der Verlust hinterließ eine Leere, die schmerzte. Im Besonderen nach der innigen Nähe der letzten Jahre, in denen ich sie unterstützte. Egal ob es ums Rasenmähen oder um Hilfe nach ihrem Hüftbruch ging.

Mein linkes Augenlid begann zu zucken. Das passierte bei Stress. Vorsichtig legte ich meine Hand darüber, um es zu beruhigen. Hob den Kopf und blickte hinweg über die Köpfe der Passagiere Richtung Fenster. Hinaus in die Wolken. Das war Vergangenheit – und die konnte ich nicht mehr rückgängig machen, wütete es in mir. Gefühlsausbrüche dieser Art kannte ich bisher nicht von mir und hatte auch kein Verlangen, diese Erfahrung zu vertiefen. Um das zu untermauern, prostete ich mir selbst zu und führte das Glas Wein an meine Lippen. Meine Erinnerungen wanderten indes wieder zurück. Gerade glaubte ich, ein Alltag würde sich wieder einstellen, doch das Leben gönnte mir keine Ruhepause …

„Drrr“, ertönte mein Telefon, und mein Bruder berichtete mir, nur sechs Monate nach dem Tod meiner Mutter, völlig aufgelöst, dass unser Vater einen Herzinfarkt erlitten hatte. Nach dieser Hiobsbotschaft blieb uns nicht viel gemeinsame Zeit, denn nur ein paar Tage später versagte sein Herz vollständig.
Von da an war es offiziell: Ich war eine Waise.
„GENUG!“, schrie mein Herz.
„Hab noch eine Weile Geduld!“, erwiderte liebevoll meine Seele.
„Ihr spinnt!“, murrte der Verstand und mein Körper tat gehorsam seinen Dienst.

Ein kalter Schauder überfiel mich. Seitdem fühlte ich mich nicht mehr jung. Nein, nicht wie eine Frau von achtunddreißig Jahren, sondern uralt. Unruhig stand ich auf, um mir die Beine zu vertreten. Die Sitzreihen im Flugzeug schwankten wie eine Hängematte im Wind. Turbulenzen oder der Alkohol? „Oje", stöhnte ich und hoffte, dass sich der Genuss des Weins nicht am nächsten Tag böse rächen würde. Zurück auf meinem Sitzplatz kuschelte ich mich in die dunkelblaue Fleecedecke und ließ meinen Gedanken wieder freien Lauf.

Zum ersten Mal gab es nach dem Tod der Eltern keine Verpflichtungen und keine Erwartungen mehr zu erfüllen. Das Telefon kündigte keine Anrufe an. Es war still in meiner kleinen Wohnung in der großen Stadt. Ich nahm einen weiteren Schluck Wein und presste den kleinen Plastikbecher gegen meine Stirn. Er gab leicht nach und bevor ich etwas verschüttete, stellte ich ihn schnell zurück in die Halterung am Ablagetisch. Erschöpft lehnte ich mich zurück in die Geborgenheit meines Sitzes und döste ein.

◇◇◇◇

Als ich erwachte, schmerzte mein Nacken und mein Mund fühlte sich trocken an. Müde streckte ich mich und sah mich um. Viele der Passagiere verfolgten gespannt einen Film auf ihrem kleinen, privaten Bildschirm. Andere vertrieben sich die Zeit mit Lesen oder spielten ein Videospiel auf ihrem Handy. Ich machte mich auf in Richtung Cockpit. Vielleicht fand ich die freundliche Stewardess von vorhin und konnte sie um ein Mineralwasser bitten. Weit musste ich nicht gehen. Sie war gerade dabei, einem anderen Gast ein Kissen zu bringen. „Gern. Ich komme gleich zu Ihnen", beschied sie meine Frage. „Wo sitzen Sie?" Ein Grübchen zierte ihre Wange.
Ich war zufrieden mit mir, schaffte ich es doch zumindest im Moment, mich gut zu versorgen. Das hatte kurz nach dem Tod meiner Eltern noch anders ausgesehen.

Die Tage verschlangen meine Kräfte mit dem Hunger eines dreiköpfigen Drachens. Mein Fundament aus Disziplin und Selbstkontrolle begann sich langsam aufzulösen – wie Asphalt, der unter großer Hitzeeinwirkung schmilzt. Selbst meine Geschwister waren von meinem Radar verschwunden. Es war eine dunkle Zeit. Doch in der letzten Sekunde gelang es mir, die Reißleine zu ziehen, und ich folgte zu meiner eigenen Verwunderung, meiner Sehnsucht - einem Gefühl - statt der Vernunft.

◇◇◇◇

Eine Stunde später wurde das Abendessen serviert: Hähnchenbrust mit Kartoffelpüree und Erbsen. „Hungrig?“, drang eine Stimme mit einem angenehm weichen Timbre an mein Ohr. „Mm“, antwortete ich automatisch und suchte die Person zur Stimme. „Also hungrig, alleinreisend und eher zurückhaltend, ja?“ Ich lachte, drehte meinen Kopf und lernte Jack aus Schweden kennen. Um die fünfzig, immer noch ein Sonnyboy mit charmantem Lächeln, sonnengebräuntem Gesicht und fröhlich funkelnden, blauen Augen.
Es war leicht, mit ihm ins Gespräch zu kommen. Wir unterhielten uns auf Englisch, die richtige Einstimmung auf das, was vor mir lag. Als er von meinen Reiseplänen hörte, wollte er Details zu meinen Vorbereitungen hören. „Gern, aber du musst mich stoppen, wenn es dir zu viel wird!“, warnte ich ihn. Jack lächelte und drängte mich: „Fang endlich an! Wie plant man eine Reise um die Welt in nur vier Wochen?“ „Mit dem, was ich besonders gut kann: sorgfältig organisieren“, konterte ich. „Nachdem ich meine Zweifel, ob ich das Geld aus dem kleinen Erbe meiner Mutter für die Reise nutzen sollte, beiseitegeschoben hatte, wurde es immer leichter. Die Genehmigung für einen einjährigen unbezahlten Urlaub hatte ich in kürzester Zeit erhalten. Ich konnte mein Glück kaum fassen!“ Beflügelt, einen interessierten Zuhörer zu haben, plauderte ich beschwingt weiter. „Die Dinge, die mir wichtig sind, habe ich in Plastikboxen gepackt und in meinem Keller gestapelt. Die Ausnahme bildet ein Koffer, den ich mit großer Sorgfalt gepackt habe. Meine Freundin Sophie wird ihn für mich aufbewahren und ihn mir bei Bedarf schicken.“
„Bei Bedarf“ sollte bedeuten: für den Fall, dass ich ein Plätzchen fand, an dem ich für immer bleiben wollte oder meine große Liebe fand. Aber auch, wenn mir das Backpacker-Leben schlicht nicht gefallen sollte und ich mir an einem schönen Fleckchen Erde ein Häuschen für die verbleibende Zeit mieten würde. Der Koffer war somit etwas wie ein Sicherheitsnetz. Dabei nickte ich Jack bekräftigend zu. Ich wollte ihm vor Augen führen, wie umsichtig ich doch war. Ihn schien das irgendwie zu amüsieren.
Natürlich habe ich auch noch meinen Impfstatus prüfen lassen und mich für den Ernstfall mit Malaria-Tabletten ausgerüstet. Und dann wurde es für mich spannend, denn auf meiner Liste stand als nächstes der Kauf eines Handys. „Ernsthaft? Du hast dir erst ein Handy kaufen müssen?“, unterbrach er meinen Redefluss.
Ich bejahte und musste lachen. Ja, das war in der Tat ziemlich ungewöhnlich, doch bisher war ich auch ohne WhatsApp und Co. ganz gut ausgekommen. „Für welches Modell hast du dich entschieden?“, wollte er nun neugierig wissen. Stolz präsentierte ich ihm mein mattgold glänzendes iPhone 7 Plus.“

„Auf das musst du richtig gut aufpassen! Das ist schneller weg, als du gucken kannst!", riet er mir. Die Warnung registrierte ich. Doch ich war mir ganz sicher, dass ich es genau im Auge behalten würde, so glücklich, wie ich darüber war. „Dazu habe ich mir noch ein Akku-Ladegerät und eine winzige, tragbare Tastatur gekauft. Denn ich will meine Angewohnheit, Tagebuch zu führen, nicht aufgeben. Auch habe ich mir zwei Stunden Training gegönnt, um den Umgang mit Handy und Apps zu erlernen. Es war so aufregend! Stell dir vor, als ich irgendwann zögerlich meiner Bank meine Pläne offenbart habe, hat mir der Mitarbeiter sofort angeboten, das Online-Banking zu installieren. So freundlich, nicht?"
Jack zeigte sich weiterhin beeindruckt und wurde nicht müde, meinen Ausführungen zu lauschen. Er wollte unbedingt wissen, wie ich meine Reiseroute festgelegt hatte.
„Nun ..." Ich machte eine gewichtige Pause. „Das war der schwierigste Teil für mich." Ich gestand, dass ich so daran gewöhnt war, mich in meinem Hamsterrad zu drehen, dass ich tatsächlich überfordert war, jetzt so viele Möglichkeiten zu haben. „Schließlich suchte ich in der Reise-Abteilung einer Buchhandlung nach Inspiration und war wie erschlagen von der Vielfalt der Angebote. Als ich gerade im Begriff war zu gehen, ist mir ein bestimmtes Buch aufgefallen. Ein Bildband mit dem Titel ‚Die faszinierendsten Reiseziele der Welt' (1). Kurz entschlossen habe ich ihn gekauft und zu Hause erst einmal durchgeblättert. Die Seiten rochen ganz neu nach frischer Druckerschwärze. Die Bildqualität war überwältigend und eine Stimme in mir mahnte: Das ist doch bestimmt alles bearbeitet und retuschiert! So wunderschöne Orte kann es doch gar nicht geben, oder doch?
Irgendwann habe ich dann nur noch versucht, meinem Gefühl zu folgen, und mich so für meine Reiseziele entschieden." Jetzt war es an ihm, bekräftigend zu nicken, und ich zählte meine Sehnsuchtsorte auf.
Zuerst sollte es nach Südamerika gehen. Ich wollte unbedingt in Peru die im 15. Jahrhundert erbaute Inkastadt Machu Picchu und in Patagonien den Perito-Moreno-Gletscher sehen. Ich wollte Tango tanzen auf den Straßen von Buenos Aires und durch die Uyuni in der bolivianischen Atacama-Wüste fahren. Alles Weitere würde sich hoffentlich vor Ort ergeben.
Danach wollte ich nach Australien, von dort nach Bali. Ich freute mich schon darauf, dort für ein paar Wochen dem verlockenden Nichtstun zu frönen. Anschließend sollte es in Asien nach Kambodscha, Vietnam, Myanmar, Thailand, an die Chinesische Mauer und nach Tibet gehen. Last but not least plante ich noch drei Monate in Neuseeland ein. Dort wollte ich mit Delfinen schwimmen und einen Van mieten oder kaufen, den ich als Camper benutzen konnte. Ich freute mich darauf, das Land zu erforschen und seine Schönheiten zu bewundern. „Weißt du, Jack, ich frage mich, welche Abenteuer wohl auf mich warten. Auf was für Menschen werde ich treffen?

Welche Geschichten werden sie mir erzählen?" „Ja, das glaube ich dir gern! Ich denke, das ist es, was auch mir am Reisen so gefällt. Hast du eigentlich deine Flüge schon alle fest gebucht?"

Ich verneinte und erklärte: „Ganz bewusst habe ich mich für das flexible Buchen über mein Handy entschieden. So bin ich unabhängiger und kann völlig spontan einem inneren Impuls folgen – ganz anders als bisher in meinem Leben."

„Bravo, Celine!", bestärkte er mich. „Du wirst sehen, das wird dir gefallen!" Die Stewardess räumte unser Essen ab und brachte den Nachtisch: Eis, ein Mini-Magnum mit Schokoladenüberzug – und das auf einem Langstreckenflug! Ich war beeindruckt. Jack fand das lustig. „Du wirst noch viele Überraschungen auf deiner Reise erleben, noch bedeutend größere als die da!" Dabei deutete er mit seinem Kopf auf mein Eis. „Wie ging es dann weiter?", wollte er wissen. „Ich hab mir einen Rucksack gekauft, den bequemsten. Auf Empfehlung des Verkäufers erstand ich noch drei Ersatzschnallen für die Bauch- und Rückengurte, weil es durch den Transport in Bussen oder im Flugzeug vorkommen kann, dass eine zerbricht." „Klingt, als ob der Verkäufer aus eigener Erfahrung spricht. Sicher eine gute Investition", stimmte Jack zu. „Tja, und da ich ja schon einmal dort war, hab ich mich von den Angeboten verführen lassen und mir noch extra leichte Wanderschuhe und Sommersandalen mit Riemchen gekauft, außerdem Regensachen, einen Sonnenhut, den ich zusammenfalten kann und, um es kurz zu sagen, viel zu viel."

„Das kann ich mir gut vorstellen! Du bist ja leicht zu begeistern", kommentierte Jack mit einem Lachen. Ich hob meine Hand und knuffte ihn gegen den Arm. „Nein, das war ganz anders!", verteidigte ich mich und überspielte die Situation mit weiteren Ausschmückungen: „Kaum ein freies Fleckchen hat sich auf meinem Teppich im Wohnzimmer gezeigt, auf dem ich all die Dinge ausgebreitet hatte. Trotzdem hab ich versucht, alles geordnet in den Rucksack zu füllen. Doch es wollte mir nicht gelingen. Allein meine Schönheitspflege! Shampoo, Spülung, Bodylotion, Make-up und meine Reiseapotheke haben fast die Hälfte des Platzes eingenommen und gefühlt mindestens fünfzig Kilo gewogen."

„Das klingt, als würdest du Tonnen an Kosmetik brauchen, um dich vor die Tür zu trauen!", sagte Jack verwundert. „Nun ja, was eine Frau eben so braucht … Ich war jedenfalls fassungslos! Schließlich war ich doch bereits Kompromisse eingegangen und hatte auf meine Haarmaske verzichtet. Eines aber wusste ich definitiv: Meine Reise würde nicht an zu viel Gepäck scheitern! Also habe ich auf einiges mehr verzichtet. Puuh …" Ein tiefer Seufzer entfuhr mir, als ich mich daran erinnerte, wie froh ich war, mit allem Notwendigen versorgt zu sein. „Allerdings muss ich gestehen, dass ich gestern dann doch noch ein paar Extras wie einen Lippenstift, Nagellack und einen Reiseföhn in meinen Rucksack geschmuggelt habe. Ein Freund hat mir zur Unterstützung ein Video geschickt, in dem man sieht, wie man Kleidung zusammenrollt, um möglichst

viel einpacken zu können. Erst hab ich das nicht ernst genommen. Ich wollte doch meine wenigen Kleidungsstücke nicht schon vorab zerknittern. Als ich aber erneut Platzprobleme bekommen habe, hab ich meine Meinung geändert. Und nun bin ich hier!“
„Was für ein Kraftakt!“, kommentierte Jack. „Mm, du sagst es!“, stimmte ich zu und musste gähnen. „Tschuldigung …“, murmelte ich und lächelte verlegen. Der Wein und die Aufregung zeigten Wirkung. „Nicht doch. … Ah, das machen die jetzt nur für dich!“, witzelte Jack, als wie von Zauberhand das Licht im Flugzeug heruntergedimmt wurde. „Ja, genau. Bei Lufthansa wird dir eben jeder Wunsch von den Augen abgelesen“, stieg ich auf sein Geplänkel ein.

◇◇◇◇

Im Flugzeug zu schlummern, fiel mir schwer. Der Sitz war unbequem und viel zu klein. Da bewunderte ich doch Jack, der trotz seiner Größe tief und fest schlief und sich kaum rührte, bis es Zeit fürs Frühstück war.
Ich hingegen rutschte die ganze Zeit über ungeduldig auf meinem Platz hin und her, schielte unentwegt auf die Uhr, bis endlich die heiß ersehnte Durchsage erklang:

„Meine Damen und Herren, ich möchte Sie informieren, dass wir in Kürze mit dem Landeanflug beginnen werden. Ich bitte Sie, Ihre Lehnen in eine aufrechte Sitzposition zu bringen und Ihre Sicherheitsgurte anzulegen. Die Temperatur in Buenos Aires beträgt zurzeit milde 31 Grad. Ich danke Ihnen für Ihre Aufmerksamkeit.“

„Hast du gehört? Bald sind wir da!“, jubelte ich.

Spontan fragte er mich, ob wir uns ein Taxi in die Innenstadt teilen sollten. Da fiel mir ein, dass ich noch gar nicht wusste, wie es um meine Reservierung über Airbnb stand. Als ich ihm von meiner Misere berichtete, schlug er vor, ich solle mich ihm einfach anschließen. In dem Hotel, in dem er wohnen würde, könne er mir mit Sicherheit noch ein Zimmer besorgen, da er ein Freund des Inhabers sei. Konnte ich sein Angebot annehmen? Er war zwar überaus freundlich, trotzdem ein völlig Fremder und schicklich war das bestimmt nicht. Also was tun? Es ging schließlich um eine fast fünfzigminütige Autofahrt mit unbekanntem Ziel. Ich sprach kein Spanisch und würde nicht verstehen, was er mit anderen vereinbarte. Doch wo sollte ich übernachten, wenn ich sein Angebot ausschlug?

Von meinen sonntäglichen Kirchgängen und aufgrund meiner Erziehung war Gottvertrauen allerdings etwas, das einfach zu mir gehörte.

Deshalb fragte ich mich: War dieses Treffen mit Jack wirklich nur purer Zufall? Als ich mich nach langem Ringen mit mir selbst schließlich dazu entschloss, sein Angebot anzunehmen, erklärte er, dass ich noch eine Stunde Zeit hätte, da er auf seinen Freund Lorenz warten würde. Der käme aus Österreich und gemeinsam wollten sie auf die Hochzeit eines befreundeten Pärchens. Das war mir sehr recht. So hatte ich noch die Möglichkeit, Geld zu wechseln und eine Sim-Karte für mein Handy zu besorgen.

Mein erster Anruf galt dem Reisevermittler: Bei der Hotline von Airbnb brachte ich in Erfahrung, dass ich lediglich eine Anfrage gestellt hatte und die Bestätigung noch ausstand. Was meine Kontodaten betraf, waren diese für zukünftige Buchungen auf meinem Account gespeichert worden. Wow, man lernte nie aus! Immerhin hatte ich jetzt keine zusätzlichen Ausgaben für ein Zimmer, das ich nicht mehr brauchte. Ich konnte mich wirklich glücklich schätzen. Ich hatte die richtige Wahl getroffen, als ich Jack mein Vertrauen schenkte. Wir teilten uns also das Taxi und ich bekam ein wunderschönes Zimmer mit eigenem Bad, Dusche und Zugang zur Dachterrasse. Jack handelte vollkommen selbstlos und war unglaublich hilfsbereit: mein erster Engel auf dieser langen Reise!

Argentinien

Glücksgefühl und Übermut

◇◇◇◇

Ich erwachte mit ungeahnter Energie und der Neugier meine Umgebung zu erforschen. In einem netten kleinen Restaurant, ein Stückchen die Straße hinunter, bestellte ich mir einen großen Kaffee mit Milch und einen Orangensaft.
Die nötigsten Brocken Spanisch hatte ich mir zum Glück noch aneignen können. „Buenos dias! Quisiera un gran café y un jugo de naranja por favor … muchas gracias!“ Für den Kellner war meine Bestellung tägliche Routine. Für mich war es aufregend und auch ein wenig surreal. Vor allem, wenn ich an die vergangenen Monate dachte. Seit dem Tod der Eltern war mein Leben völlig auf den Kopf gestellt.

Treu nach dem üblichen Habitus in unserer Familie, hatte ich den Löwenanteil an der Abwicklung des Nachlasses übernommen und löste die Haushalte auf. Packte Kartons ein, aus oder um. Prüfte Abrechnungen der Versicherungen und traf, wie mir schien, abertausende Entscheidungen. Ich ging weiter zur Arbeit und konzentrierte mich auf den Abschluss meiner Ausbildung.
Die Welt hatte sich nicht darum geschert. Sie drehte sich einfach weiter.

Und nun saß ich hier, lauschte Menschen, die sich in einer fremden Sprache unterhielten und kostete vom Geschmack der großen weiten Welt.
Mit meiner Kaffeetasse in der Hand inhalierte ich begeistert die fremde Atmosphäre. Ein ungeahntes Glücksgefühl breitete sich in meinem Körper aus. Natürlich hatte die Tatsache, dass ich allein war, einen bitteren Beigeschmack, den ich aber bis jetzt ganz gut unterdrücken konnte. Mir ging es gut und ich hatte vor jede Sekunde meiner Reise zu genießen!

◇◇◇◇

Sieben Tage waren vergangen. Die Luft flimmerte in der Mittagshitze. Davon wie gelähmt döste ich in einem riesigen weißen Ohrensessel auf der Dachterrasse meines Hotels.
Zur Abkühlung hatte ich mir eine Karaffe mit Fruchtschorle bestellt. Ich sah zu, wie die Orangen- und Zitronenscheiben träge ihre Plätze mit der grünen Minze tauschten. Ihr zarter Duft wehte zu mir herüber. Neben dem Getränk lagen mein Handy und die tragbare Tastatur. Stumm forderten sie mich auf, mein Tagebuch weiterzuführen. Noch immer fiel es mir schwer zu begreifen, dass ich schon eine Woche in Argentinien war.
Genüsslich ließ ich meine gesammelten Eindrücke Revue passieren.
Buenos Aires. Die Hauptstadt von Argentinien mit circa drei Millionen Einwohnern, und ich mittendrin.
Ich nahm eine pulsierende Stadt wahr, die mich durch ihre unterschiedlichen Viertel und Angebote in ihren Bann zog. Ein Schmelztiegel so vieler Gegensätze: wilder Straßenverkehr, Stände an den Straßenecken und unzählige gemütliche Cafés. Die Gassen und Straßen waren gefüllt mit Trauben von Menschen. Ich erlebte eine Mischung aus Hitze und den unterschiedlichsten Gerüchen sowie Musik, die von überall herkam. Ich genoss es, mich in ein Straßencafé zu setzen und einfach dem bunten Treiben um mich herum zuzusehen. Was mich am meisten begeisterte, waren die Freundlichkeit und Lebendigkeit der Menschen, auf die ich traf. Alle waren sehr geduldig mit mir und meinen Versuchen, die jeweilige Situation auf Spanisch zu regeln.

Anders hätte es auch nicht funktioniert, da ich nur selten jemanden traf, der Englisch sprechen konnte. Aber gerade das machte den Reiz aus. Ich saugte alles um mich herum auf und ließ mich fallen in dieses für mich so faszinierende Gefühl: Alles ist möglich!
Natürlich wollte ich meine Zeit auch nutzten, und so besuchte ich den Friedhof „La Recoleta", um mir das Grab von Evita Perón anzusehen. Mit meiner Mutter hatte ich das Musical besucht und erinnere mich noch genau, wie viel Freude uns der Abend bereitet hatte. Jetzt war ich erleichtert den Mädchennahmen von Evita zu kennen, denn ihr Grab hätte ich sonst niemals im Labyrinth der schmalen Gänge aufgespürt. Im Ortsteil Palermo findet man nicht nur den botanischen Garten und den „Parque Tres de Febrero", sondern schnuckelige, aber auch exklusive Geschäfte. Die Zeit vergessend wandelte ich durch das Straßengewirr. Fast überall sah ich Frauen in Hotpants. Alle schienen gute Laune zu haben, denn sie lachten und erzählten, begleitet von einer lebhaften Gestik. Diese positive Energie schwappte augenblicklich auf mich über und ich verband sie mit den Hotpants. Vor lauter Sparsamkeit beim Packen hatte ich, außer meinem Bikini, keine kurze Hose im Gepäck. Nun meldete sich der Wunsch, einmal mit der Masse mitzuschwimmen.
Ich wollte auch so gerne das tragen, was die meisten Frauen hier trugen. Wollte das gleiche Gefühl der Unbeschwertheit fühlen, das ich bei ihnen beobachtete. Kurze Zeit später stand ich schon in einer kleinen Boutique vor dem Spiegel und betrachtete mich in blauen Hotpants. Das war immer noch ich. Groß und schlank mit grünen Augen, in die sich Sprenkel in dem warmen Ton von Sherry schlichen, sobald ich müde wurde. Meine innere Stimme meldete sich jedoch tadelnd zu Wort: Bist du nicht ein wenig zu alt für solch kurze Hosen?
Da fiel mir ein, was ich in einem Buch von Meike Winnemut [(2)] gelesen hatte. Jeden Tag sollte man versuchen, ein bisschen aus seiner Komfortzone herauszukommen, um sich der eigenen Angst zu stellen. Das würde befreien und das Selbstbewusstsein stärken. Zum Henker mit den Konventionen, dachte ich also. Ich war auf der anderen Seite der Welt, um das Leben zu genießen! Keiner hat das Recht, über mich zu urteilen! Außerdem gefiel ich mir. Also kaufte ich mir die Hose und ließ sie auch gleich an. Anschließend lief ich eine gefühlte Ewigkeit durch die Straßen, doch nichts Außergewöhnliches passierte! Ich fühlte mich beschwingt und richtig wohl, denn diese kurzen Hosen sind auch noch unglaublich bequem. Meine Komfortzone wurde größer! Wer weiß, was ich noch alles in den nächsten Monaten wagen würde?
Natürlich wollte ich auch den Hafen Puerto Nuevo via Rio de la Plata sehen. Mein Blick wurde von der modernen „Frauenbrücke", die sich weiß und schlank mit einer Promenade voller Restaurants, Museen, Büros und Geschäften verbindet, angezogen. Die Mischung aus Pracht und Schlichtheit empfand ich als wunderschön. Die Umgebung strahlte Ruhe aus und automatisch begann ich, viel

langsamer zu gehen und zu genießen, dass ich meine Zeit sehr wohl „verbummeln“ durfte. Welch ein Luxus! Bis zum Atlantischen Ozean war es allerdings ein langer Fußmarsch. Ich wurde aber belohnt: im angrenzenden Bioreservat konnte ich einen Blick auf wilde Flamingos erhaschen.
Ich hatte tatsächlich eine lange Liste von Sehenswürdigkeiten. Eine durfte jedoch auf gar keinen Fall fehlen: Das historische Viertel „La Boka“, die Geburtsstätte des Tangos, mit seinen wunderschönen bunten Häuserfronten, die für mich die Leichtigkeit des Tanzens widerspiegelten.

Die vielen Touristen, ein Riesenangebot an Mitbringseln und diverse Klingelbeutel, die von den Tangotänzern vor Ort herumgereicht wurden, schufen jedoch ein ganz anderes Bild als das, was in meiner Vorstellung bereits existierte.
Ich denke, es tat mir gut, die Realität wahrzunehmen. Die melancholisch-leidenschaftlichen Klänge nahmen mich trotzdem gefangen. Ich gönnte mir ein „Copa de vino tinto“, ein Glas Rotwein, und ließ den Tag ausklingen. Tango tanzen wollte ich immer noch. Wenn nicht hier, wo dann?

◇◇◇◇

An meinem dritten Abend verabredete ich mich mit einer jungen Frau aus dem Hotel. Anna stand neben mir an der Rezeption, als ich meinen Schlüssel abholte. Sie trug ein gelbes Kleid aus Chiffon, das übersät war mit zarten Maiglöckchen. „Oh, wie wunderschön! Du siehst aus wie eine Fee!", rutschte es mir heraus. Anna nahm mir meine vorlaute Bemerkung nicht übel, sondern strahlte mich an. Dabei steckte sie ihre Arme nach oben und vollführte für mich eine Drehung. Begeistert wie ein kleines Mädchen rief sie: „Ja, der Rüschenrock ist wie gemacht zum Schwingen beim Tanzen, nicht wahr?" Wir lachten und verabredeten uns für den Abend, um unserer gemeinsamen Leidenschaft zu frönen. Auch ich hatte ja ein Kleid im Gepäck, und Anna kannte den angesagtesten Club für unser Vorhaben.

Der „Club" stellte sich als ein offener Platz inmitten der Altstadt heraus, genauer gesagt, lag er in San Telmo, dem historischen Kern der Stadt. Es herrschte eine romantische Atmosphäre. Ein kleines Orchester stand am Rande der Menschenmenge. Große, alte Bäume und Steinstufen säumten die Tanzfläche auf der anderen Seite. Lampions waren aufgehängt und schimmerten farbenfroh im Abendlicht. Ein lauer Wind trug das Wispern der Blätter sanft herüber. Als fände das bunte Treiben um sie herum ihre Zustimmung. Als die ersten Klänge mein Ohr trafen, war ich wie verzaubert. Konnte seit langer Zeit den Augenblick bewusst genießen. Und dann wurde ich aufgefordert und tanzte. Genauso, wie ich es mir gewünscht hatte, mitten auf den Straßen von Buenos Aires. Erstaunt stellte ich fest, dass es völlig egal war, dass ich eigentlich gar keinen Tango tanzen konnte. Den Männern genügte es, dass ich ein schickes, meine Figur betonendes Kleid trug und über das ganze Gesicht strahlte, weil ich solch Freude daran hatte, mich zu der wundervollen Musik zu bewegen. Ein großartiges Ereignis, das ich nun von meiner „Bucket List" abhaken konnte. Also einer Liste von Dingen, die ich in meinem Leben und vor allem auf dieser Reise unbedingt machen wollte.

◇◇◇◇

Zum Abschluss meiner Zeit in Buenos Aires wollte ich abends Essen gehen. Ich musste wissen, wie ein „Asado“ schmeckte. Ich hatte mir sagen lassen, dass das die wichtigste Speise für die Argentinier sei. Der Hauptbestandteil ist ein großes Stück Rindfleisch. Es wird liebevoll auf den Kohlegrill gelegt und schmeckt einfach himmlisch. Dazu ein Glas Rotwein und die Welt ist in Ordnung. Nach den Anweisungen von Jack und einem Pärchen, das ich im Hotel kennengelernt hatte, verstaute ich mein Geld für den Fall eines Überfalls in meinem Schuh. Eine lästige und zum Glück überflüssige Maßnahme.
Vor dem Bezahlen fiel mir ein, dass ich ja kaum vor dem Kellner das Geld aus meinem Schuh hervorzaubern konnte. Ich ging mir also „die Nase pudern“ und zog die Geldscheine aus ihrem Versteck. In Zukunft, so nahm ich mir vor, würde ich anders planen.

◇◇◇◇

Nach acht Tagen war ich bereit, zu meiner nächsten Etappe aufzubrechen. Ich wollte zu den Wasserfällen des Flusses Iguazu.
Mir gefällt der lautmalerische spanische Ausdruck „Cataratas del Iquazú“, weil er schon einen Hinweis auf die Kraft der fallenden Wassermassen gibt. Wir sprechen hier von zwanzig großen und 255 kleineren Wasserfällen, die mit einer Gesamtspanne von 2,7 Kilometern den größten Wasserfall der Welt bilden. Welche Ausmaße! Und dann noch im Dschungel von Südamerika! Genauer gesagt, an der Grenze zwischen der argentinischen Provinz Missiones und dem brasilianischen Bundesstaat Paraná. Das bedeutete für mich, ich wollte unbedingt beide Seiten besuchen, um mir nichts entgehen zu lassen und einen Vergleich zu haben. Mein Körper kribbelte schon vor lauter Vorfreude. Anders als bei meinem ersten Versuch eine Unterkunft über Airbnb zu buchen, gelang es mir nun, ein Hostel in der Nähe meines Reiseziels aufzutun. Mit meiner Bestätigungsmail vor Augen klopfte ich mir auf die Schulter. Beschwingt und ein wenig übermütig, beschloss ich, großzügig mit mir umzugehen und auf den Nachtbus mit fast achtzehn Stunden Fahrt zu verzichten. Stattdessen wollte ich mir einen Flug gönnen, um die Distanz von ungefähr 1300 km zu überwinden. Nun konnte ich beruhigt schlafen gehen. Wie schön das Leben war!

◇◇◇◇

Der Check-in war anstrengend, da ich lange warten musste. Ich war jedoch gut organisiert und suchte in der endlosen Schlange jemanden, der auf mein Gepäck aufpasste. Dann holte ich einen Gepäckwagen. Meine erste Lektion lautete: Niemals den Rucksack tragen, wenn es nicht unbedingt nötig ist!

Nach dem langen Flug konnte ich endlich meinen Rucksack vom Laufband nehmen und versuchte nun, über das Internet herauszufinden, welchen Bus ich zu meinem Hostel nehmen musste. Als ich mir jedoch die Karte auf dem Handy genauer ansah, traf mich plötzlich die Erkenntnis: Das Hostel, das ich mir gebucht hatte, lag nicht auf der argentinischen, sondern auf der brasilianischen Seite von Iguazu!

Ein Adrenalinstoß fuhr durch meinen Körper. Hoffentlich würde so spät noch ein Bus über die Grenze fahren. Dann stellte ich mit Schrecken fest, dass ich kein Geld gewechselt hatte, und Portugiesisch sprach ich auch nicht. Ich war also ganz schlecht vorbereitet. Und wenn es etwas gab, auf das ich stolz war, dann, dass ich immer gut vorbereitet war! Nun, das gehört dann wohl der Vergangenheit an …

Doch Panik half jetzt auch nicht weiter. Also beschloss ich, erst mal zum Ausgang zu gehen. Ich war mir sicher, dass dort Händler bereits darauf warteten einem Passanten irgendeine Fahrkarte oder Tour anzudrehen. Ich hoffte, dass mir einer von ihnen weiterhelfen konnte. Im schlimmsten Fall würde ich mir eine andere Bleibe suchen müssen. Aber ganz so einfach war es dann doch nicht. Vor dem kleinen Flughafen stand nur ein Van. Wohin er fuhr, war also nebensächlich. Die anderen Reisenden nannten dem Fahrer den Namen ihrer Unterkunft und er nickte.

Als ich an der Reihe war und davon sprach, über die Grenze zu müssen, nickte er ebenfalls. Es wird schon gut gehen, beruhigte ich mich und suchte mir einen Sitzplatz. Meine zuversichtliche Stimmung sank allerdings mit jeder Person, die an irgendeinem Hotel oder Hostel ausstieg. Nach einer holprigen Fahrt erreichten wir einen Ort, dessen Namen ich nicht kannte und ein paar Minuten später hielt der Van. „Endstation!“, verkündete der Fahrer. Er habe nun Feierabend. Für einen Bus über die Grenze müsste ich zu einer anderen Bushaltestelle, sagte er und deutete Richtung Westen.

Etwas ratlos stieg ich aus und wartete, bis er mir den Rucksack aus dem Anhänger herüberreichte, den ich auf meinen Rücken hievte. Ich war erschöpft von der langen Reise und mit ungefähr vierzig Grad war es ziemlich heiß. Außerdem hatte ich Hunger und Durst. Auf die Toilette musste ich zum Glück nicht, aber was sollte mein nächster Schritt sein? Außer mir war noch ein junger Mann im Kleinbus gewesen, der nun neben mir auf der staubigen Straße stand. Er erzählte mir von einem Hostel, das er gebucht hatte. Ich beschloss, es mir anzusehen, um

eventuell dort zu übernachten und meinen Stresslevel zu senken. Das angebliche „Hostel“ war die nächste Herausforderung, die auf mich wartete.
Mit einer Mischung aus Entsetzten und Verwunderung blickte ich auf das Vordach aus Bambus. Dahinter zwei Räume mit je acht Hochbetten auf engstem Raum. Die Wände bestanden aus Wellblech, die gut 25 Zentimeter zum Boden frei ließen. Also gab es keine Barriere für Giftspinnen oder Schlangen, die des Nachts die Behaglichkeit eines warmen Bettes suchen könnten. Oder auch für Diebe, denn hier gab es keinen Spind, um den Rucksack einzuschließen. Und erst die Betten! Das Bettzeug sah nicht nur schmuddelig aus, sondern roch auch äußerst streng, und ich vermutete, dass Bettwanzen und vielleicht auch Läuse sich darin tummelten. Das Badezimmer und die Toilette schaute ich mir erst gar nicht an. Was für eine Bruchbude! Und hierfür musste man noch bezahlen! Da ich keinen Ärger mit dem Hotelbesitzer wollte, bedankte ich mich höflich und teilte ihm mit, dass ich es mir überlegen wolle. Und dann nichts wie weg!
Ich ging also Richtung Westen auf der Suche nach der anderen Bushaltestelle. Nach ein paar Minuten hielt ich an, um mich umzusehen. Dieses Fleckchen Erde schien nur aus Hotels zu bestehen, die auf mich verlassen und heruntergewirtschaftet wirkten.
Im Gegensatz dazu wanderten meine Gedanken an einen idyllischen Ort in Bayern. Dort lag einst die Gästepension meiner Großmutter, malerisch eingebettet in die massive Bergwelt der Alpen. Nach der Trennung der Eltern war diese meine „neue Heimat“.
Wenn man die gepflegten, liebevoll verzierten Häuser mit ihren Lüftlmalereien und mit Blumen bestückten Balkonkisten kannte, war das ein riesiger Unterschied zu dieser Kargheit. Es grenzte wohl an einem Kulturschock. Und doch konnte ich auf Schildern in Fenstern und Türen „besetzt“ lesen. Für mich kaum vorstellbar, aber da ich die Schilder ja mit eigenen Augen sah, war ich gezwungen, es zu glauben. Was nun? Ich erinnerte mich an zwei Luxushotels, an denen der Bus bei der Hinfahrt gehalten hatte. Leider hatte ich keine Ahnung, wie ich da jetzt hinkommen könnte, da ich mit dem letzten Bus gefahren war. Mein Budget reichte dafür ebenfalls nicht aus. Etwas zu trinken wäre auch nicht schlecht. Leider konnte ich keinen Supermarkt oder irgendein anderes Geschäft entdecken. Mittlerweile war es noch heißer geworden. Ich spürte, wie mir der Schweiß vom Gesicht über den Hals bis zu meinem Bauchnabel lief. Ich gab bestimmt ein tolles Bild ab! Verschwitzt, die Kleidung zerknittert und die Erschöpfung stand mir ins Gesicht geschrieben. Die Straße war aus Lehm und nirgendwo gab es eine Menschenseele, die ich nach dem Weg hätte fragen können. Wo waren die nur alle? Ich musste an den Film: „Der Diamant vom Nil“ denken. Da gibt es eine Szene, in der die Hauptfiguren, Michael Douglas und Kathleen Turner, in einem Dorf im Dschungel von Kolumbien Zuflucht suchen. Sie gehen auf einer Lehmstraße, über die ein schlammgesuhltes Schwein läuft, das fröhlich grunzt.

Ich fand, dass genau das noch fehlte, um das Bild hier abzurunden. Genau in diesem Augenblick verwandelte sich, durch die Absurdität der Situation, meine Stimmung. Fröhlichkeit stieg in mir empor, wie Blubberbläschen in einem Champagnerglas. Und wollte ich nicht Abenteuer erleben?
Schließlich kam ein Mann, vielleicht Mitte zwanzig, an mir vorbei. Wegen seiner Gesichtszüge dachte ich, es müsste ein „Einheimischer“ sein. Er konnte mir bestimmt sagen, wo der Bus nach Brasilien abfuhr. Er zeigte auf eine Mauer am Straßenrand in der Nähe und sagte mir, dass der Bus gleich kommen müsste. Erleichtert atmete ich auf. Ich hatte die Antwort auf Spanisch verstanden und war auf dem richtigen Weg. Der Bus kam knappe sechs Minuten später, und ich bestaunte ihn. Es grenzte an ein Wunder, dass er überhaupt noch fuhr, so alt, wie er aussah. Die Lackierung war nur noch zu erahnen. Die ehemals braunen Vorhänge ausgeblichen und zerfranst, eine Fensterscheibe gesprungen. Der Busfahrer hielt vor mir an und öffnete die Tür. Ich traute meinen Augen kaum. Er trug ein Unterhemd, das große Schweißränder und andere Flecken aufwies. Sein Haar war entweder mit Gel an den Kopf gedrückt oder es war Schweiß oder beides. Als er mich anlächelte, sah ich, dass ihm Zähne fehlten und die, die er noch hatte, verfärbt waren. Ich empfand sein Lächeln als anzüglich und schmierig. Zwei weitere Männer, die ähnlich aussahen, standen hinter ihm im Durchgang. Ansonsten war der Bus leer. Ich schüttelte nur den Kopf und drückte mich näher an die Steinmauer hinter mir. Zum Glück schloss sich die Tür und der Bus fuhr ohne mich weiter. Ein Gefühl großer Erleichterung durchlief mich, und dann die Erkenntnis, dass ich keinen „Plan B“ hatte. Ich begann ein kurzes Gebet zu sprechen und blickte die Straße entlang. Da sah ich ihn: Einen jungen Mann, der ähnliche Kleidung trug wie ich. Eine helle Funktionshose und das dazu passende Hemd, natürlich aus besonders beschichtetem Stoff mit Insekten- und Sonnenschutz. Er war passend für eine Safari angezogen. Erst hier an diesem Ort nahm ich wahr, wie stark sich diese Kleidung von der der Einheimischen unterschied. Und als ich sie in Deutschland gekauft hatte, dachte ich noch, wie unglaublich clever ich doch bei der Auswahl war. Ich reagierte sofort und folgte ihm. Als ich um die Ecke bog, sah ich den Busbahnhof. Hier waren also die Menschen. Drei Busse standen dort, in die gerade zahlreiche Reisende einstiegen. Allerdings stufte ich diese Personen aufgrund ihres äußeren Erscheinungsbildes nicht als Touristen ein. Der „Safari-Mann“, wie ich ihn in Gedanken getauft hatte, stand in einer anderen Schlange bei einem etwas abseitsstehenden Bus. Ich ging kurzerhand auf ihn zu und sprach ihn an. Es stellte sich heraus, dass er aus Australien kam und auf den Weg nach Brasilien sei. Ich Glückspilz!
„Es macht dir doch sicherlich nichts aus, wenn ich mich dir anschließe, oder?“
Ich ließ ihm also mehr oder weniger keine Wahl, schließlich ging es um meine Sicherheit. Höflichkeit wurde oft zu hoch bewertet. Doyle lächelte mich an, und wir waren schnell in ein unverfängliches, nettes Gespräch verwickelt. Er warnte

mich davor, mein Gepäck unten in den Bus verfrachten zu lassen, da es sonst leicht gestohlen werden könnte. Also stellte ich meinen Rucksack mühsam auf den leeren Sitz neben mir. Als ich ebenfalls saß, atmete ich auf. Doyle stellte mir noch seinen Studienfreund vor, mit dem er unterwegs war, bevor sie ins Arbeitsleben starten würden. Malcom hatte dunkle, lockige Haare und haselnussbraune Augen. Doyle hingegen entsprach dem Klischee des Briten: blasse Haut, viele Sommersprossen und rotblonde Haare. Mir gefiel seine offene, herzliche Art. Die lachenden Augen von Malcom machten mir Mut. Die Situation hellte meine Stimmung auf und gab mir neue Energie.

Als wir die Grenze erreichten, mussten wir alle aussteigen und bekamen Formulare, die wir ausfüllen mussten. Denn wer länger als einen Tag auf der anderen Seite bleibt, muss sich ein- und ausstempeln lassen. Währenddessen fuhr der Bus zu meinem großen Schrecken weiter. Doyle sah meinen verzweifelten Blick und meinte nur: „No worries ..." Ich sollte mir keine Sorgen machen, es würde schon ein anderer Bus kommen. So warteten wir an einer kleinen Bushaltestelle ohne Sonnendach. Bald breche ich zusammen, dachte ich mutlos und musste mir eingestehen, wie viel Kraft mich der Tag bereits gekostet hatte. Nach vierzig langen Minuten erschien der sehnlichst erwartete Bus. Beim Einsteigen bat ich deshalb den Busfahrer gleich darum, mir zu sagen, wo ich den Bus verlassen sollte, um zu meinem Hostel zu kommen. Ich zeigte ihm die Markierung auf der Karte, die ich in meinem Handy gespeichert hatte. Wozu das Handy doch gut ist! Als wir in die Stadt kamen, staunte ich nicht schlecht. Der Unterschied zu dem Dorf auf der argentinischen Seite kam mir enorm vor. Ich sah viele Hochhäuser sowie Kabel und Antennen, die in einem Wirrwarr an den Fassaden und über die Straßen gespannt waren. Es herrschte ein unglaublicher Verkehr. Der Busfahrer war eine Wohltat. So unglaublich nett. Er hatte mich nicht vergessen, sondern hielt direkt vor dem Hostel. Nur für mich! Es gab doch noch Kavaliere auf dieser Welt!
Ich bedankte mich und stieg mit einem Lächeln auf dem Gesicht aus. Im Hostel angekommen, wurde mir ein klimatisiertes Einzelzimmer mit eigenem Bad zugewiesen. Glückselig ließ ich mich auf das große Bett fallen und beobachtete den Deckenventilator.

Brasilien

Dschungel, Wasserfälle, Abenteuer

◇◇◇◇

Anscheinend bekamen mir das Reisen und ein wenig Aufregung ganz gut. Ich erwachte mit einem Mordshunger. Am Frühstücksbuffet glitten meine Augen beglückt über frische Papaya und Ananas im Überfluss. Begeistert griff ich zu. Eigentlich hätte es mir peinlich sein müssen, so viel zu essen. Das erweckte doch den Eindruck ich sei gierig, oder nicht? Den Gedanken schob ich schnell beiseite. Das sollte mir egal sein, beschloss ich und schob mir ein Stück reife Papaya in den Mund. Ich freute mich über die Süße und Intensität der Frucht. Nach der schwierigen Zeit, die hinter mir lag, trug ich zwei Kleidergrößen weniger, da durfte ich mir das Obst guten Gewissens schmecken lassen.
In Gedanken machte ich einen Plan für den Tag. Als Erstes würde ich Wasser einkaufen, denn bei den Wasserfällen würde das wohl ein Vermögen kosten. Dann musste ich noch Geld wechseln, schließlich war ich völlig überraschend in einem anderen Land gelandet. Außerdem musste ich herausbekommen, wo der Bus abfahren würde.
Dankbar stellte ich fest, dass Niclas von der Rezeption Englisch sprach, und so bekam ich nicht nur jede Information, die ich brauchte, sondern eine unbeschwerte, nette Unterhaltung obendrauf. Ein Supermarkt und die Bushaltestelle waren fußläufig zu erreichen.

Kaum zu glauben, dass ich vor Antritt meiner Reise so große Sorgen gehabt hatte, ich müsste hungern oder auf so etwas Banales wie Zahncreme verzichten, wenn ich keine Reserve dabeihätte. Nun wunderte ich mich über meine Einfältigkeit, denn die Regale waren voll. Hätten sich die Menschen um mich herum nicht auf Portugiesisch unterhalten, der Supermarkt könnte sich genauso gut in Deutschland befunden haben. Die Auswahl war immens, das Gebäude weitläufig und klimatisiert. Nachdem ich mich mit Lebensmitteln und Getränken eingedeckt hatte, startete ich in Richtung Bushaltestelle.

Der Besuch der Wasserfälle auf der brasilianischen Seite begeisterte mich. Über einen schmalen Weg konnte man bis nah an eine Seite der vielen Wasserfälle heranlaufen. Das intensive Grün des Regenwaldes, ein orangefarbener Schmetterling, der durch die Luft schwebte, der breite, unruhige Fluss, der sich in einiger Entfernung in immer wiederholenden Windungen zu den Wasserfällen zog, und die feuchte Hitze, die mich umgab: all das war wie aus einem Dokumentarfilm. Ich fühlte mich wie eine Astronautin, die ihre ersten Schritte auf dem Mond wagt. Zuerst ganz vorsichtig, als ob ich mich vergewissern wollte, dass die Augen mir keinen Streich spielten, und dann mit immer mehr Zuversicht und Begeisterung über die Tatsache, dass der Moment Wirklichkeit war.

Ein Stückchen weiter öffnete sich der Weg zu einer zweckmäßigen Brücke, die in U-Form gebaut war. So konnte sich jeder, der nicht wasserscheu war, in die Nähe verschiedener kleiner Wasserfälle begeben. Als mich das Spritzwasser völlig durchnässte und das Rauschen des Wassers alles andere um mich herum ausblendete, musste ich lachen wie ein ausgelassenes Kind.

Schnell war ich per Du mit einer kleinen Reisegruppe von Jugendlichen um mich herum. Der kurze Austausch und die Fröhlichkeit taten meiner Seele gut, und auf dem Rückweg traf ich die beiden Australier wieder. Ja, die Welt ist klein. Wir lunchten gemeinsam: Pommes und Burger mit Blick auf die Wasserfälle. Alles fühlte sich unwirklich, aber wunderbar an. Als ich mich mit meinen Hotpants auf den Stuhl setzen wollte, sprang ich sofort wieder auf; der Sitz war von der Sonne heißer als heiß. Doyle, der lange Hosen trug, bot mir direkt seinen Schattenplatz an. Ein wahrer Gentleman! Nach dem Essen trennten sich unsere Wege und wir wünschten uns gegenseitig eine sichere und schöne Reise, was mich fröhlich und ein wenig traurig zugleich stimmte.

◇◇◇◇

Am Abend im Hotel fiel mein Blick auf all meine Sachen, die ich ordentlich in den Schrank eingeräumt hatte. So viel Überflüssiges, das ich mit mir herumschleppte. Was hatte ich mir nur dabei gedacht?
Und so begann ich mal wieder mein Gepäck auszusortieren. In der Zwischenzeit hatte ich ein Gefühl dafür bekommen, mit wie wenig ich tatsächlich auskommen konnte. Als Erstes ergriff ich den Reisewecker, den großen Geldbeutel, das flüssige Waschmittel, meine Rundbürste und natürlich den Fön, ebenso wie eine lange Hose und ein Kleid. Auch das Reisekopfkissen, das ich mir noch am Flughafen geleistet hatte, stellte sich als ein unsinniger Kauf heraus, da auf langen Flügen so etwas zum Standard gehört. Als ich sah, was ich spontan auf die Seite legte, wunderte ich mich über mich selbst.

Noch bis vor kurzem hatten sich in meinem Kleiderschrank schicke Kleider dicht an dicht gedrängt. Manchmal hatten sie mir Superkräfte verliehen, und ich fühlte mich in ihnen schön und begehrenswert.
In den meisten Fällen dienten sie mir jedoch eher als Schutzpanzer. Meiner Erfahrung nach war es leicht, Menschen durch seine äußere Hülle, ein Lächeln und ein paar gut platzierte Floskeln für sich einzunehmen. Es war eine Methode, die mir über Unsicherheiten hinweghalf und auch darüber, mich intensiver mit mir und der Welt auseinandersetzen zu müssen. Für mein jetziges Vorhaben war das aber nicht mehr nötig.

Plötzlich war es mir egal, ob die Menschen, die ich traf, mochten, wie ich angezogen oder frisiert war. Ich würde sie sowieso nie im Leben wiedersehen. Also setzte ich einen neuen Maßstab für mich fest: Ab nun sollte mein inneres Wohlgefühl an erster Stelle stehen; nicht die Bestätigung von außen.
Gleich am nächsten Tag wollte ich die Dinge zurück nach Deutschland schicken. Gesagt, getan. Das Postamt war glücklicherweise nur ein paar Querstraßen entfernt. Ein winziger heruntergekommener Raum neben einer Lagerhalle voller Menschen, die sich ungeordnet nach vorne an den Schalter drängten. Das Atmen fiel mir schwer, denn es war heiß, die Luft stickig und zusätzlich erfüllt von den Ausdünstungen der Menschen um mich herum. Es kostete mich große Selbstdisziplin, mir dies nicht anmerken zu lassen, aber schließlich wollte ich niemanden beleidigen. Die niederschmetternde Nachricht im örtlichen Postamt lautete jedoch: „Von dieser Filiale können Pakete nur verteilt, aber nicht verschickt werden." Ich war überzeugt, mich verhört zu haben. „Wie bitte?", hakte ich nach. Ein anderer Kunde, der fließend Spanisch und Englisch sprach, bestätigte mir jedoch den kuriosen Umstand.

Nun war ich enttäuscht, doch leider konnte ich nichts an der Situation ändern. Die zuständige Hauptpost war leider viel zu weit entfernt. Nun hatte ich also ein gepacktes Paket, war stolz mich von meinen Dingen trennen zu können aber es wollte mir nicht gelingen. Also verschenkte ich, bis auf die neue Hose und das Kleid, die Sachen kurzerhand im Hostel. Ich war zwar nicht alles losgeworden, aber der Rucksack fühlte sich schon deutlich leichter an.
Die anderen Dinge würde ich eben an einem anderen Tag zurück nach Deutschland schicken oder vielleicht auf einem Flohmarkt verkaufen.

◇◇◇◇

Freudig machte ich mich am nächsten Tag daran, die Wasserfälle von der argentinischen Seite von Iguazu aus zu erkunden. Mit dem Bus fuhr ich über die Grenze in eine Art Freizeitpark im Nationalpark, ganz in der Nähe der Wasserfälle. Es gab Restaurants, Souvenirläden, einen Schalter, um Bootsausflüge zu buchen und zu meiner Verwunderung Regenponchos, die man kaufen konnte. Meiner Meinung nach völlig überflüssig bei der Hitze. Viele ausgewiesene Wanderwege zogen sich durch den Regenwald und führten zu beeindruckenden Ausblicken auf die Wasserfälle. Eine sehr gut geölte Maschinerie. Ich bestaunte meine Umgebung, war aufgekratzt und strahlte wie ein Honigkuchenpferd.
Nach einer Bootsfahrt, bei der sich das Boot kühn bis auf wenige Meter an die Wasserfälle wagte, konnte ich gar nicht genug von dem kühlen Nass bekommen. Deshalb ging es für mich weiter zum größten der Wasserfälle, dem „Garanta del Diablo“. Der lange Fußmarsch bei sengender Hitze und hoher Luftfeuchtigkeit quer durch den Dschungel war mir zu anstrengend. Ich wählte die Luxusvariante, eine gemütliche Bimmelbahn. Von der Haltestelle aus, sollte mich eine schmale Brücke bis fast über den Wasserfall führen. Unbarmherzig brannte die Sonne auf mich herab. Die Strecke zog sich schier endlos dahin, als ich dem Strom der Touristen folgte. Umso glücklicher war ich über meinen Sonnenhut und die Flasche Wasser in meinem Rucksack. Meine Begeisterung, bald ans Ziel zu kommen, spornte mich an durchzuhalten. Und dann war ich da. Direkt über dem „Teufelsschlund“. Das imponierende Getöse des fallenden Wassers drang an meine Ohren. Erfrischende Kühle flutete meinen Körper, als der Sprühnebel mich umfing, und wohlige Schauer sorgten für ein kribbeliges Gefühl. Auf der Wasseroberfläche tanzten unzählige kleine Regenbogen.
Überwältigt von diesem Anblick blieb ich stehen. Bei all meiner Sprachgewandtheit gelang mir nur noch ein einfältiges „Oh“ und „Ah“. All mein Seelenballast war in diesem Augenblick vergessen. Ich musste blinzeln und fühlte mich plötzlich winzig klein. Demütig wurde mir mit einem Mal

bewusst, dass ich, samt meiner kleinen Welt, nur ein klitzekleines Sandkorn im ganzen Universum war.
Stets beschäftigt und eingebunden in meinem Hamsterrad, hatte ich bisher kaum Muße für die Schönheit der Welt gehabt. Sanft streichelte ich gedanklich meine Seele und ermutigte sie, sich hervorzuwagen. Anzufangen, sich dem Schauspiel der Natur hinzugeben.

Ich war zwar erschöpft, doch auf keinen Fall wollte ich etwas verpassen, pausieren kam noch nicht für mich in Frage. So besuchte ich am darauffolgenden Tag den „Parque das Aves“, einen Vogelpark auf der brasilianischen Seite.
Die Fahrt dorthin stellte keine Schwierigkeit mehr für mich dar. Und dann fühlte ich mich wie in „Jurassic Park“.

Während ich durch riesige Volieren schlenderte, ließ ich mich verzaubern von bunten Papageien, von Schmetterlingen, Kolibris und anderen Exoten, die einfach so über und um mich herumflogen. Ich kam aus dem Staunen gar nicht mehr heraus. Der schattige Wald und der Sprühregen, der ab und an im Park auf mich herniederfiel, waren eine Wohltat. An diesem heißen Tag hatte ich genau die richtige Wahl getroffen.

Plötzlich stand ich vor einer niedrigen Umzäunung aus Holzstangen, in dessen Mitte sich eine riesige, dicke und lange Schlange auf einem Holzstumpf räkelte. Eine Boa constrictor, auch Königsschlange genannt. Sie hatte die Länge eines Kleinwagens. Ich war froh, sie aus sicherer Entfernung bestaunen zu können, denn es gab keine Abgrenzung, die wirksamen Schutz geboten hätte. Ich wunderte mich, dass sie gar nicht den Versuch unternahm, sich davonzuschlängeln. Vielleicht war hierfür der Mitarbeiter abgestellt, der am Rande der Brüstung stand, überlegte ich. Von ihm selbst kam die Auskunft: „Está acostumbrada", was so viel hieß, wie die Schlange sei das gewöhnt. Als handelte es sich um ein Haustier. Neugierig geworden, befragte ich das Internet. Ich fand heraus, dass die Gattung grundsätzlich sehr bewegungsarm ist. Die meiste Zeit ihres Lebens verbringt sie in Höhlen oder auf Bäumen. Nur für die Futtersuche, zur Paarung und zum Sonnenbaden verlässt sie ihren Rückzugsort.
Die verschiedenen Internetseiten berichteten von einem Versuch in freier Wildbahn, bei dem herausgefunden wurde, dass eine Boa in zwölf Tagen lediglich 135 Meter zurückgelegt hatte. Außerdem erklärte ein Schlangenexperte in einem Artikel, dass eine Schlange, die man von klein auf stets an denselben Platz legt, dort auch verweilen wird und ihn als ihren „sicheren Ort" anerkennt. Das war dann wohl des Rätsels Lösung.
Unweit von meinem Beobachtungsposten auf die Schlange erspähte ich einen Pavillon, dessen Dach mit geflochtenen Blättern gedeckt war. Über den Blättern befand sich eine Art Lehmschicht. Vermutlich, um besser vor Regen zu schützen. Das kleine Gebäude entpuppte sich als Restaurant und wirkte auf mich eher wie eine Filmkulisse, so perfekt verschmolz er mit seiner grünen Umgebung. Am Rand zum Dschungel hingen drei große Korbschaukeln mit bunten Kissen. Gerade als sich in mir der Wunsch formte, mich in eine zu setzen, wurde ein Platz frei. So schaukelte ich eine ganze, kostbare Stunde lang. Die Passanten blendete ich völlig aus. Ich wollte niemandem gefallen, sondern meine Gedanken sortieren. Dabei wurde mir klar, wie schnell ich in meine alten Gewohnheiten zurückfiel und meine Leistungsgrenze überschritt. Also nahm ich mir vor, längere Ruhepausen einzulegen.
Nach allem, was geschehen war, wollte ich mein inneres Gleichgewicht wiederfinden, doch ich wusste, dass es noch ein weiter Weg bis dahin war. Wie eine Blume brauchte meine Seele noch viel Wasser und Sonne, um aufzublühen.

◇◇◇◇

In meinem kleinen Schwarzen, das ich extra für besondere Anlässe eingepackt hatte, betrat ich am Abend neugierig die Party-Dachterrasse des Hostels. Auf einer Fläche von circa achtzig Quadratmetern erstreckte sich links ein langer Tresen, in der Mitte war die Tanzfläche und rechts ein kleiner Pool, um für Abkühlung zu sorgen. Mein Blick fiel auf ein verliebtes Pärchen in der Nähe, das sich leidenschaftlich küsste. Ich empfand mich als Störenfried und richtete meine Aufmerksamkeit auf ein paar tanzwütige Reisende, die sich im Rhythmus der lauten Salsa Musik wiegten, bahnte mir schließlich den Weg zur Bar und bestellte mir einen Mojito. Ein wenig Alkohol würde mich hoffentlich entspannen. Genüsslich nippte ich an meinem Cocktail. Mit dem Glas in der einen und dem Strohhalm in der anderen Hand fühlte ich mich mittlerweile mutig genug, um das bunte Treiben um mich herum genauer in Augenschein zu nehmen. Zwei junge Frauen in Miniröcken lachten lauthals über die Bemerkung eines jungen Mannes in einem grünen Hemd. Gegenüber der Theke stand eine kleine Gruppe von Männern. Einer von ihnen trug trotz der Wärme eine Mütze und reichte gerade einen Joint weiter.

Noch vor einem Jahr hätte ich mir niemals vorstellen können, freiwillig an einen solchen Ort zu reisen. Hier, am anderen Ende der Welt, schien sich niemand um die Regeln der Etikette zu kümmern. So ganz anders, als es in unserer Familie üblich war. Hier herrschte wohl die Auffassung: leben und leben lassen.

Ich wusste nicht so recht, wie ich damit umgehen sollte und speicherte die vielen fremden Eindrücke erst einmal ab. Niclas, der eigentlich an der Rezeption arbeitete, kam nach oben, als ich wieder einen Schluck von meinem Cocktail nahm. Ich freute mich, ihn zu sehen, denn die bisherigen Gespräche mit ihm waren angenehm und interessant gewesen. Er gesellte sich zu mir an den Tresen und wir begannen uns über den Tag auszutauschen. Wir suchten und fanden Gemeinsamkeiten, wie die Freude an der Fotografie. Die Zeit verging und ich begann mich richtig wohlzufühlen. Ob das nun am Alkohol, seiner Gesellschaft, der Unterhaltung oder der Umgebung lag, kann ich nicht mehr sagen. Wahrscheinlich war es die Mischung aus allem. Über mir leuchtete der Sternenhimmel und unter mir die Lichter der Stadt. Die Begeisterung darüber sprudelte aus mir heraus und Niclas zeigte mir, welche Lichter schon zu Paraguay gehörten. Eine glitzernde Märchenwelt, die sich weit vor mir präsentierte. Sie wollte bewundert werden, und genau das tat ich. Unsere Erde ist so groß und es gab so viele Länder zu entdecken. Die Entscheidung für mein nächstes Ziel war jedoch schon gefallen. Für mich ging morgen der Flieger nach El Calafate. Ich wollte nach Patagonien und mir den Perito-Moreno-Gletscher ansehen.

Patagonien (argentinische Seite)

Mein Herz lacht.

◇◇◇◇

Bis zum Check-in wartete ich in einer langen Schlange. Ich vertrieb mir die Zeit, indem ich Musik über mein Handy hörte. Dabei kam ich mir ziemlich „hipp" vor. Vom Flughafen aus gab es einen Shuttle-Service, der mich dann zum Hostel in El Calafate brachte. Matthias und Robert hatten Dienst an der Rezeption. Robert war ein schüchterner junger Mann mit schwarzen Locken, die ihm in die Stirn fielen. In seinen großen braunen Augen lag sehr viel Freundlichkeit, weshalb ich mich nach der anstrengenden Reise sofort entspannen konnte. Wir verstanden uns auf Anhieb, und da er Englisch sprach, nahm ich seine Hilfe bei der Organisation meiner Ausflüge in den nächsten Tagen gerne an. Ohne ihn hätte ich sehr, sehr viel mehr Mühe gehabt. Er war auf Zack, sprach die Landessprache und hatte Kontakte. So buchte er mit nur wenigen Telefonaten alles, was ich an Wünschen äußerte. Natürlich zeigte ich mich dafür erkenntlich und gab ihm ein „Scheinchen" als Dankeschön.

Mit dem Hostel „American Sur“ hatte ich einen Glücksgriff getan. Die Unterkunft hatte einen großen Eingangsbereich mit vielen Sitzgelegenheiten und durch das offene Raumkonzept ging es nahtlos in den Aufenthaltsraum und Essbereich über. Eine große Fensterfront bot einen wundervollen Blick auf den Lago Argentino. Außerdem gab es ein Restaurant im Hostel. Also hatte ich jeden Abend die Möglichkeit, Fleisch vom Grill zu genießen und ein Lunchpaket für den nächsten Tag zu kaufen. Alles ganz mühelos.
Als Erstes musste ich jedoch mein Zimmer beziehen. Es würde meine erste Nacht in einem Vier-Bett-Zimmer werden. Als ich „mein Zimmer“ betrat, sah ich einen gut gebauten Mann in den Zwanzigern, der bis auf die Unterhose nackt war. Er hatte geduscht, und ein Handtuch lag um seinen Hals. Aus seinen langen Haaren liefen Wassertropfen über seine Brust. Ich machte auf der Schwelle kehrt und teilte Robert mit, dass ihm mit der Zimmervergabe wohl ein Fehler unterlaufen sei. Er meldete zurück: „No mistake“ – „Kein Fehler“.
Als ich erwiderte, dass aber ein Mann im Zimmer wäre, lächelte er nur und erklärte mir, dass es keine nach Geschlechtern getrennte Zimmer in diesem Hostel gäbe. Eigentlich würde er auch sonst keines mit einer anderen Regelung kennen. Das wäre eben so beim Reisen. Im Hintergrund hörte ich zwei Backpacker auf einem Sofa tuscheln und mein Alarmbarometer schnellte in die Höhe. Sie waren auf das Gespräch zwischen Robert und mir aufmerksam geworden! Wie peinlich! So versuchte ich von meiner Würde zu retten, was zu retten war. Es war ja offensichtlich, dass ich die Reisegepflogenheiten nicht kannte. Also lächelte ich ebenfalls und nickte nur, während ich so etwas sagte, wie: „Natürlich, ich wollte nur sichergehen“, und verschwand wieder.
Der junge Mann war gerade dabei, sich anzuziehen und wir begrüßten uns. Es stellte sich heraus, dass er aus Argentinien stammte, Carlos hieß, und ich ihn ziemlich sympathisch fand. Die übrigen beiden Betten wurden von jungen Frauen belegt. Gabriella war einundzwanzig, kam aus Buenos Aires und wartete eine Nacht auf ihre drei Freundinnen, um dann die Gegend mit ihnen zu erkunden. Jessy war dreiundzwanzig und kam aus den USA. Sie war schon seit sechs Monaten unterwegs und beeindruckte uns mit der Aufzählung der Orte, die sie bereits bereist hatte. Nun hatte ich die Muße, mich zum ersten Mal richtig im Raum umzusehen: Es war ein winziges Zimmerchen mit einer einfachen Ausstattung, einem Fenster, das zur Schotterstraße hinausging, und zwei Stockbetten. Die Dusche, ein Waschbecken und die Toilette befanden sich im Raum. Und das meine ich wörtlich. Der Bereich mit den Duschen und der Toilette wurde nur durch eine dünne Papptür vom Raum getrennt, war jedoch oben und unten offen. Also für alle Geräusche und Gerüche durchlässig. Plötzlich musste ich an meine Mutter denken ...

Wie viel Wert hatte sie auf ihr Äußeres gelegt! Groß und schlank waren ihre blonden Haare stets zu einem eleganten Dutt geschwungen. Immer trug sie rot lackierte Fingernägel, goldene Kreolen und ihre heiß geliebten Stöckelschuhe. Entsetzt und entrüstet wäre sie mit wehenden Fahnen von diesem Ort geflüchtet.

Das brachte mich zum Schmunzeln und ich beschloss, in die Situation einzutauchen. Es war Zeit, meine eigenen Erfahrungen zu sammeln.

◇◇◇◇

Bei der mangelnden Privatsphäre im Hostel rutschte die Hygiene in den Hintergrund. Doch tröstete mich der Gedanke, dass ich mit diesem Umstand nicht allein war. Diese erste Nacht sollte mir auch wegen eines anderen Erlebnisses im Gedächtnis bleiben: Carlos kam um zwei Uhr nachts zurück. Betrunken und mit Bierfahne. Da das Fenster zwar Vorhänge hatte, diese jedoch kaputt waren und deshalb nicht zugezogen werden konnten, erhellte das Mondlicht den Raum. So fand er zumindest mühelos sein Bett, in das er sich komplett angezogen fallenließ. Fassungslos hörte ich kurz darauf fürchterliche Schnarchgeräusche. Schließlich fasste ich mir ein Herz und fragte in die Stille hinein, ob ich die Einzige wäre, die nicht schlafen könne. „Wer kann denn bei so einem Krach schlafen?", tönte Jessies genervte Stimme durch den Raum. „Ja, genau!", pflichtete Gabriella bei. Wir mussten kichern und die Stimmung rutschte ins Komische. Schnell waren wir in eine Unterhaltung vertieft und legten uns einen Schlachtplan zurecht. Jessy klang furchtbar altklug, als sie uns durch ihre Aussagen den Eindruck vermittelte, schon häufig Ähnliches und Schlimmeres, was auch immer das bedeutete, erlebt zu haben. „Wir müssen ihn lediglich auf die Seite drehen, dann hört er garantiert auf, zu schnarchen." Gesagt, getan. Gabriella hatte das Bett neben dem „Schnarcher", und so fiel ihr die Aufgabe zu, es zu versuchen. Sie streckte zaghaft ihren Zeigefinger aus und stupste ihn leicht an. Davon hätte sich auch eine wache Person nicht umgedreht! Nachdem wir alle einige Sekunden die Luft angehalten hatten und abwarteten, mussten wir plötzlich gleichzeitig losprusten. Daraufhin wachte Carlos auf und sah mit großen Augen in drei lachende Frauengesichter. Leider ist er gleich wieder eingeschlafen und begann erneut zu schnarchen wie ein Bär im Winterschlaf. Wir konnten nichts daran ändern, das Lachen hatte jedoch die Lage entschärft und ich war dankbar, als der Schlaf mich irgendwann umfing und mir wenigstens ein paar Stunden Ruhe bescherte.

An meinem ersten Tag wollte ich den Perito-Moreno-Gletscher sehen. Eigens aus diesem Grund war ich doch nach Patagonien aufgebrochen. Er liegt im „Parque National Los Glaciares", dem größten Gletschergebiet der Anden. Das Besondere

ist, dass er in seinen Ausmaßen konstant bleibt. Das gibt Hoffnung in den Zeiten des Klimawandels. Wie eine Mauer trennt er die Seitenarme des Lago Argentino, den Brazo Rico von dem Canal de los Témpanos. Im Sommer schmilzt der Gletscher. Dadurch steigt der Wasserdruck und wird er zu hoch, stürzen jedes Jahr etwa zur gleichen Zeit Eisbrocken mit donnernder Gewalt in den See. Dann ist der Weg frei und die Wassermassen werden eins. In den Wintermonaten baut er sich dann wieder auf. Mein erster Blick fiel auf die hohe, massive, bläulich schimmernde Eiswand, die in den See hineinragte. Die unendlichen Eisspitzen glitzerten in der Sonne, die schneebedeckten Berge im Hintergrund waren unbeschreiblich schön. Natürlich ist die wundersame Farbe physikalisch erklärbar, aber ich ließ mich lieber von der Magie des Anblicks verzaubern.
Ich schlenderte zuerst auf einem Panoramaweg entlang und fuhr anschließend mit einem Schiff meiner Wanderung auf dem Ewigen Eis entgegen.
Jeder Teilnehmer bekam Spikes und begleitet von unzähligen Glückshormonen, die durch meinen Körper wirbelten, setzte ich meinen Fuß auf das glitzernde Blau. Die Kälte spürte ich überhaupt nicht. Ich war völlig überwältigt, hier zu sein. Jetzt konnte ich das Foto aus dem Buch über die „Faszinierendsten Reiseziele der Welt“ durch meine eigene Beobachtung ersetzen!
Zum Abschluss gab es einen Whiskey „on the rocks“, also mit Eiswürfeln, die Walter, unser Tourguide, eigens hierfür aus dem Gletscher geschlagen hatte. Welch wunderbare Idee und Stärkung nach der anstrengenden Wanderung! Und dann war da noch die Luft, die tatsächlich absolut neutral schmeckte, und der Wind in meinem Haar. Was für ein Unterschied nach der feuchten Hitze des Dschungels!
Selig lächelnd und erfüllt von den vielen Eindrücken des Tages, lag ich am Abend in meinem Bett.

◇◇◇◇

Wie viel Kraft mich der Ausflug gekostet hatte, merkte ich erst am nächsten Morgen. Jeder Muskel in meinem Körper schmerzte. Trotzdem legte ich keinen Ruhetag ein, sondern machte mich nach einem Frühstück, bestehend aus zwei kleinen Tassen Kaffee mit Milch und einem Toast mit Marmelade, auf dem Weg zum Treffpunkt meiner gebuchten Tagestour: Kajakfahren auf dem Rio La Leona. Er stellt die Verbindung zwischen dem Lago Argentino und dem Lago Viedma da. Der Tourguide berichtete, dass im Fluss keine Tiere und keine Pflanzen zu finden seien. Da es sich um ein vom Gletscher gespeistes Gewässer handelt, fehlen Mineralien, um Wachstum zu ermöglichen. Neugierig schöpfte ich mit meinen Händen Wasser und probierte. Tatsächlich registrierte ich nur die Kälte des Wassers. So, als ob meine Geschmacksnerven durch eine starke Erkältung blockiert wären. Eine völlig neue Erfahrung. Es verwunderte mich, dass die Menschen hier an einem See wohnten, dessen Wasser keine Mineralien beinhaltete, also als Trinkwasser auf Dauer ungeeignet war und in dem es keinen Fisch zum Angeln gab. Selbst im Sommer war es noch zu kalt zum Schwimmen, doch herrlich anzusehen. In diesem Augenblick reichte es mir aus, zu wissen, dass es so war und darauf zu vertrauen, dass alles einen Sinn hat. Unsere Truppe bestand aus acht Personen. Da waren vier Mädels aus Kalifornien, zwei „beste Freunde“ aus Russland, ein Schweizer und ich. Sie waren alle Anfang bis Mitte zwanzig. Die beiden einheimischen Tourguides waren kompetent, humorvoll und sprachen gebrochenes Englisch. Also wunderbare Voraussetzungen für einen grandiosen Tag. Als ich die anderen beobachtete, stellte ich zufrieden fest, wie gern ich allein reiste. Der Vorteil dabei war, mich nicht unentwegt auf die Bedürfnisse eines anderen Menschen einstellen zu müssen.
Von Natur aus und durch das Aufwachsen im Hotelbetrieb mit meiner Großmutter und meiner Mutter fiel es mir leicht, auf andere zuzugehen, ein unverfängliches Gespräch zu beginnen und für eine entspannte Atmosphäre zu sorgen. Dieses Verhalten jedoch nach meinem Bedarf einsetzen zu können, war mir in diesem Augenblick noch nicht bewusst. Nein, ich tappte wieder in die alte Falle. Reagierte wie ferngesteuert auf das Schweigen der Gruppe und bemühte mich, die Stimmung aufzulockern. Meine Bedürfnisse stufte ich als zweitrangig ein. Die richtige Balance zwischen „Ich“ und „Du“, wie es Martin Buber [(3)] in seinem „Dialogischen Prinzip“ beschreibt, ist und bleibt eine große Kunst.

◇◇◇◇

Kurz bevor wir starteten, wollte ich noch einmal zur Toilette. Als ich Rapha, den Guide fragte, wo das denn möglich sei, zwinkerte er mir zu und erwiderte auf Englisch: „Du kannst dir jeden Baum, der dir gefällt, aussuchen." Als Reiterin war ich ja nicht prüde, aber im ersten Moment war ich doch sprachlos. Zumal die Bäume keinen wirklichen Sichtschutz boten. Also galt erneut: Raus aus der Komfortzone! Als ich mich auf den Weg zu ein paar Büschen in einiger Entfernung machte, riefen mir die Mädels hinterher, ich solle doch bitte auf sie warten. Also war ich heute nur die Erste, die ihre Bedürfnisse äußerte und auch eine Lösung fand. Unsere Tour war in zwei Teile gesplittet: Kajakfahren und Wandern. Nach ungefähr anderthalb Stunden zogen wir also unsere Kajaks an Land und tauschten unsere Neoprenanzüge gegen Wanderklamotten, die wir in Boxen verstaut hatten.

Kurze Zeit später starteten wir in das Gebiet einer Bergfaltung, dem „Cerro Los Hornos". Es befindet sich am südlichen Rand des Lago Viedma. Nun bot sich uns eine ganz neue Seite Patagoniens: karge Steinberge, in denen Fossilien und auch verschiedene Arten von versteinerten Dinosauriern entdeckt worden waren. Die Felsformationen sahen aus, als wären sie nicht von dieser Welt. „Oh, my gosh! It´s just amazing!", rief eines der „California-Girls" und zückte ihr Handy, um sich auf einem Selfie zu verewigen.

Die Wanderung übertraf auch meine kühnsten Erwartungen!

Die Landschaft erinnerte mich an die aus dem Film „Star Wars" Teil 1, als Luke Skywalker durch eine Wüstenebene auf seinem schwebenden Auto fährt. Einmal hatte ich den Eindruck, es wären Elefantenfüße, doch tatsächlich waren es Steintürme, die wie Salzsäulen in den Himmel ragten.

Unsere Rast legten wir auf einem hohen Berg ein, der uns den Blick auf ein weites, wildes und ungezähmtes Land freigab. „Luag a mal! Des san di Anden!", erklärte mir der Schweizer. Und tatsächlich! Der strahlend schöne Tag bescherte uns diesen wundervollen Ausblick auf die Gebirgskette, die sich durch Chile, Argentinien, Bolivien, Peru und Ecuador bis nach Kolumbien zieht.

Während unserer Wanderung zurück zu den Kajaks, scherzten und alberten wir herum. Durch die beeindruckende Umgebung angestachelt, floss eine sprudelnde Energie durch unsere Adern. Wir sprangen über Felsen und Dünen und lachten vor lauter Freude am Tun. Das Wechseln der Kleider ging schnell, und bald glitten wir in unseren Kajaks erneut über den Fluss. Als ich gerade mein Paddel ins Wasser tauchte, fragte Rapha, ob jemand Lust hätte, im Fluss zu schwimmen. Mich begeisterte die Idee sofort und ich stieß ein lautes: „Ja, auf jeden Fall!" aus. Tatsächlich war ich nicht die Einzige, die so fühlte. Übermütig sprangen wir fast alle in das zartbläulich schimmernde Nass des Rio La Leona.

Dass es ein Scherz sein sollte, kam uns gar nicht in den Sinn. Wir lachten Rapha sogar deswegen aus und spritzen ihn nass. Er spritzte zurück und wir quietschten vor Vergnügen. Es war so unglaublich kalt! Damit hatte ich nicht gerechnet, trug ich doch einen Neoprenanzug.

In diesem besonderen Augenblick störte mich die Kälte nicht. Was uns blieb, waren nasse Haare und ein wunderbares Gefühl, etwas gewagt zu haben.
Noch in bester Stimmung, beschlossen die Mädels und ich, am Abend auszugehen und im Pub gegenüber ein Bier zu trinken. Wie ich fand, ein angemessener Ausklang für einen außergewöhnlichen Tag. Noch dazu lernte ich ein neues Wort: „hilarious", was so viel wie „urkomisch" bedeutet. Seitdem gehört es fest zu meinem Sprachschatz.

◇◇◇◇

Von ein paar Backpackern im Hostel hatte ich von dem kleinen Ort El Chalten erfahren. Mit dem Bus liegt er nur drei Stunden entfernt und bietet den Ausgangspunkt für verschiedene Wandertouren in atemberaubender Natur.
Also kaufte ich mir kurzentschlossen ein Ticket und machte mich im Morgengrauen auf den Weg zur Haltestelle. Nach einer Wegstrecke von einer halben Stunde wog mein Rucksack gefühlt eine Tonne anstelle von 15 Kilo. Ich war also schon durchgeschwitzt, bevor ich ankam. Die Busfahrt war, mit einem WC im Bus, der

pure Luxus, auch ohne Toilettenpapier. So schnell setzt man neue Prioritäten! Vorgewarnt durch wohlmeinende Mitreisende hatte ich im Vorfeld genügend Bargeld abgehoben. Bezahlen mit Kreditkarte war nicht möglich. Unvorbereitet hätte das eine unliebsame Überraschung werden können.

Nur noch mit dem Tagesrucksack ausgerüstet, machte ich mich gleich nach meiner Ankunft auf, die Umgebung zu erkunden.

Der Ort besteht aus vielen kleinen und einfachen Unterkünften und Häusern, die auf den Tourismus ausgerichtet sind. Mir gefiel die Überschaubarkeit von El Chalten. Nur fünf Gehminuten vom Hostel entfernt, stand ich dann erneut an einem Eingang zum „Parque Nacional Los Glaciares“. Welch ein Land, wo sich ein Nationalpark über eine so weite Fläche erstreckt! Es war Mittag, als ich eine Ebene mit sanften Hügeln erblickte. Sie war bedeckt mit saftigem, grünem Gras und Sträuchern, die im hellen Licht des Tages sanft schimmerten. Die wenigen Bäume neigen ihre Kronen alle in die gleiche Richtung. Ein Resultat des ständigen Windes, der so typisch für Patagonien ist. In andächtiger Ruhe ließ ich meinen Blick schweifen und nahm diese Besonderheit in mich auf.

Die Luft trug den süßen Duft einiger Blumen und Blüten mit sich. Ich entdeckte sogar ein paar Getreidehalme am Wegesrand. Es roch wundervoll und alles war so friedlich. Es schien gerade so, als ob der Tag nur auf meine Bedürfnisse zugeschnitten war: die Sonne war weder zu warm noch zu kalt.
Ich war ganz allein auf weiter Flur. Weder Unsicherheit noch Angst, sondern grenzenlose Freude war es, die mich erfüllte. Ich war bereits Stunden unterwegs, als kurz vor dem Ziel nicht einmal mehr ein richtiger Weg zu erkennen war. Ich wusste lediglich, dass ich weiter nach oben musste, um zur Laguna Torres zu gelangen. Zielbewusst kletterte ich also über jede Menge Geröll und große Steine. Ich hatte meine Konstitution falsch eingeschätzt und auch noch den Fehler gemacht, mich auf die Zeitangaben der Wanderkarte zu verlassen. Doch ich roch bereits die Luft des Sees und so befahl ich mir schlicht durchzuhalten. Mein Puls war weit mehr als nur beschleunigt und meine Beine zitterten vor Anstrengung. Dennoch tat es gut, meinen Körper zu spüren. Mich zu spüren. Eine Freundin hatte mir geschrieben, ich hätte bisher unter einer Käseglocke gelebt und wäre extrem auf die Arbeit und Familie ausgerichtet gewesen, ohne die Zeit oder gar die Idee, den Blick auf etwas anderes zu richten. Ich wunderte mich, wie klar sie das wahrgenommen hatte.
Nun, liebe Freundin, ich war im Begriff, dies zu ändern. Dank WhatsApp konnte ich ihr später am Abend ein Foto und ein paar Zeilen schicken.
Ich war dankbar, diese Dinge jetzt zu erleben und fand es herrlich, einfach so herumzureisen. Auch die einfachen Unterkünfte machten mir nichts mehr aus. Bis auf das Schnarchen waren Männer meist die angenehmere Gesellschaft. Sie waren nicht so anstrengend wie Frauen, und ich hatte deutlich mehr Zeit, das Bad zu benutzen. Die Erfahrung, ganze acht Stunden gewandert zu sein, schenkte mir neue geistige Kraft. Auf dem Heimweg lenkte ich meine Schritte zum Supermarkt. Eine kleine Belohnung hatte ich mir schließlich verdient.
Die Regale des winzigen Gebäudes waren dürftig bestückt. Ich hatte Heißhunger auf Joghurt, Schokolade oder Lakritze. Außerdem wollte ich mir ein Stück Seife kaufen, da es im Hostel weder Seife noch Handtücher gab. Ein Handtuch hatte ich ja dabei, Seife brauchte ich jedoch, um zumindest meine T-Shirts waschen zu können. Im Laden gab es zwar Seife, doch keines der gewünschten Lebensmittel. Da wurde mir bewusst, wie gut ich es bisher gehabt hatte und in welchem Wohlstand wir in Deutschland leben. Schließlich nützt mir ein Supermarkt, der bis um 22 Uhr geöffnet hat, nichts, wenn es kaum etwas zu kaufen gibt. So etwas zu erleben und nicht nur darüber zu lesen war etwas völlig anderes. Also kaufte ich mir eine Tüte Chips, eine Flasche Wasser und Spaghetti, um mir diese im Hostel zu kochen, und machte mich auf den Heimweg. Kräuter und Öl standen in den Küchen der Hostels meist zur Verfügung. Also ein günstiges Abendessen.

◇◇◇◇

An diesem Tag hatte ich eine Wanderung zum Gletscher Fitz Roy geplant. Als absolutes Highlight wartete die Laguna de los tres auf mich. Bei dieser Aktion war ich dankbar, nicht alles im Vorfeld gewusst zu haben. Wer weiß, ob ich dann diese fantastische Wanderung erlebt hätte? Es war windig und es regnete fast durchgängig. Eine Stimmung, deren Wildheit mir gefiel. Zum Glück war ich gut ausgerüstet. Meine federleichten Wanderschuhe reichten mir über die Knöchel und gaben den nötigen Halt. Eine ultradünne Regenjacke bot ausreichenden Regenschutz. So blieb ich, bis auf die Wassertropfen, die mir von der Stirn übers Gesicht liefen, trocken. Der Wind bauschte meine Kapuze auf und ließ sie tanzen. Ich mochte es, die Kraft des Windes zu spüren. Unerschrocken borgte ich mir ein Quäntchen seiner Stärke. Trotzte ihm mit einem Lächeln und lenkte meine Schritte weiter über den steinigen Boden. Das letzte Stück ging steil bergauf. Ich kroch fast auf allen Vieren. Der Aufstieg ließ mich vor Anstrengung nach Luft schnappen und meine Lungen fühlten sich an, als ob sie kurz davor waren zu platzen, doch um nichts auf der Welt hätte ich den Blick – der sich mir an meinem Ziel bot – missen wollen! Zwischen grauen Felsen und Geröll schimmerte die Lagune in einem klaren Türkis, und im Hintergrund ragten majestätisch die drei Bergspitzen empor, die mit Schnee bedeckt waren. Ein Anblick, der mich staunen ließ über die Schönheit dieser Welt.
Plötzlich fiel mir mein Taufspruch ein, den mir meine Großmutter vor so vielen Jahren mit auf den Weg gegeben hatte:

„Heb Deine Augen auf zu den Bergen. Woher kommt mir Hilfe? Meine Hilfe kommt vom Herrn, der Himmel und Erde gemacht hat."

Psalm 121 [4]

Die Bedeutung war für mich unglaublich tröstlich. Und die Stille um mich herum ließ mich durch- und aufatmen.
Was ich zu diesem Zeitpunkt nicht wusste, war, dass meine drei Zimmergenossen, Daniela sowie Rafael und Martin, sich Sorgen um mich machten. Mehrfach hatten sie bereits bei der Rezeption nachgefragt, ob ich gesehen worden sei. Da es in dieser Gegend kaum ein Handysignal gab, hätte mir auch etwas zugestoßen sein können. Ich konnte es selbst kaum fassen, dass ich unglaubliche neuneinhalb Stunden unterwegs gewesen war. Müde und auf wackeligen Beinen durchquerte ich gerade den Aufenthaltsraum, als Rafael schnellen Schritts auf mich zu eilte. „O Gott sei Dank! Dir geht es gut!" Er umarmte mich, schloss dann seine Hände um mein Gesicht und küsste mich erst auf die rechte und dann auf die linke Wange.

Die anderen folgten ihm auf dem Fuße und waren ebenfalls sehr erleichtert, mich zu sehen. Ein wenig perplex sah ich in ihre Gesichter. Fand es merkwürdig von nahezu Fremden vermisst zu werden – aber es fühlte sich unheimlich gut an! „Ich bin so froh, es vor der Dunkelheit noch geschafft zu haben! Die Strecke habe ich maßlos unterschätzt!“, ließ ich sie wissen. „Dann stoßen wir jetzt erst einmal auf deine heile Rückkehr an!“, verkündete Rafael feierlich. Wir setzen uns noch eine Weile in gemütlicher Runde zusammen und ließen uns ein Gläschen Wein schmecken, bevor wir erschöpft und guter Stimmung zu Bett gingen.

◇◇◇◇

Die Laguna Capri war eine weitere Streicheleinheit für Seele und Sinne. Als ich am nächsten Morgen dort ankam, glitzerte der See im tiefen Blau einer Pfauenfeder. Die einzigen Laute, die an meine Ohren drangen, waren das Plätschern der Wellen, der Gesang der Vögel und das sanfte Rauschen der Bäume. Ich setzte mich ans Ufer und nahm die Atmosphäre in mich auf. Mit jeder Welle, die an das Ufer rollte, ließ ich die Ruhe noch tiefer in mich hineinfließen.

◇◇◇◇

Im Ort angekommen bemerkte ich, wie hungrig ich war. Da ich nur noch Spaghetti übrighatte, und auch keine Lust zum Kochen hatte, beschloss ich kurzerhand, in ein Restaurant zu gehen. Dort bestelle ich mir auf Spanisch ein dunkles Bier und Pasta Bolognese. Ohne dass ich gefragt wurde, setzte der Kellner zwei Frauen zu mir an den Tisch. So ist das eben, wenn man allein reist. Diese Erfahrung habe ich danach noch häufiger gemacht.
Sie waren ungefähr in meinem Alter und sprachen nur spanisch. Trotzdem gelang uns eine kleine Konversation. Es geht immer mehr, als man denkt. Sie kamen aus Buenos Aires und hatten ein ähnliches Programm wie ich: Iguazu, El Calafate, Perito-Moreno-Gletscher. Ich zückte mein Handy und wir überbrückten unsere Sprachbarriere mit Fotos. „Ai, que lindo!“ – „Oh, wie schön!“, und schon wieder hatte ich etwas dazu gelernt. Die Musik war sehr laut und begann mich zu stören. Ich überlegte, ob ich die Bedienung darum bitten sollte, diese leise zu stellen. Da fiel mir auf, dass die Frau, die mir gegenübersaß, ihren Oberkörper im Rhythmus wiegte und sich ihre Lippen leicht bewegten. Ihr gefiel die Musik. Ich entspannte mich, musste über unsere unterschiedliche Wahrnehmung lächeln und auf einmal konnte ich die Situation wieder genießen.

Mir wurde klar, wie ein bisschen Achtsamkeit für das Umfeld und dann auch für mich selbst eine Situation beziehungsweise eine Stimmung verändern kann. Die Zeit verging wie im Fluge bis ich schließlich nach El Calafate zurückkehrte. Im Bus entdeckte ich glücklich die Liegefunktion des Sitzes und zusätzlich sogar Fußstützen zum Ausklappen und schon bald fielen mir die Augen zu.

◇◇◇◇

Zurück in mir bereits bekannten Gefilden freute ich mich auf ein paar Tage, die gefüllt waren mit weiteren Ausflügen in die Umgebung. Mit einem Schiff fuhr ich zum Upsala- und zum Spegazzini-Gletscher. Der Fahrer, der uns vom Hostel zur Anlegestelle fuhr, war sehr freundlich. Als sich herausstellte, dass meine Dollars für den Eintritt in den Nationalpark hier nicht akzeptiert wurden, wechselte er sie mir in Pesos um. Allein durch seine Hilfsbereitschaft und Flexibilität wurde es für mich möglich, dass ich nach einem kurzen Schrecken die Fahrkarte kaufen und mitfahren konnte. Da wir ohnehin spät dran waren, bedankte ich mich herzlich und sputete mich, an Bord zu gehen. Das Schiff war außerordentlich groß. Der Andrang ebenfalls so riesig, dass die vielen Menschen mich an eine Viehherde erinnerten, die auf zu engem Raum zusammengepfercht war. Not my cup of tea – Nicht nach meinem Geschmack, dachte ich. Eine andere Möglichkeit, zu den Gletschern zu kommen, gab es jedoch nicht. Bei meinem Start hatte es geregnet. Ein Regenbogen erschien am Himmel. Oh wie wundervoll, schoss es mir durch den Kopf und kurz darauf zeigte sich die Sonne und die Wolken verschwanden. An der milchig blassblauen Farbe des Lago Archentina war eindeutig der Gletschersee zu erkennen.
Das Betrachten der beiden Gletscher vom Wasser war ebenso eindrucksvoll wie die blau leuchtenden Eisberge, die sich davor in vielfältigen Formen zeigten. Doch die vielen anderen Touristen um mich herum schmälerten mein Erlebnis am Naturschauspiel, da ihre Fotokameras nicht aufhören wollten zu klicken.
Da wurde mir bewusst, wie oft auch ich auf der Jagd nach dem „perfekten Foto" gewesen war, dabei immer die Angst vor Augen, mich nicht mehr an diesen Augenblick erinnern zu können. Auch wollte ich meine Freude mit Freunden teilen und Fotos über WhatsApp verschicken. Wobei auch immer ein gewisser Druck durch den Wunsch an Teilhabe der „Daheimgebliebenen" mitschwang. Aber jetzt wurde mir plötzlich deutlich, wie viel ich dadurch verpasste. Ich nahm mir vor, in Zukunft achtsamer mit mir umzugehen, um Erinnerungen für die Seele zu machen. Auch fasste ich den Vorsatz, meinen WhatsApp-Austausch zu reduzieren.

◇◇◇◇

Auf dem Rückweg saß ich vorne neben dem Fahrer Juan. Wir waren ungefähr im selben Alter und unser Austausch begann als unscheinbarer Small Talk. Wir sprachen darüber, was jeder von uns bisher so gemacht hat. Er hatte Touristik studiert und schon viel von der Welt gesehen. In Thailand war er auch schon. In einem Schlafsaal mit sechzehn anderen Backpackern hatte er dort geschlafen und mit neunzehn bereits drei Jahre in London gelebt. Nun wohnte er mit seiner Familie an dem Ort seiner Wahl. Auf mich machte er einen sehr entspannten Eindruck. Sein Werdegang überraschte mich, da er nicht in meine Vorstellung von einem Busfahrer in Patagonien passte. Als es an mir war, Fragen zu beantworten, stellte ich fest, dass es mir schwerfiel, dies kurz und ehrlich zu tun. Schließlich erwiderte ich, dass mein Schwerpunkt bisher auf der Familie gelegen hatte, und nun würde „meine Zeit" beginnen. Wir unterhielten uns noch eine Weile auf Englisch und dann verriet er mir mit einem schiefen Lächeln: „You know: life is easy!" – „Das Leben ist leicht!" Wie konnte er nur so leichtfertig eine solche Äußerung von sich geben, entrüstete ich mich im Stillen. Wusste er nicht, dass das Leben einem nichts schenkte? Hatte er bisher für seine Lebensqualität keinen hohen Preis zahlen müssen? Spürte er denn nicht die Last einer Verantwortung, einer Verpflichtung für seine Familie auf seinen Schultern?!

Wie aus dem Nichts drängten sich die Erinnerungen an meine Großmutter in mein Bewusstsein. Vielleicht da sie für mich untrennbar mit dem Begriff „Familie" verschmolzen war. Wir waren ein Drei-Generationen-Haushalt gewesen, doch die Verantwortung für die Fürsorge für meine Oma lastete auf mir. Als sie begann, immer zerstreuter zu sein, billigten wir ihr dies zu. Schließlich war sie damals in den Achtzigern. Als sie begann, die Küchenhandtücher auf den noch heißen Herd zu legen, um diese zu trocknen, wurde es heikler.

Ich musste sie immer intensiver pflegen, wusch ihr die Haare und gab mein Bestes, mit Lockenwicklern eine modische Frisur zu zaubern, kochte und unternahm Ausflüge mit ihr.

Dabei hatte sie ein kindliches Vergnügen daran, der Bedienung oder den Personen am Nachbartisch aus der Speisekarte vorzulesen und damit zu prahlen, dass sie trotz ihres Alters keine Brille brauchte. Den Umstand, dass sie Kontaktlinsen trug, behielt sie für sich. Ich amüsierte mich und akzeptierte ihre Vorstellungen als Art Ritual, nicht ahnend, dass sie, ebenso wie meine Mutter und auch ich selbst, die Gabe besaß, eine perfekte Illusion zu erschaffen. Zumindest für den Augenblick. Es gab auch kritische Momente. Momente, in denen es sogar vorkam, dass sie nach mir schlug. Es passierte aus Verzweiflung, und ich lächelte aus demselben Grund.

Wir beide hatten keine andere Strategie, um unsere Hilflosigkeit auszudrücken.

Als jedoch auch mir die Energie ausging, verbrachte meine Großmutter die letzten Wochen ihres Lebens in einem Pflegeheim.
Die Organisation der Beerdigung sowie die Auflösung ihrer Habseligkeiten übernahm selbstverständlich ich.
Ich mietete mir einen Van und entsorgte ihren mit Schnörkeln verzierten weißen Schrank und das schmale Bett. Spendete ihre Kleider und renovierte schließlich das Zimmer nach den Vorstellungen und Wünschen meiner Mutter.
Unserem Gemütszustand mehr Aufmerksamkeit zu widmen, stand niemals auf der Tagesordnung und der Alltag wurde zügig wieder aufgenommen. Genauso, wie es in unserer Familie immer üblich war.

Nun saß ich hier. Neben einem Busfahrer aus Patagonien. Der Inhalt seiner Worte war mir so fremd und doch gefiel mir diese Lebenseinstellung. Nach einer solchen Überzeugung sehnte ich mich, und je länger ich darüber nachdachte, desto klarer wurde mir, dass es tatsächlich eine Einstellungssache war. Ich musste mir nur die Erlaubnis geben, meine zu verändern! Passend dazu hatte ich ja so viele wundervolle Möglichkeiten, die vor mir lagen.

◇◇◇◇

Urlaub vom Urlaub, das war es, was ich mir am nächsten Tag verordnete. Herrlich dekadent! Als oberstes Gebot galt: Keinen Wecker stellen! Ich schlief bis in den späten Vormittag hinein, und das trotz meiner drei Zimmernachbarn. Entweder hatten sie nicht geschnarcht oder ich gewöhnte mich langsam daran. Zum Frühstück trank ich vier kleine Tassen Kaffee und stellte fest, dass ich meine große Kaffeetasse vermisste. Tja, das ist wohl Jammern auf hohem Niveau.
In einem Museum, nicht weit entfernt, wurden Dinosaurierfunde ausgestellt. Das wollte ich mir auf keinen Fall entgehen lassen. Diese riesigen, furchteinflößenden Tiere der Vorzeit zu sehen, versetzte mich in Staunen.

Die übrige Zeit des Tages verbrachte ich in der Laguna Nimez in El Calafate, einem Naturschutzgebiet. Für mich eine Oase der Ruhe. Es war mild, die Vögel zwitscherten und das leise Plätschern der Wellen des Sees Argentino beruhigten meine Seele. Ich seufzte vor Glück. Niemand war dort, der etwas von mir forderte und niemand, der ein Anrecht darauf hatte. Als sich dann doch die innere Stimme meldete und fragte: „Aber wie soll es weitergehen?“, dachte ich an das Sprichwort: „Well, we cross the bridge when we come to it!“, was sinngemäß bedeutet: „Nun, zur gegebenen Zeit werde ich mich damit auseinandersetzen“.

Patagonien (chilenische Seite)
Reiten, Wandern, Ballast abwerfen

◇◇◇◇

Voller Tatendrang erwachte ich am Morgen und begann mit meinen Recherchen für die nächste Etappe. Dabei stieß ich auf atemberaubende Bilder des Nationalparks „Torres del Paine" auf der chilenischen Seite von Patagonien. Mein nächstes Reiseziel war gefunden und so buchte ich begeistert den Flieger nach Puerto Montt. In einem Gebiet von fast 2500 Quadratkilometern könnte ich meiner neu entdeckten Wanderlust frönen, die mir durch das einfache Prinzip: „Immer einen Fuß nach dem anderen" half, mich seelisch zu erholen.
Der Name des Parks bedeutet in der deutschen Übersetzung: „Die Türme des himmelblauen Himmels". Abgeleitet wurde dies von dem Wort der Tehuelche-Indianer „paine" – „himmelblau" und dem spanischen Wort „Torre" – „Türme". Mir gefiel diese beschreibende Namensgebung sehr, denn sie steigerte meine Neugier auf das, was mich erwarten würde.
Einige Backpacker im Hostel hatten mir von ihrer Tour vorgeschwärmt und interessante Details berichtet: Der „W-Trail" trug seinen Namen aufgrund seiner Form. Durch die Vielfältigkeit und Schönheit der Natur war er die beliebteste Strecke und in vier Tagen gut zu schaffen. Ich vertraute schlicht auf ihre Aussagen. Über meine Konstitution, die ich für die Strecke von 70 Kilometern brauchen würde, machte ich mir keinerlei Gedanken. Ich freute mich einfach, wohl die „richtige" Wahl getroffen zu haben. Sie berichteten auch von schweren Bränden im Park in den Jahren 2005 und 2012, die beide von Touristen ausgelöst worden waren. Jetzt gibt es strenge Regularien, wie zum Beispiel ein striktes Lagerfeuerverbot, um weitere Katastrophen zu verhindern. Die Camper dürfen also ausschließlich Bunsenbrenner zum Kochen benutzen. Auch ist das Campen nur auf den ausgeschriebenen Campingplätzen möglich. Die Besucherzahl ist limitiert, und so gibt es ohne die Reservierung einer Unterkunft, egal ob Zeltplatz, Hostel oder Hotel, keine Zutrittsgenehmigung. Das bedeutete für mich viel Natur und wenige Menschen.
Bei dieser Vorstellung jubilierte jede Zelle meines Körpers. Ich konnte es kaum erwarten und machte mich gleich ans Packen. Bei meinen Reisevorbereitungen verzichtete ich diesmal auf eine Telefonkarte, da es in den Hotels stets einen WLAN-Zugang gab. In Puerto Montt angekommen, stieg ich direkt in den Bus nach Puerto Natales.
Am achtzehnten Tag meiner Weltreise war ich schließlich in der kleinen Hafen-

stadt angekommen, die nur rund 19.300 Einwohner zählte und den Ausgangspunkt in den Nationalpark bildete. Der Weg zum Hostel war weit, und zu allem Überfluss verlief ich mich trotz Straßenkarte in dem Gewirr kleiner Gässchen, die mir alle gleich erschienen. Mein Rücken schmerzte vom Gewicht des Rucksacks und Schweißperlen bildeten sich auf meiner Stirn. Zu meinem Leidwesen entdeckte ich nirgendwo ein Straßenschild. Das nächste Mal werde ich im Vorfeld den Stadtplan besser studieren, rügte ich mich und blieb kurz stehen, um neue Kraft zu schöpfen. Da fiel mein Blick auf einen Hauseingang, an dem der Straßenname stand und kurz darauf fand ich mein Hostel „The Singing Lamb“. Wieder schlief ich in einem Viererzimmer. Da ich die Erste im Zimmer war, konnte ich mir sogar ein Bett aussuchen. Ich freute mich, als hätte mir jemand ein Geschenk überreicht. Das Zimmer roch nach frisch gewaschener Wäsche, und lilafarbene Hortensien zierten die weiße Bettwäsche. Wunderschön! Das ganze Hostel war hell und freundlich, der Essbereich lichtdurchflutet. Im angrenzenden Bereich befand sich ein Wintergarten mit vielen Grünpflanzen, in deren Mitte ich einen künstlich angelegten Flusslauf erspähte. Das leise Murmeln des Wassers umfing mich wie eine willkommene Umarmung, aus der ich mich nicht so schnell lösen wollte, und so erkor ich diesen Ort zu meinem Lieblingsplatz.
In einem gemütlichen, großen, braunen Sessel sitzend, nahm ich mir dort Zeit, meinen Gedanken nachzuhängen.

◇◇◇◇

Nach einer Tasse heißen Kaffees und einem Toast mit Himbeermarmelade machte ich mich am nächsten Morgen gut gelaunt auf den Weg, um die Stadt zu erkunden.
Als wichtigsten Programmpunkt hatte ich das Büro von „Fantasticsur“ auf meiner Liste. Das ist die Company, die sich das Monopol auf die Übernachtungsmöglichkeiten im Nationalpark mit „Verticepatagonia“ teilt. „Fantasticsur“ betreut den südlichen und „Verticepatagonia“ den nördlichen Teil des Parks. Zum Glück konnte man alles über ein zentrales Büro buchen.
Natürlich hätte ich auch über das Internet reservieren können, allerdings sagten mir die Namen der Unterkünfte nichts, und da ich wegen der Wanderung die logistische Lage mit einplanen musste, wählte ich den „altmodischen“ Weg. Ich nahm an, eine Reservierung wäre kein Problem, doch ich wurde leider eines Besseren belehrt. Die einzige Mitarbeiterin in dem winzigen Büro teilte mir auf Spanisch mit, dass es kein einziges freies Bett im ganzen Nationalpark mehr geben würde. „Nada“ – „Nichts“. Fassungslos starrte ich sie an. Jetzt nur nicht verzweifeln!

Es wird sich schon alles fügen, tröstete ich mich. Um meinem Schicksal etwas nachzuhelfen, bat ich die Mitarbeiterin, mich auf die Warteliste zu setzen. Ein paar Gehminuten entfernt fand ich das Stadtzentrum. Es gab nette, kleine Geschäfte. Alles war sehr viel schlichter als in El Chalten, und wieder fiel mir auf, wie liebenswürdig die Einheimischen zu mir waren. Sie erwiderten mein Lächeln und beantworteten geduldig alle meine Fragen zur Umgebung.
Trotz all der Freundlichkeit, die mir begegnete, entging mir nicht das dicke Schloss, mit dem die Eistruhe im Café gesichert war. Die Verkäuferin teilte mir in gebrochenem Englisch mit, dass dies hier notwendig sei, um ihr Eigentum zu sichern. Im Gegensatz zu dem beunruhigenden Inhalt ihrer Worte, stand die angenehme Atmosphäre, die ich wahrnahm. Während ich darüber nachdachte, ging ich in ein schlauchartiges Geschäft, das Trockenobst auf der einen, Mützen, Handschuhe und Socken auf der anderen Seite verkaufte.
Solch einen Laden hätte ich früher niemals betreten, aus Angst vor Keimen, des schummrigen Lichtes wegen und der Annahme, dass der Inhaber in seinen Mittsechzigern mich wohl nicht verstehen würde, zumal er mir bereits grimmig entgegenblickte. Seine Kleidung war abgetragen, sein Gesicht mit Furchen durchzogen und von der Sonne ganz ledrig. Im Mund hatte er einen braunen Zigarillo und zeigte nur noch vergilbte Stumpen anstelle von Zähnen.
Aber ich wollte unbedingt etwas von dem Trockenobst haben. Deshalb sprach ich mir innerlich Mut zu und ging hinein. Dabei lächelte ich ihn an und begrüßte ihn in meinem besten Spanisch. Er sah mich an, lächelte zurück und eine Fontäne von Worten sprudelte aus seinem Mund. Ich war begeistert von seiner herzlichen Reaktion, und als er mich fragte, woher ich käme, auch über die Tatsache, dass ich ihn verstand und antworten konnte. Wie schnell sich die angespannte Stimmung änderte und ich in unserem Gespräch aufging, verblüffte mich. Natürlich war es nicht allzu ausführlich, da meine Sprachkenntnisse sich noch in Grenzen hielten. Aber immerhin war es ein Anfang. Nach meinem Einkauf war ich um einige getrocknete Papayas, Äpfel und Mangos reicher. So lecker! Ich verließ das Geschäft glücklich und mit ausreichend Proviant für meine geplante Wanderung. – So Gott will, würde es mit den Reservierungen auch noch funktionieren!

Später im Hostel lernte ich Julia aus Buenos Aires kennen. Wir waren in einem ähnlichen Alter und sie war herrlich unkonventionell, was sich schon an ihrer bunten Kleidung und ihrer wilden Frisur zeigte. Sie stellte sich zu mir in die Küche, als ich das Abendessen vorbereitete und schlug mir vor: „Wenn du mir von deiner Gemüsepfanne abgibst, gebe ich dir ein Stück Apfelkuchen." Mehr war gar nicht nötig, um ins Gespräch zu kommen. Sie erzählte mir, dass sie sich noch dringend eine Trekking-Hose kaufen wollte, und so bot ich ihr meine an. Wir hatten die gleiche Größe und mein Rucksack wurde wieder ein paar Gramm leichter. Da sie Spanisch unterrichtete, bekam ich von ihr dann spontan meinen ersten Spanischunterricht. Ich hätte nicht vermutet, wie unglaublich viel Spaß ich daran hatte. Nun konnte ich meinen Zimmergenossen auch „süße Träume“ – „dulces sueños con los angeles!“ wünschen.

◇◇◇◇

Am darauffolgenden Tag lenkte ich meine Schritte erneut zum Büro der „Fantasticsur Company“. Wenn ich etwas unbedingt will, kann ich ziemlich hartnäckig sein. Ich setzte mich also auf die einzige Sitzmöglichkeit, direkt gegenüber von Gabriella, der Büromitarbeiterin, und teilte ihr mit, dass ich gerne warten möchte, in der Hoffnung, dass jemand seine Reservierung stornieren würde. Gabriella sah immer wieder zu mir herüber. Sie fühlte sich von mir gestört. Kein Wunder, dachte ich mir. Ich saß ihr relativ nah gegenüber und lauschte ihren Gesprächen. Auch nannte ich sie bei ihrem Vornamen, den ich auf dem Namensschild gelesen hatte. So suggerierte ich eine Vertrautheit, die es nicht gab. Meine Vermutung bestätigte sich, als sie mir erklärte, ich müsste nicht warten, da sie ja meine Telefonnummer hätte. Ich erwiderte nur: „Oh, das ist sehr aufmerksam, aber es macht mir wirklich nichts aus! “ So kam es, dass ich nach nicht einmal einer Stunde meine Reservierungen erhielt. Allerdings zu ziemlichen Wucherpreisen. Stolze 169 Dollar pro Nacht in Sechs- und Acht-Bett-Zimmern. Der Park war wohl wirklich sehr begehrt. Ich hoffte inständig, das Geld klug investiert zu haben. Wenn ich allerdings so weitermachte, war ich mir nicht sicher, ob mein Budget für die noch kommenden Monate ausreichen würde. Im nächsten Moment war der Gedanke jedoch wieder verflogen. Ich konnte den „W-Trail“ erwandern! Nun, nicht den gesamten Trail, da die letzte Station ausgebucht blieb. Dies war für mich jedoch nicht weiter schlimm, da es sich um die Etappe zum Grey-Gletscher handelte und ich das Gefühl hatte, ohnehin genug Gletscher gesehen zu haben. Also hieß es, drei Tage mit einem kleinen Tagesrucksack wandern. Vom Aufgang der Sonne bis zu ihrem Untergang. Meine Aufregung stieg schon bei dem Gedanken.

◇◇◇◇

Um die Wartezeit zu überbrücken und, weil sich mein Herz danach sehnte, ging ich am Nachmittag zum Ausreiten. Pferde urteilen nicht, sie akzeptieren dich so, wie du bist. Zu reiten war immer schon Labsal für meine Seele. Eine Quelle der Kraft. Diese Überlegungen führten mich unweigerlich zu meiner Stute Fenja.

Sechzehn Jahre lang war sie fester Bestandteil meines Alltags gewesen und von einer Sekunde auf die andere war sie fort. Wegen einer Darmverschlingung eingeschläfert. Das war viele Jahre her und der Verlust hinterließ damals eine große Lücke. Seither konnte ich mir zu Hause nicht einfach ein anderes Tier in den Stall stellen. Doch die Liebe zu Pferden ist ein Teil von mir und hier im Urlaub war die Situation anders. Und war ich nicht zu dieser Reise aufgebrochen, um mein Herz zu heilen? Diese Gelegenheit wollte ich ergreifen. Buchen konnte ich sorgenfrei und einfach im „The Singing Lamb".
Meine erste Sorge galt dem Wetter, da Regen vorausgesagt war. Die zweite Sorge war, dass ich mit blutigen Anfängern ausreiten würde, und so den Ausritt nicht genießen könnte. Als ich abgeholt wurde, passierte genau das: Ein Vater und seine sechzehnjährige Tochter stiegen in den Van. Während der etwa einstündigen Fahrt zur Hazienda, fand ich heraus, dass der Vater noch nie auf einem Pferd gesessen hatte. Wie wunderbar, dass er seine Tochter nicht einfach am Stall absetzte, sondern es ihr zu Liebe ausprobieren wollte. Aus diesem Grund war er mir sofort sympathisch. Doch spürte ich einen kleinen Stich in meiner Brust. Vielleicht beschreibt das Wort „Wehmut" es besser.

Früher war mein Vater bei meinen Besuchen des Öfteren mit mir ausgeritten. Eine Passion, die er mit meiner Mutter geteilt hatte. Mit den Jahren nach der Scheidung isolierte er sich jedoch von seinem sozialen Umfeld, denn Einladungen und Kontakte pflegen, waren das Metier meiner Mutter gewesen, und auch das Reiten rückte in den Hintergrund.

Vielleicht wollte es mir deshalb in diesem Augenblick nicht gelingen, ein Bild aus meiner Erinnerung zu kramen. Vermutlich brauchte es einfach noch Zeit. Plötzlich eröffnete sich der Blick auf eine Lichtung mit einer Pferdekoppel. Mindestens vierzig Pferde – was für ein wundervoller Anblick! Mein Herz vollführte vor Freude einen Purzelbaum und ich lächelte immer noch, als der Wagen vor dem Haupthaus der Hazienda anhielt. Catalina, der ich aufgrund ihrer geraden Haltung, ihrem klaren Blick und dem schon schwarz-weiß meliertem Haar intuitiv die Rolle der Chefin zuschrieb, erwartete uns zusammen mit Almendra, einer jungen Chilenin. Ihre langen braunen Locken fielen ungezähmt über ihren Rücken und eine waldgrüne Baskenmütze saß schief auf ihrem Kopf. Die Pferde standen schon bereit und ich ging spontan auf einen wendigen, mittelgroßen Rappen zu, der mir freudig entgegenschnaubte. Als man an meinem entspannten Umgang mit dem Pferd erkannte, dass ich Reiterfahrung besaß, fing zwischen den beiden Frauen, die den Ausritt begleiten sollten, ein lauter Austausch auf Spanisch statt. Das Ergebnis war, dass mir Almendra mit einem starken Akzent auf Englisch mitteilte, dass ich mit ihr allein losziehen sollte. Ich war überglücklich, strahlte sie an und schon ging es los. Wir starteten durch eine Baumgruppe hindurch in Richtung eines Sees, der sich in der Ferne in einem tiefen Blau zeigte. Die zerfurchteten Berge schimmerten in Grün, Grau und einem sanften Safrangelb. Es wirkte magisch.

Die Landschaft erinnerte mich an Schottland. Aber hier hatte alles einfach andere Dimensionen. Der See wirkte größer und tiefer, die Berge höher, die Farben intensiver. Die Energie um mich herum nahm ich als besonders wahr. Eine tiefe Ruhe, gespeist von dem Gefühl, dass alles möglich ist, dass alles nach eigenen Wünschen umgestaltet werden kann. Einfach so.
Zu Anfang redeten wir nicht viel, aber was dann gesprochen wurde, berührte mich tief. Almendra war erst siebenundzwanzig Jahre alt und hatte bereits eine Partnerschaft mit Gewalterfahrung hinter sich. Sie erzählte mir, wie ihr Schwiegervater ihr geholfen hatte zu fliehen, als sie die Schläge nicht mehr ertragen konnte. Dann berichtete sie von der Zeit, in der Depressionen und Tablettensucht folgten. Und von dem Ultimatum, das ihre Eltern ihr gestellt hatten, entweder in eine Entzugsklinik zu gehen oder auf einer Hazienda zu arbeiten. Während sie dann von ihrer Arbeit auf der Ranch erzählte und ihrer Liebe zu dem Land, den Pferden und dem Sohn des Rangers, erstrahlte ihr Gesicht und ihre Augen leuchteten.
Ihre Verwandlung mitzuerleben, faszinierte mich. Plötzlich wirkte sie völlig entspannt und losgelöst von allen schlechten Erinnerungen.

Stolz und überglücklich zeigte sie mir ihren Verlobungsring und berichtete von den gemeinsamen Zukunftsplänen mit ihrem Verlobten. Sie war so jung und hatte schon so viel hinter sich. Das Wichtigste von allem aber war, dass sie ihren Platz im Leben gefunden hatte.
Das beeindruckte mich. Dieses Gefühl der Zugehörigkeit, das ich aus ihren Worten heraushörte, brachte eine Erinnerung an meine Schulzeit zurück.

Im konservativen Bayern war ich auf einer weiterführenden Mädchenschule gelandet. Meine Mitschülerinnen waren meist schon seit Generationen ortsansässig und trugen traditionsgemäß fast alle einen langen geflochten Zopf, der bis zur Taille reichte. Das war die Grundvoraussetzung, um im Trachtenverein mitmachen zu dürfen, denn damals gab es noch nicht die Regelung, Haarteile für Aufführungen verwenden zu dürfen. Und wie stolz sie darauf waren! Auch auf ihren Dialekt, der unsere Deutschlehrerin Frau Riedel oft an den Rand der Verzweiflung trieb. Besonders nach einer Klausur. „Aber nein! Wie oft soll ich es denn noch wiederholen", jammerte sie dann. „Der wo da kommt. – Das ist grammatikalisch schlicht weg falsch! Noch einmal in der deutschen Hochsprache! Bitte!"
Doch die einheimischen Mädels störten sich an dieser Kritik nicht, denn es war sozusagen ihr Markenzeichen. Ich stimmte mit Frau Riedel überein. Für mich klang es, wie ein disharmonisches Durcheinander von Lauten.
Ich fand alles schlicht albern: den Dialekt, die Dirndl und auch die Musik, zu der sie tanzten, sangen und selbst sogar die Zither spielten. Für mich war das alles sonderbar und höchst suspekt. Zwischen diesen Mädchen fühlte ich mich fehl am Platz.

Als ich nun Almendra ansah, spürte ich wieder diese große Sehnsucht in mir aufsteigen, die ich damals wohl zum ersten Mal so bewusst erlebt hatte.
Diese Sehnsucht, den richtigen Platz im Leben für sich zu finden. Ein Wunsch, der in diesem Augenblick genauso stark in mir brannte, wie vor so vielen Jahren. Plötzlich musste ich grinsen. Hinter jedem Hügel, jeder Weggabelung konnte meine Antwort bereits auf mich warten. Welch Abenteuer, in dem ich mich befand! Mittlerweile hatten wir den See weit hinter uns gelassen und waren auf einem Kamm angelangt, der, wie ich fand, wie geschaffen war für einen gestreckten Galopp. Kaum hatte ich diesen Gedankengang beendet, blinzelte mir Almendra zu und feixte: „Mal sehen, wer schneller ist!", und spornte ihr Pferd zu einem Wettrennen an. Das ließ ich mir nicht zweimal sagen und so flogen wir dahin, lachend und übermütig, während der Wind sanft unsere Gesichter umspielte.
Für einen Augenblick schloss ich die Augen und kostete das längst in Vergessenheit geratene Gefühl der Freiheit, das ich als Kind verspürt hatte, aus.

◇◇◇◇

Zurück im „Singing Lamb“ machte ich mich reisefertig. Ein kurzes Unterfangen, da ich zur Hiking-Tour nur meinen Tagesrucksack mitnahm.
Alles andere wäre wegen des Gewichts nicht möglich gewesen und im Hostel würde alles Übrige in einem Spind auf mich warten. Ich freute mich, dass sie hier auf diese Situation so gut eingestellt waren.
Um sechs Uhr morgens stiegen eine Handvoll anderer Reisender und ich in einen Van, der uns zum Check-Point des Nationalparks brachte.
Es regnete und ich hoffte, dass meine Regenkleidung hielt, was sie laut Hersteller versprach. Nach einem Kurzfilm über die im Park herrschenden Regeln musste man sich registrieren lassen und tatsächlich seine Reservierung vorlegen. Dann erhielt ich endlich ein Papier mit Stempel, das mir meine Wanderung genehmigte. Allerdings zweifelte ich an der „unberührten Natur“, denn um mich herum waren Massen von Backpackern. So hatte ich mir das nicht vorgestellt. Nach weiteren dreißig Minuten kam ein Shuttle-Bus, der mich zum Eingang des Parks brachte, der zwölf Kilometer entfernt lag. Es folgte die Anmeldung im „Refuge Norte“, bei der ich meine Reiseroute für die nächsten Tage hinterlegen musste. „Just in case …“ – „Nur für den Fall“, ließ mich der Mitarbeiter wissen und lehnte sich bei diesen Worten vertraulich über den Tresen der Rezeption. Das war ein Routineablauf, der mir von Wandertouren in den Bergen bekannt war, und so beunruhigte es mich nicht weiter. Genauso wenig wie die Tatsache, dass es keinen Handy-Empfang gab.

In meinem Sechs-Bett-Zimmer beeilte ich mich, meine Kleidung zu deponieren und machte mich auf den Weg zu meiner ersten Etappe. Um möglichst viel zu sehen, hatte ich diesen Tag so geplant, dass ich ihn voll ausnutzen konnte. Um zwölf Uhr startete ich also zum Mirador Torres del Paine. Das ist wohl für die meisten Touristen die Hauptattraktion, da sich der Blick auf einen Gletschersee öffnet, im Hintergrund das Bergmassiv mit den berühmten drei Spitzen.
Als ich den einzigen Weg einschlug, der vom Hostel wegführte, war ich froh, dass sich die Anzahl der Menschen vom Check-in deutlich verringert hatte. Es hörte auf zu regnen und die Sonne zeigte sich. Ich konnte mir nun Zeit nehmen, meine Umgebung auf mich wirken zu lassen.
Die sanften Hügel, die sich vor mir erstreckten, waren teils mit Gras, dichtem, niedrigem Dornengestrüpp und vereinzelten Bergblumen bewachsen, teils durchzogen von Geröll. Die Luft roch anders als in El Chalten. Sie trug eine fruchtigere, süßlichere Note von Flora und Fauna in sich. Ich schloss die Augen und nahm einen tiefen Zug. Mmm, es war so wohltuend. Wie der erste Schluck eines guten Weins – man wollte unwillkürlich mehr.

Und mit jedem Atemzug kamen Erinnerung an meine Kindheit in Bayern hoch. Erinnerungen an einen sonnigen Frühlingstag ... ich, auf dem Weg zum Stall, entspannt und voller Vorfreude. Diese wundervollen Empfindungen breiteten sich nun in meinem Körper aus, und beseelt lief ich weiter.
Nachdem ich eine Hängebrücke, die über einen Fluss führte, hinter mir gelassen hatte, teilte sich der Weg und brachte mich immer höher in die Berglandschaft. Je mehr Höhenmeter ich erklomm, je weiter erstreckte sich mein Blick über die Berge. Sogar ein Condor flog in stiller Anmut über das Tal. Diese unbeschreibliche Schönheit mit allen Sinnen erleben zu dürfen, ist durch kein rein visuelles Erlebnis zu ersetzen. Einfach grandios.
Es folgte ein Wegstück durch einen Wald. Mit Langmut überquerte ich einen Bach, eine weitere Brücke und schließlich wurde der Blick auf die schneebedeckten Berge frei. Der Weg wurde zu einem Pfad und dieser endete irgendwann im Nirgendwo. So orientierte ich mich Richtung Gipfel und stieg weiter bergan. Nach ungefähr einer Stunde folgte ein extremer Anstieg, der noch durch Steine und Felsen erschwert wurde. Ich dachte an El Chalten und wie sehr mich die Wanderungen dort angestrengt hatten. Doch gegen das hier war es wohl eher ein Spaziergang gewesen. Als ich Kopfweh bekam und das Gefühl hatte, mein Blut in den Ohren rauschen zu hören, musste ich häufiger pausieren, um wieder normal atmen zu können. Ein Aufgeben kam mir gar nicht in den Sinn. Nur, wann würde ich mein Zeil erreichen?
Als mir eine Gruppe von Wanderern entgegenkam, schöpfte ich erneut Kraft, denn sie lächelten mir aufmunternd zu und riefen: „You are nearly there!", „Just five minutes more!" – Ich hatte es fast geschafft, nur noch fünf Minuten Geduld. Die ermutigenden Worte reichten aus, um mich zu motivieren, und dann erklomm ich die letzten Meter.
Oben angekommen, wählte ich einen riesigen Felsbrocken, der mir einen grandiosen Überblick gewährte. Dort würde ich meine wohlverdiente Rast einlegen. Vor mir das topazfarbene Wasser des Sees. Im Hintergrund die „Drei Türme", auf deren Spitzen seitlich das Licht der Sonne fiel. Die Reflexion zeigte sich im Gletschersee und so hatte ich das Gefühl, gleich doppelt für meine Anstrengung entlohnt worden zu sein. Ich war über mich selbst herausgewachsen, hatte mein Ziel erreicht und obenauf erhielt ich ein atemberaubendes Bild für die Galerie meines Herzens!

Neu war für mich jedoch, dass ich es nicht aus Pflichtbewusstsein bis hier oben auf den Felsen geschafft hatte, sondern aus Eigennutz. Ausschließlich für mich. Dieses Wissen ganz bewusst auszukosten, war wie ein Kuss, der mir den Himmel zu Füßen legte.

Auf dem Rückweg sprach mich ein junger Mann auf Englisch an, gutaussehend, mit schwarzem, lockigem Haar und braunen Augen. Er war Ende zwanzig und stellte mit einer angenehmen Stimme fest: „Dich habe ich auf dem Felsen am Gipfel sitzen sehen." Ich war überrascht und versuchte, mich im ersten Moment zu rechtfertigen, da ich davon ausging, ich hätte seinen Blick auf die Lagune gestört oder den Platz auf dem Felsen zu lange blockiert. Er stellte jedoch sofort klar, dass er es schön gefunden habe, mich einfach anzusehen. Ich hätte solch eine Freude am Augenblick ausgestrahlt.

Ich blinzelte und sah ihn mit großen Augen an. Dann schenkte ich ihm ein strahlendes Lächeln, denn es wurde mir blitzartig klar, dass ich zunächst auf seine Aussage, ganz nach meiner alten Gewohnheit, stets das eigene Verhalten als verbesserungswürdig anzusehen, geantwortete hatte. Dank seiner Rückmeldung durfte ich nun meine Sichtweise korrigieren. Er hatte mir die Möglichkeit sozusagen auf einem silbernen Tablett präsentiert.

Wir wechselten noch ein paar Worte und dann ging jeder von uns seines Weges. Noch immer lächelnd dachte ich an die mutigen und bezaubernden Worte des jungen Mannes, die in mir so viel ausgelöst hatten. Es sind eben oft die keinen Dinge, die eine große Wirkung haben.

Zehn Wanderminuten später traf ich auf Julia aus dem Hostel. Da sie leider keine Reservierung bekommen hatte, unternahm sie einen Tagesausflug und konnte so wenigstens einen kleinen Ausschnitt der Landschaft erleben. Sie zu treffen, gab mir das Gefühl von Verbundenheit und Entspannung. Es machte schlichtweg Spaß, Personen wiederzubegegnen und sich unbeschwert über die Wanderung austauschen zu können.

Laut Handy war ich um 21:14 Uhr wieder zurück im Hostel. Erschöpft, aber glückselig. Trotz genauer Inspektion meines Zimmers fand ich keine Steckdose zum Aufladen meines Handys. Von meinem Bettnachbarn erfuhr ich, dass ich dieses dafür an der Rezeption abgeben musste, da es keine andere Stromversorgung gab. Mein erster Impuls war Misstrauen. Mein Handy lädt nur, wenn es eingeschaltet ist! Okay, ich könnte es ja anstellen, aber den Code nicht eingeben, überlegte ich. Ob „die" trotzdem an meine Daten können, waren meine ersten Gedanken. Ich hatte keine Wahl, aber ein schlechtes Gefühl. Der große Wunsch Fotos machen zu können, gab schließlich den Ausschlag. Also unterhielt ich mich mit dem Mann an der Rezeption und stellte fest, dass er freundlich war und einen entspannten Eindruck auf mich machte. So überließ ich ihm mein Handy und ging zum Abendessen. Die anderen Backpacker machten es ja ebenso. Andere Länder, andere Sitten und wieder die Aufgabe für mich, zu lernen, mich darauf einzulassen.

◇◇◇◇

Tags darauf stand ich bereits um acht Uhr startklar vor meinem Hostel. Trotz der frühen Stunde war mir angenehm warm und es fühlte sich verdammt gut an, mit all meinem Hab und Gut einfach losmarschieren zu können – ohne einen Blick zurück.
An diesem Tag würde ich zu meiner nächsten Hütte wandern. Ich nahm das wohlige Gefühl, das sich in meinem Körper ausgebreitet hatte, bewusst wahr, und atmete tief ein. Fühlte mich stark und unabhängig. Die Landschaft, die ich heute sah, war völlig anders als die gestrige. Ich entdeckte einen schmalen Bach, der sich fröhlich gurgelnd durch ein grünes Tal schlängelte und Buschwerk, das sich durch den Wind in sanften Wellen vorwärts zu bewegen schien. Die ersten Strahlen der Sonne ließen das klare Weiß des Wassers wie kostbare Diamanten funkeln. Eine kleine Herde von Guanakos graste in der Ferne. Mir gefiel die friedliche Stimmung, die dieser Anblick in mir auslöste. Meine Gedanken führten mich sogleich fort von der Herde der Guanakos hin zu den Pferdekoppeln in der Nähe unseres Hauses in Bayern.

Ich hörte ein freudiges Wiehern von Pferden, sah meine Mutter und mein zwölfjähriges Ich. Wir standen nebeneinander am Gatter und hielten Halfter und Führstricke in unseren Händen, um unsere Augensterne zu holen. „Heute ist ein guter Tag für die große Runde zum Fluss. Was meinst du?“, hörte ich meine Mutter fragen.
„Au ja! Und dann können wir ins Wasser zum Schwimmen!“, lautete meine begeisterte Antwort.

Nahende Schritte unterbrachen meine Reise in die Vergangenheit. Ein Wanderer kam an mir vorbei und hielt kurz bei mir an. Er sah mir direkt in die Augen und teilte mir unverblümt mit: „Du siehst sehr glücklich aus!“, dann ging er weiter. Seiner Stimmlage nach war das eine Feststellung und keine Frage. Ich war zu verdutzt, um etwas zu erwidern. Stattdessen horchte ich in mich hinein. In dieser Erinnerung zu schwelgen, hatte mir gutgetan. Ich lächelte und konnte seine Aussage aus tiefster Seele bejahen.
Nach ein paar Stunden wurde die bisherige Landschaft von einem großen, tiefblauen See abgelöst. Ich verspürte den Wunsch, hier länger zu bleiben. Als mir bewusst wurde, dass ich das einfach tun konnte, folgte ich meinem Impuls, setzte mich an den Strand des Sees und zog meine Schuhe aus. Meinen Rucksack funktionierte ich zu einem Kissen um. Die Sonne tat gut! Erst jetzt, wo sich der Körper erholte, spürte ich eine große Blase an meiner linken Ferse. Sie störte mich aber nicht weiter, denn die Umgebung lenkte mich ab.

Da ich jedoch vor der Dunkelheit mein Ziel erreichen wollte, hatte ich nur ein kleines Zeitfenster und machte mich nach einer kurzen Rast wieder auf den Weg. Einen gefühlten Augenblick später lief ich am „Domo Los Cuernos“ vorbei und stellte fest, wie schön dieses Hostel mit seiner Glasfront in Richtung See war. Inständig hoffte ich auf eine ähnliche Unterkunft. Denn nach der stundenlangen Wanderung geriet ich trotz meiner Begeisterung an den Rand der Erschöpfung. Glücklich seufzte ich auf, als ich zwar kein Haus, aber ein Schild mit einem Pfeil an einem Baumstamm sah. Kurze Zeit später erspähte ich die Umrisse meines Hotels und überwand freudig die letzten Meter. Es handelte sich um eine einfache Holzhütte mit einer milchigen Wellplastikscheibe als Wand zur Seeseite. Wie schade! Nun konnte ich den Ausblick nur Erahnen und anhand meiner Erinnerung ins Gedächtnis rufen. Mein dort gebuchtes „komfortables Zimmer“ entpuppte sich zu meiner großen Überraschung als ein Acht-Mann-Zelt am See. Es hatte die Form einer mongolischen Jurte und stand auf Holzpfählen. Mit einer Mischung aus Staunen und Fassungslosigkeit folgte ich Manuel, einem Mitarbeiter des Hotels. Im Inneren befanden sich sehr einfach gezimmerte Kojen aus Holz, die mich an Kinderhochbetten erinnerten. Darauf ausgebreitet lag jeweils ein Schlafsack. Meine Koje befand sich glücklicherweise am Ende und somit zum Zeltrand hin. Ich hatte sogar ein kleines Fenster in Form eines Plastikbullauges wie auf einem Schiff. Dieser Umstand versöhnte mich mit der Situation, und entschlossen stellte ich mein Gepäck auf meine Schlafstatt.

Nach den Ereignissen des Tages verspürte ich den dringenden Wunsch nach einer Dusche. Sie befand sich in einem kleinen Anbau in Verlängerung der Jurte. Zum Raum hin war die Dusche allerdings offen und als Abtrennung diente lediglich ein Duschvorhang. Dieser war so kurz, dass man fast meine Knie sehen konnte. Als ich schließlich unter der Dusche stand und spürte, wie mir das warme Wasser über den Körper floss, seufzte ich zufrieden und genoss das Gefühl – bis ich durch das rechteckige Fenster nach draußen schaute. Ich hatte erwartet, Bäume zu sehen. Stattdessen blickte ich direkt in ein anderes Fenster. Es gehörte zur gegenüberliegenden Küche. Dort standen der Koch und das übrige Küchenpersonal, ausschließlich Männer, und sahen zu mir hinüber. Ich reagierte nicht sofort, da ich es einfach nicht fassen konnte. Als ich aus meiner Starre erwachte, bückte ich mich und mir wurde schmerzlich die fehlende Länge des Duschvorhangs bewusst. Also tat ich das Einzige, was mir einfiel: Ich drehte meinen Rücken zum Fenster und duschte weiter. Ein schöner Rücken kann schließlich auch entzücken. Ich war nicht bereit, meine wohlverdiente warme Dusche nach der stundenlangen Wanderung abzubrechen. Nach ein paar Minuten hatte der heiße Wasserdampf das Problem gelöst. Das Fenster beschlug und die Sicht war versperrt.
Der wirklich aufregende Teil kam erst, als ich für das Abendessen hinüber in das Haupthaus gehen musste. Ich hatte mir fest vorgenommen, mit souveränem Verhalten jeglichen Kommentaren entgegenzutreten. Außerdem hatte nicht ich, sondern die anderen allen Grund, sich zu schämen!
Zu meiner Überraschung benahmen sich der Koch und seine Kollegen formvollendet. Sie waren freundlich und zuvorkommend, als sie das Essen in den Raum trugen, und niemand hätte auch nur ahnen können, dass wir uns bereits unter anderen Umständen „gesehen" hatten. Erleichtert hakte ich die Erfahrung unter „Situationen sind das, was ich daraus mache" ab. Der Abend entpuppte sich als sehr kurzweilig. Ich scherzte mit meinen Zeltgenossen und fühlte mich wohl in ihrer Runde. Ja, ich hatte Freude daran, Witze zu erzählen und für eine ausgelassene Stimmung zu sorgen, genoss die Aufmerksamkeit meiner sieben, ausschließlich männlichen Mitbewohner. Als ich einen kurzen Moment innehielt, um an meinem Bier zu nippen, war es mir, als würde ich auf einmal meine Mutter sehen.

Vor vielen Jahren saß sie zwischen den Gästen in unserem Hotel und gab ihre Witze zum Besten. Lächelnd, mit einer langen schwarzen Zigarette in der Hand, während sie ihre Erzählung anschaulich durch Gestik und Mimik untermalte. Sie war stets der leuchtende Mittelpunkt gewesen, denn sie hatte es verstanden, andere in ihren Bann zu ziehen. Egal, ob im Hotel oder auf einer Feier.

Ihre Fähigkeit konnte ich nun also weiterführen. Welch wunderbare Erkenntnis.

Als die Sterne hell funkelnd den Himmel erleuchteten, kuschelte ich mich in meinen Schlafsack. Durch das Guckloch gegenüber bestaunte ich schläfrig die glitzernde Pracht, als ein Grummeln und Brummen an meine Ohren drang und mich am Einschlafen hinderte.
Es waren meine Zeltgenossen, die selig schnarchten. Das konnte ich schwerlich ausblenden. Das Wissen, dass sie im Wachzustand alle charmant und ganz reizend waren, stimmte mich jedoch versöhnlich. Selbst der kaputte Reißverschluss meines Bullauges hatte etwas Gutes. Trotz der Kälte genoss ich die gute Sauerstoffversorgung und lauschte den Geräuschen der Nacht: dem Rauschen des Windes in den Bäumen und dem gelegentlichen Plätschern der Wellen des Sees, die herüberwehten. Dies milderte ein wenig die Geräuschkulisse der Männer um mich herum und ich versuchte, mich darauf zu konzentrieren. Bei dem Versuch musste ich plötzlich lachen. Noch vor einigen Wochen hätte ich so eine Situation alles andere als amüsant gefunden, sondern schlicht unerträglich.

◇◇◇◇

Pünktlich zum Sonnenaufgang schlug ich die Augen auf und freute mich über diesen neuen Tag. Voller Ungeduld schwang ich meine Beine aus der Koje, um die wunderbare Verwandlung des Lichts mitzuerleben, bis die Sonne hoch am Himmel stand. Ich schüttelte mich wie ein nasser Hund, als ich mich mit eiskaltem Wasser wusch, da kein warmes zur Verfügung stand. Leider half das wenig, um mein Frösteln abzustellen, jedoch fühlte ich mich dadurch wie eine richtige Abenteurerin, bereit zu neuen Taten. Gleich wird's mir bestimmt wärmer, munterte ich mich auf, als ich den Weg zum Haupthaus einschlug. Ich wollte frühstücken, mein bestelltes Lunchpaket abholen und möglichst schnell zu meiner Wanderung aufbrechen. Als ich den schmalen Pfad vom Hostel hinter mir gelassen hatte, sah ich, wie der Wind die Äste der Bäume tanzen ließ, hörte einen Flusslauf in der Nähe, die Vögel begrüßten einen neuen Morgen. In welcher Vielfalt Gott doch unsere Erde geschaffen hat. In dieser Umgebung hatte ich plötzlich ein Bild aus Kindertagen vor Augen.

Die Familie sitzt zu Weihnachten gemeinsam vor dem Fernseher im Wohnzimmer und schaut sich „Sissi" an [(5)]. *Genauer gesagt, den Filmausschnitt, in dem Sissi ihrem Vater ein Gedicht vorträgt: „Wenn Du einmal Sorgen hast, dann geh mit offenen Augen durch den Wald. Und in jedem Baum, in jeder Blume und in jedem Tier wird Dir die Allmacht Gottes zu Bewusstsein kommen und Dir Trost und Kraft geben."*

Doch statt dieser beschriebenen seelischen Linderung und Unterstützung schnürte sich plötzlich meine Kehle zu. Noch wunderlicher waren die Tränen, die mir trotz all der Schönheit, die mich umfing, in die Augen traten.
Von meinem Gefühlsausbruch völlig überrascht, ließ ich die Emotionen dennoch zu. Da war so viel. Der Schmerz über den Verlust meiner Eltern, schöne Erinnerungen, aber auch Tatsachen, die mich wütend machten. Meine Gedanken überschlugen sich. Auf einmal war die Situation von gestern wieder präsent, als es um das Aufladen meines Handys ging. Mein Vater hatte so viel Misstrauen in sich getragen, dass er lieber darauf verzichtet hätte, Fotos zu machen, als das Telefon mit seinen „geheimen Daten" einem Fremden anzuvertrauen. Meine Mutter hätte sich erst gar nicht auf „solch einen Urlaub" eingelassen. Und so führte ein Gedanke zum anderen und plötzlich wurde mir klar: Das Verhalten beider zeigte, dass sie von zahlreichen Ängsten geplagt gewesen waren. Angst vor Enttäuschungen, Existenzängste, Ängste, die so groß waren, dass sie entschieden hatten, auf keinen Fall bei sich selbst hinzuschauen, sondern die Ursachen lieber außerhalb suchten.
Diese unbewusst übernommenen Ängste hatten über so lange Zeit auch mein Leben bestimmt. Ich spürte die alt vertraute Übelkeit in mir aufsteigen und der Schweiß trat mir aus allen Poren.
Schlagartig erkannte ich, dass meine Strategie, mich unentbehrlich zu machen, in der Angst wurzelte, eines Tages allein zu sein und nicht geliebt zu werden. Deshalb war ich stets für andere da gewesen. Hatte viel zu wenig für mich selbst gesorgt! Ja, hatte sogar die Gründung einer eigenen Familie zurückgestellt!
Als mir diese Dinge durch den Kopf gingen, brachte ich sie in Zusammenhang mit ihrem Ursprung und traf eine Entscheidung: Ab jetzt wollte ich hinschauen. Meine Gefühle wahrnehmen, die Ursache benennen und Klarheit schaffen. Vorher musste ich das loswerden, was nicht zu mir gehörte. In diesem Fall handelte es sich um die Ängste meiner Eltern. Lange Jahre hatte ich deren Sichtweisen und unterschwelligen Botschaften übernommen, ohne es zu bemerken. Weshalb war ich nicht achtsamer gewesen? Meine Mutter hatte mich so sehr geliebt, dass sie mich kaum „loslassen" konnte.

Einmal wollte ich mit meinem dunkelblauen Fahrrad zur Schule fahren. Sie hatte erst nach harten Verhandlungen widerwillig zugestimmt.
Glückselig war ich am nächsten Tag aufgebrochen und hatte nicht bemerkt, dass sie mir mit dem Auto folgte. Meine Mitschüler und viele andere vor dem Gebäude der Realschule schon.
Das Gespött war groß, und nach diesem Desaster startete ich keinen weiteren Versuch, sondern ließ mich wieder von ihr bringen.

Weshalb hatte ich mich nicht schon damals behaupten können, wunderte ich mich. Lag es daran, dass ich als Kind ein intuitives Gespür für ihre Angst vor Einsamkeit gehabt hatte? Überließ ich ihr aus diesem Grund einen Großteil wichtiger Entscheidungen und tat alles, um ihr zu zeigen, dass ich für sie da war? Erinnerungen an meine Erlebnisse bei Wochenendbesuchen, die ich bei meinem Vater verbracht hatte, mischten sich in meine Gedanken.

Am Frühstückstisch war nicht selten die Tageszeitung mein Gegenüber gewesen. Unbewusst hatte ich diesem Verhalten die Botschaft: „Du bist nicht wichtig" entnommen. Weshalb hatte ich das nie ausgesprochen? Ob es einen Unterschied gemacht hätte, werde ich nie erfahren. Auch mein Vater hat mich geliebt. Obwohl niemals über Gefühle gesprochen wurde, drückte er mich bei jeder Verabschiedung nach gemeinsam verbrachter Zeit so fest, dass die Umarmung schmerzte. Jahre später fand ich bei der Auflösung seines Haushalts einen Brief, den er nicht abgeschickt hatte. Er war an mich adressiert.
In holprigen Worten hatte er an unsere Freude am Reiten angeknüpft und von einem Ausritt mit seinem schwarzen Hannoveraner Wallach Dexter berichtet. Er schrieb davon, wie er über die gelben Stoppelfelder galoppiert sei, und dass er mich gerne dabeigehabt hätte. Zum Schluss stand dort in schwungvollen Lettern geschrieben, dass er mich lieb hatte.
Um sich vor weiteren Verletzungen zu schützen, hatte er mich auf Abstand gehalten. Hatte keinen anderen Weg gewusst. Und ich? Ich hatte versucht, mit „guten Taten" seine Anerkennung und Aufmerksamkeit zu erlangen.

Jetzt blieb nur eine Frage: Wer trug die Schuld für die Spuren, die die vielen Ereignisse hinterlassen hatten?
Die unsägliche Wut, die in mir geschlummert hatte, erwachte durch all diese Gedanken und steigerte sich zur Rage. Ich war eine starke Frau, die alle Freiheiten gehabt hatte, ihr Leben selbst zu gestalten, und dennoch war es mir nicht gelungen. So viele unerfüllte Träume waren auf der Strecke geblieben. Was hatte ich nur alles versäumt! Ich stürmte voran, doch zwang mich die körperliche Anstrengung nach einigen Minuten zum Anhalten. Ich schnappte nach Luft und starrte nach unten. Auf dem Waldboden entdeckte ich Steine. Voller Zorn hob ich einen auf und warf ihn weit weg. Fühlte noch den Druck, den der kalte, spitze Stein in meiner Handfläche hinterlassen hatte. Meine Verzweiflung wuchs. Ich brauchte ein weiteres Ventil. So folgte ein zweiter und ein dritter Stein, bis mein Blick auf einen besonders großen Brocken fiel. Ich schwankte unter seinem Gewicht, ließ ihn einmal auf den Boden fallen und zerrte ihn schließlich bis zu einem nahegelegenen Abhang. All mein Ingrimm auf meine Eltern und auf mich selbst vereinigten sich in dem Akt, den schweren Felsbrocken dort hinunterzuwerfen. Auf halber Strecke wurde er jedoch von einer Wurzel aufge-

halten. So musste ich hinunterklettern, um ihn bis in das Flussbett zu befördern. Der Boden war noch feucht vom Morgentau. Dunkle Erde fraß sich unter meine Fingernägel. Mein Atem kam stoßweise, als ich endlich mein Werk vollendete und zusah, wie der Gesteinsbrocken hinunter durch eine Felslücke ins Wasser stürzte. Dort in Patagonien. Tief atmete ich in meinen Bauch ein und wieder aus.

Plötzlich begriff ich: Es ging nicht um Schuldzuweisungen, sondern um Vergebung! Ich durfte meinen Eltern ihre Schwächen verzeihen und mir selbst ebenso! Langsam stellte sich eine innere Ruhe ein.
Ich blieb stehen und nahm das Bild und das damit verbundene neue Gefühl in mich auf. Es war ein wenig wie bei einer Maltherapie, bei der man das eigene Gemälde verändert hatte und es letztlich – liebevoll aus einiger Entfernung – betrachten konnte. Ich musste lachen und zur selben Zeit liefen Tränen über meine Wangen. Fühlte mich wie ein Kind, das etwas völlig Neues und Irrsinniges getan hatte, wie zum Beispiel im Stand von einer schwingenden Schaukel zu springen, nur um mit großem Schrecken festzustellen, dass alles in Ordnung war. Eine Woge der Erleichterung durchfloss mich und ließ mich erbeben. Eine große Last war von mir abgefallen. Nun richtete ich meinen Fokus wieder auf den Weg, setzte einen Fuß vor den anderen und erhaschte einen ersten Blick auf die Bergspitzen der Cordilera del Paine, die in der aufgehenden Sonne schimmerten.

◇◇◇◇

Ich lief stetig weiter. Hinauf zum Mirador Glaciar del Francés. Der Weg führte mich durch einen wundersamen Birkenwald. Wundersam, da ich Birken wunderschön finde, aber ich noch nie einen ganzen Wald nur aus Birken gesehen hatte. Bald änderte sich die Umgebung, und der Wald ging über in ein Feld aus Geröll und Felsen. Während der gesamten Zeit begegnete ich keiner Menschenseele. So außergewöhnlich das auch klingen mag, so dankbar war ich für diesen Umstand. Am Aussichtspunkt angekommen ließ ich mir mein letztes Trockenobst, das ich mir ja in Puerto Natales gekauft hatte, schmecken. Von meinem Platz aus konnte ich den freien Blick auf den Gletscher und das Tal genießen. Mit der Zeit wurde es ungemütlich, da ein Wind aufkam und es zu tröpfeln begann. Da Patagonien für seine Wetterumschwünge berüchtigt ist, machte ich mich an den Abstieg, denn ich hatte Sorge, auf den Steinen und Felsen abzurutschen.
Das nun folgende Tal, vorbei an der Laguna Scottsberg, stellte für mich den wohl faszinierendsten Abschnitt dar.

Vor mir erstreckte sich ein Wald wie aus einem Märchen. Im Hintergrund schimmerte ein königsblauer See. Als ich näherkam, hatte es den Anschein, als ob eine Armee aus silbernen Bäumen diesen magischen Ort bewachten. Wie unsichtbare Wächter standen sie am Ufer aneinandergereiht. Ich war erfüllt von Ehrfurcht vor dieser Schöpfung und wie berauscht von ihrer Schönheit.

Leider konnte ich nur kurz verweilen, da ich am Abend den einzigen Katamaran vom Paine Grande zurück zum Ausgangspunkt meiner Reise erwischen musste. Die dreißigminütige Rückfahrt über den See Pehoé rundete meine Trekking-Tour ab. Nach meiner Ankunft im Hafen erfuhr ich im Café an der Anlegestelle, dass der einzige Bus erst in einer Stunde fahren würde. Also machte ich aus der Not eine Tugend und fand einen schönen Platz am Fenster mit Blick auf den See. An einer Steckdose konnte ich mein Handy anschließen und in Ruhe meine Fotos sortieren. Dazu spendierte ich mir eine Tasse Kaffee. Mit Freude stellte ich fest, dass es Filterkaffee aus einer Kaffeemaschine war und kein Instantgetränk. Es passierten mir so unglaublich wunderbare Kleinigkeiten!

◇◇◇◇

Für eine Nacht blieb ich wieder im Hostel „The Singing Lamb". Hier hatte ich ja auch meinen Rucksack deponiert. Es war richtig nett, wieder in vertrauter Umgebung zu sein. Diesmal war ich in einem Neun-Bett-Zimmer untergebracht, in dem es sogar eine wunderbar weiche Matratze für mich gab. Ich duschte mit heißem Wasser und Shampoo. Das tat unglaublich gut! Die alten Holzdielen knarzten trotz meines leichten Schritts, als ich zurück ins Zimmer schlenderte. Ian und George, die beiden Männer im Zimmer, sahen auf und George bemerkte: „Du wirkst entspannt", während Ian lächelnd dazu nickte. Ich freute mich über ihre Rückmeldung. Nahm nun selbst deutlich wahr, wie mein Inneres mit meinem Äußeren in Einklang war. Die beiden studierten gerade eine Wanderkarte des Nationalparks „Torres del Paine". Bald tauschten wir uns angeregt über Tipps und Wandererlebnisse aus, als mir meine Wäsche einfiel.
Dieser Abend war die einzige Gelegenheit, vor meiner Weiterfahrt zu waschen. Also riss ich mich los und stellte mit Erstaunen fest, dass es schon dunkel war. Kein Wunder. Das Display des Handys zeigte 23:00 Uhr. Die Waschmaschine befand sich in einem kleinen Schuppen, unweit des Aufenthaltsraums. Das Programm dauerte nur dreißig Minuten. Also alles machbar. Nur kein Stress!
Ich ging in den Aufenthaltsraum und setzte mich an die Bar aus roh gezimmertem Holz. Aus dem Radio drangen die Klänge spanischer Popmusik an mein Ohr. Zufrieden, wie der Tag bisher verlaufen war, nippte ich an einem Bier. Ein Amber Lager aus Patagonien. Der Barkeeper kommentierte meinen ersten Schluck stolz mit einem: „Ein gutes Bier, nicht wahr?" Ein Pärchen saß mir gegenüber. Ich schätzte sie so um die Mitte zwanzig. Auch sie warteten gespannt auf meine Antwort. An ihrer Reaktion merkte ich, wie bedeutsam ihnen meine Rückmeldung anscheinend war, und so bemühte ich mich um eine passende Erwiderung: „Ja! Richtig lecker! Wisst ihr … ", fuhr ich fort und blickte gewichtig in die Runde:

„… ich habe lange Zeit in Bayern gelebt. Eine Region in Deutschland, die auch besonders stolz auf ihr Bier ist. Aber das hier ist schon was Besonderes!“, schloss ich meinen Vortrag. Sie sollten wissen, dass ich wusste, wovon ich sprach. Ich erntete Kopfnicken und wie selbstverständlich prosteten wir uns alle zu und vertieften uns in eine Fachsimpelei über Bier und das wundervolle Land Patagonien. Alles in einem Gemisch aus Spanisch und Englisch. Das gefiel mir. Als Mikel, der Mann hinter dem Tresen, auf sein Handy blickte, fiel mir ein, dass ich hier Wi-Fi hatte und stellte es ein. Ein dummer Fehler. So viele Nachrichten, so viele Fragen … das war mir zu viel! Dabei hatte ich noch nicht mal begonnen, eine einzige zu lesen. Ich musste unbedingt meine Erreichbarkeit einschränken. Gleichzeitig war ich erleichtert darüber, dass ich es bereits geschafft hatte, bei meinen Geschwistern meinen Raum abzustecken, indem ich auf Distanz gegangen war. Die Beziehungen waren, wie ein zu eng geschnürtes Korsett gewesen, das mir die Luft zum Atmen genommen hatte. Vielleicht sollte ich allen, die mir schrieben, mitteilen, dass ich nur noch alle zwei Wochen Nachrichten beantworten würde. Eine Frage drängte sich mir dabei auf: Könnte ich das überhaupt durchhalten? Meistens wünschte ich es mir und schaffte es dann doch nicht. Ich atmete durch und dachte bei mir: Eine Entscheidung muss nicht sofort getroffen werden, und schließlich war ich in den letzten Tagen nicht erreichbar gewesen. Nun warteten hoffentlich erst einmal nur positive Botschaften auf mich. Ich packte meine Wäsche in den Trockner und schlüpfte ins Bett.
Am nächsten Morgen musste ich meinen Bus erwischen. Aus diesem Grund stand ich um 5:30 Uhr – für mich mitten in der Nacht – im Waschraum, der meinem Zimmer gegenüber lag. Ich war gerade im Begriff, mich aus meinem Pyjama zu schälen, als ein Mann mit nichts außer einem Handtuch um die Hüften bekleidet hereinkam und hinter mir in die Dusche steigen wollte. Als ich ihn ein wenig irritiert fragte, ob es hier im Hostel keine getrennten Waschräume gäbe, verneinte er mit einem Grinsen, blickte mir tief in die Augen und ließ provokant sein Handtuch fallen. Wie schade, dass er kein sexy Cowboy und das hier kein Hollywood-Film war … so musste er allein duschen.

◇◇◇◇

Nach der Busfahrt nahm ich den Flieger von Punto Arenas nach Puerto Montt. Am Flughafen erwischte ich einen weiteren Bus auf die zweitgrößte Insel Chiles: Chiloé. Ich hatte Sehnsucht nach dem Meer. Die Anreise war sehr mühevoll, denn in den Bussen vom Flughafen auf die Insel gab es keine Klimaanlage. Es war stickig, die Scheiben beschlagen und vereinzelt liefen sogar Wassertropfen an ihnen hinunter. Mein Versuch, einen Blick auf die Landschaft zu erhaschen,

scheiterte, denn ich konnte nur schemenhafte Umrisse erkennen, wie feuchte Farbkleckse, die ineinanderliefen. Es kann eben nicht immer alles perfekt sein. Zumindest war die Reisedauer absehbar. Ich spürte die Müdigkeit in meinen Knochen und plante deshalb für den kommenden Tag einen „Ich-mach-einfach-gar-nichts-Tag" ein. Mir gefiel die Atmosphäre in meinem alten, aber liebevoll eingerichteten Hostel mit zusammengewürfeltem Mobiliar in Ancoud. Nach den vielen Wochen, die bereits vergangen waren, schlief ich zum ersten Mal eine Nacht durch und fühlte mich nach meinem Schönheitsschlaf wunderbar erholt. Vor dem Frühstück stellte ich das WLAN ein und entdeckte achtzehn neue Nachrichten auf WhatsApp. Das fühlte sich an wie ein Déjà-vu. Erneut stellte ich fest, dass ich schnell einen Weg finden musste, mich besser abzugrenzen. Meine grauen Zellen arbeiten fieberhaft an einer Lösungsstrategie. Vielleicht sollte ich mir einfach mehr Zeit lassen, um die einzelnen Nachrichten zu beantworten? Ich war zuversichtlich, so den nötigen Abstand zu den Daheimgebliebenen zu bekommen. Nicht, dass ich mich nicht über das Interesse freute, im Gegenteil. Es hielt mich jedoch ab, im Hier und Jetzt zu sein. Also fasste ich den Entschluss, diesen Weg auszuprobieren.
Faulenzen, Tee trinken und mit den anderen Gästen im Hostel Reisegeschichten auszutauschen – so verbrachte ich den Morgen. Gegen Mittag entschied ich dann, dass es Zeit wurde für ein wenig Schönheitspflege. Ich lackierte mir das erste Mal seit meinem Backpacker-Leben die Finger- und Fußnägel. Für die Fingernägel wählte ich einen unauffälligen Klarlack, aber für die Fußnägel hatte ich ja meinen heiß geliebten Lack „Rouge noir" von Chanel mitgenommen. Immer, wenn nun mein Blick darauf fiel, musste ich lächeln.

◇◇◇◇

Ausgerüstet mit meinen Sommer-Wanderschuhen, die vorne offen waren, fuhr ich am nächsten Tag weiter in die Hauptstadt Castro.
Diese war im Jahre 1567 von den Spaniern gegründet worden. Ich war gespannt auf das Stadtbild.
Im Zuge des Ortswechsels zog ich natürlich auch um. Das „Palafito Hostel" lag im Viertel der „Palafiten", einer Wohnsiedlung, bestehend aus vielen kleinen bunten Holzhäusern, die auf Pfählen im Wasser erbaut waren.

Das Viererzimmer dort war sehr überschaubar und es gab nur ein winziges Fenster. Der Gemeinschaftsraum mit der Veranda machte dieses Manko aber mehr als wett. Der offene und aus Kiefernholz gestaltete Küchenbereich mit einer modernen Kücheninsel mündete in eine Art überdachten Steg mit Fensterfronten auf beiden Seiten. Von dort aus gelangte man nach draußen. Der Blick ging direkt aufs Meer, und so konnte ich beobachten, wie Ebbe und Flut sich abwechselten. Ein echtes Schmuckstück, auch für Nicht-Backpacker.

Nach meinem Check-in wollte ich noch eine Kleinigkeit einkaufen, um mir etwas Leckeres zu kochen. Für anderes fehlte mir die Kraft. Im Supermarkt gab es allerdings kaum etwas, nicht einmal Spaghetti. Also entschied ich mich für Bier und Chips und lief damit zurück. Als ich ein nettes Café neben meinem Hostel entdeckte, beschloss ich, mich dort verwöhnen zu lassen. Das Bier und die Chips konnte ich auch für eine andere Gelegenheit aufheben. Doch als ich nach fünfzehn Minuten immer noch nicht bedient wurde, ging ich wieder. Während ich frustriert meine Chips auf der Veranda des Hostels aß, trat eine junge, hübsche, blonde Frau zu mir hinaus, gefolgt von einem gleichaltrigen Mann mit einem sonnengebräunten Körper. Er flüsterte ihr etwas ins Ohr, worauf sie kicherte und ihr Gesicht rot anlief. Ein scheinbar glückliches Pärchen. Vielleicht werden sie bald heiraten, dachte ich so bei mir. Später kochten sie zusammen,

alle anderen vergessend hatten sie nur Blicke füreinander. Ich fühlte mich zum ersten Mal seit Beginn meiner Reise einsam. Das Merkwürdige daran war, dass ich in der Einsamkeit der Wildnis, im „Torres des Paine", eine innere Zufriedenheit gefühlt hatte, ganz anders als jetzt hier im Hostel. Vielleicht lag es daran, dass ein kleiner Teil von mir auch gerne zu zweit unterwegs gewesen wäre. Vielleicht war mein Gefühl auch gefärbt durch die übernommenen Erwartungshaltungen unserer Gesellschaft, an die ich unterschwellig erinnert wurde. Was „man" mit vierzig Jahren alles schon erreicht und geschafft haben sollte. Dazu gehörte selbstverständlich auch, verheiratet zu sein, eine Familie zu haben, oder zumindest Erfolg im Beruf und so weiter. Ich konnte nichts davon aufweisen. Zugleich wurde mir jedoch auch bewusst, welch antiquiertes Bild noch in meinem Unterbewusstsein herumspukte.
Dazu beigetragen hatten wohl auch zwei Unterleibsoperationen. Die Chance, Kinder zu bekommen, war seitdem sehr gering. Durch diese Tatsache fühlte ich mich irgendwie unvollständig. Vielleicht war das der Grund dafür gewesen, weshalb ich mich meinem bestehenden Lebenskonstrukt mit Inbrunst widmete; meiner Arbeit als Erzieherin inklusive. Eine damals eher unbewusste Berufswahl, die wohl die Lücke, selbst Mutter zu sein, füllen sollte. Hier auf der Veranda meines Hotels in Chile kamen mir jedoch ganz neue Gedanken. Hätte ich Kinder, könnte ich diese Reise nicht machen ...

◇◇◇◇

Als ich am Morgen aus dem Hostel ging, wollte ich mir zuerst die wichtigsten Sehenswürdigkeiten der Stadt ansehen. Dazu gehörten noch weitere Palafiten am Rande der Insel. Ein besonderes Erlebnis war der Besuch der Markthallen. Vor allem der Geruch! In den ersten Hallen, die sich direkt an die nördlichen Palafiten anschlossen, boten Händler hauptsächlich Woll- und Filzprodukte aus eigener Herstellung an. Es gab liebevoll bestickte Strickpullover für Kinder, Handschuhe, Mützen, jede Menge Schals und sogar Mäntel. Was mir am allerbesten gefiel, waren die intensiven und bunten Farben. Da war ein Poncho in einem schrillen Gelb und Türkis. Farben, die ich erst vor kurzem für mich entdeckt hatte, als Kontrast zu dem ewigen Schwarz und Grau. Eine gute Freundin hatte mir geraten, diese zu tragen, da sie die Farben meiner Augen strahlen lassen würden. Da ich aber mit leichtem Gepäck unterwegs war und ich sogar schon darüber nachgedacht hatte, meinen geliebten Nagellack zurückzulassen, stand ein Kauf also gar nicht zur Debatte. Aber meine Augen sogen gierig das Unbekannte auf. Ein paar Schritte entfernt, umfing mich ein stechender, feuchter Geruch von Schafwolle und ich musste mich anstrengen, weiter durch die Nase zu atmen.

Ich schlenderte von Halle zu Halle und versuchte, die Szenen, die sich mir boten, abzuspeichern. Überall war ein Gewirr aus überwiegend Einheimischen beziehungsweise Chilenen, da gerade Hauptreisezeit war. Die unterschiedlichen Waren wurden gemustert und anschließend lautstark gehandelt. Es erinnerte mich ein bisschen an das bunte Treiben in den engen Gassen der Altstadt Jerusalems. Keiner achtete auf mich und so schlenderte ich entspannt weiter. Mir stieg der Geruch von angebranntem Zucker in die Nase und wie die Motten vom Licht angezogen wurden, so suchte und fand ich die Quelle: Churros. Eine leckere Süßigkeit, ähnlich dem deutschen Krapfen, nur in länglicher Form, die sich auf einem Tablett in der Nähe auftürmte. Zielstrebig steuerte ich darauf zu und holte tief Luft, als ich sah, wie viele Fliegen auf dem „Churrosturm" herumkrabbelten. Kurz überlegte ich, ob mein Ekel oder mein Hunger die Oberhand gewinnen würde. Da kaufte eine Mutter für ihr Kind eine Tüte, randvoll gefüllt mit herrlich duftenden Churros, und meine Entscheidung war gefallen. Ich wollte das unbedingt auch probieren. Als ich in das Gebäck hineinbiss, wusste ich, dass ich definitiv die richtige Wahl getroffen hatte ... einfach himmlisch!
In der nächsten Halle wartete ein neues Abenteuer auf mich. Es wurden frisch gefangener Fisch und Muscheln angeboten. An einem Stand öffnete eine Frau mit wettergegerbtem Gesicht und schwieligen Händen mit einem Messer Muscheln und warf den Inhalt in einen großen Topf. Ich grüßte sie auf Spanisch und beobachtete weiter ihr Tun. Sie ließ es zu, und ich freute mich darüber. Da ich gern erzähle, wollte ich ihr mitteilen, dass ich das zum ersten Mal in meinem Leben sah. Mein Spanisch war zu diesem Zeitpunkt noch nicht sehr ausgereift, so dass ich sagte: „Das ist mein erster Frühling!"
Ich erntete herzliches Lachen, gefolgt von einem Redeschwall. Zwei umherstehende Marktfrauen steuerten eifrig ihre Kommentare bei, und ich beobachte fasziniert den Tumult, den ich anscheinend ausgelöst hatte. Ein Feuerwerk aus positiver Energie und wilden Gesten prasselte auf mich ein, ohne dass ich den Inhalt entschlüsseln konnte. Ein Zuschauer trat neben mich. Mit einem Grinsen im Gesicht erklärte er mir den Grund für den Ausbruch der guten Laune und half mir die richtige Formulierung zu finden. Zu diesem Missverständnis war es gekommen, da ich die Worte – „primavera" = „Frühling" und „prima vez" = „das erste Mal" – verwechselt hatte. Die heitere Stimmung steckte mich an. Da ich nun den Grund kannte, musste auch ich lachen. Die tüchtige Verkäuferin hatte nun zumindest eine nette kleine Anekdote, die sie ihrer Familie erzählen konnte, und ich beherrschte diesen Satz nun aus dem Effeff.
Die Gerüche, die in der Luft hingen, waren und blieben eine Herausforderung. Am Nachbartisch nahm eine Frau einen sehr langen Fisch aus. Ich hatte keine Ahnung, was das für ein Ungetüm aus dem Meer war. Ein Aal war es zumindest nicht. Auch sie ließ mich bei ihrer Hände Arbeit zusehen. Ich fragte höflich nach, ob ich ein Foto machen dürfte, und ging danach glücklich von dannen.

Vielleicht konnte ich über Google einige Fischarten zuordnen. Nach probieren stand mir nicht der Sinn. Vielleicht ein anderes Mal.

◇◇◇◇

Auf der Insel gab es 150 Kirchen, die auf Chiloé im 17. und 18. Jahrhundert von den Jesuiten gegründet wurden, in dem Bemühen, den christlichen Glauben zu verbreiten. Das Besondere ist die Tatsache, dass zum Bau ausschließlich Zypressenholz verwendet wurde, und jede von ihnen wunderbar farbenfroh gestaltet ist. Einmal ein leuchtendes Rot als Deckenfarbe, ein andermal ein funkelndes Türkis, das mir entgegenschimmerte. Welch unterschiedliche Stimmung zu dem barocken Prunk in den katholischen Kirchen in Deutschland.
Eine der Kirchen aus dem Jahre 1730 wollte ich mir auf der Nachbarinsel Ancao ansehen. Der Kleinbus dorthin war alt. Ein Geruch von Modder hing in der Luft. Ich unterdrückte meinen Ekel und bemühte mich, es als Abenteuer zu betrachten. Es hatte auch etwas Lustiges, denn das universelle Mittel gegen diesen Zustand schien Raumspray zu sein. Da wurde einem die Entscheidung, was nun das kleinere Übel war, nicht leicht gemacht. Die Holzkirche mit ihren fünf Säulen, die den Eingangsbereich umrahmten, trotzte stolz den Gewalten des Wetters. Welch Genuss, ein solch altes Gebäude zu betreten und an dessen Geschichte teilhaben zu dürfen. Die Luft zu atmen und einen Grundpfeiler im Inneren berühren zu dürfen, mit dem Wissen, dass unendlich viele Menschen in den vergangenen Jahrhunderten bereits dasselbe getan hatten. Welche Geschichten rankten sich wohl um ihr Leben? Mir gefiel die Richtung, die meine Gedanken nahmen. Weit weg von meinen Sorgen und Hoffnungen. Das gestattete mir eine Pause vom Grübeln.
Zurück im Hostel machte ich mich erst einmal frisch. Ein Pärchen aus den USA – Terry und Cho – bezogen gerade das freigewordene Hochbett, als ich vom Duschen wiederkam. Ich schätze sie ähnlich alt wie mich. Wir waren sofort im Gespräch und es war wohltuend festzustellen, wie „easy going" es war. Das letzte leere Bett bezog eine Viertelstunde später eine junge Chilenin. Sie half mir, weiter an meinem Spanisch zu feilen. Welch nette Runde, dachte ich so bei mir. Die anderen fühlten wohl ähnlich, denn kurz darauf beschlossen wir, am nächsten Abend alle zusammen zu kochen. Da ich meine Gedanken nach so vielen Eindrücken noch ordnen wollte, setzte ich mich noch in den Aufenthaltsraum. Meine Schuhe zog ich aus, um später niemanden zu wecken. Die Stille tat gut. Ich trat hinaus auf die Veranda und lauschte den Wellen, die sich an den Holzpfählen brachen und atmete den salzigen Geruch des Meeres. An diesem Abend fiel ich glücklich ins Bett.

Ein weiterer Ausflug führte mich für einen Tag an den Strand und auf den nahe gelegenen „Muelle de las Almas“, einen Aussichtspunkt am Meer. Der Blick war in der Tat die Anreise wert, jedoch handelte es sich um keine moderne Plattform, sondern um einen unscheinbaren Holzsteg, der sich, noch eine gute Strecke von der Steilküste entfernt, stolz erhob und abrupt im Nichts endete. Das Auge des Betrachters zog unwillkürlich eine imaginäre Linie von dem Steg in Richtung Horizont. Er wirkte so nah und doch unerreichbar.
So war es häufig auch mit den eigenen Zielen, dachte ich mir und fragte mich, was wäre, wenn es nur darum ging einen anderen Weg zu finden? Von diesem neuen Gedanken beflügelt begab ich mich zurück zum Hostel.

Am Abend gab es Gemüseeintopf. Über die Teller hinweg schilderten die anderen im Hostel und ich uns die Erlebnisse des Tages in prächtigen Farben. Es war nicht nur ein gemütliches Beisammensein, sondern sozusagen ein Abschiedsessen, denn am nächsten Morgen plante ich aufzubrechen. Ich wollte zurück nach Argentinien. Um genau zu sein, nach Bariloche.

◇◇◇◇

Die Landschaft hatten Terry und Cho mir beschrieben, so dass vor meinem inneren Auge bereits ein Bild entstanden war. Eine Mischung aus Bayern, Schweden, dem Grand Canyon und den tiefen Seen Schottlands. Berühmt berüchtigt war die Stadt für ihre Schokolade, und die Umgebung bekannt für ihre Wanderwege im Sommer und das Skifahren im Winter. Die Häuser der Altstadt könnten ebenso in der Schweiz stehen, sie erinnerten an die dortigen typischen Chalets. Teuer, groß, mit viel Glas und solidem Bauwerk. Ich war gespannt. Noch im Halbschlaf stand ich am nächsten Morgen auf. Ich stellte fest, dass ich sehr viel mehr Zeit brauchte, um startklar zu sein. Viel mehr Zeit als in Deutschland. Und das, obwohl ich mich weder schminkte noch die Haare stylte und meist bereits am Abend vorher duschte. Das war wohl der sogenannte „Urlaubsmodus".
Vielleicht fand auch der Körper langsam seinen eigenen Rhythmus. Entschlossen nahm ich mir vor, mir grundsätzlich und auch nach der Reise längere Zeitspannen zuzugestehen. Ich verabschiedete mich noch von Terry und Cho und machte mich auf den Weg zum Busterminal. Ich hoffte, wir würden es schaffen, in Kontakt zu bleiben.

Argentinien

Kobaltblauer See, Naturphänomene und neue Perspektiven

◇◇◇◇

Es war schon dunkel, als ich in Bariloche eintrudelte. Nachdem ich stundenlang durchgerüttelt worden war, streckte ich genüsslich meine müden Glieder, schälte mich aus meinem Sitz und machte mich auf, um ein weiteres Busticket zu kaufen. Mein nächster Stopp würde endlich meine gebuchte Unterbringung in unmittelbarer Nähe des Sees sein. Doch entgegen meiner Erwartungen wurde es kompliziert. Ohne eine blaue Buskarte, die elektronisch aufgeladen und im Bus abgebucht wurde, kam ich nicht von dort weg. Eben diese gab es jedoch ausschließlich im Zentrum der Stadt im Zentral-Office, was wiederum nicht erreichbar war. Es lebe die Bürokratie! Irgendwie musste ich jedoch in mein Hostel gelangen, also fragte ich am Schalter, ob ich gegen Bezahlung dort anrufen durfte, um zu bitten, mich abzuholen. Dies wurde jedoch verneint. Da mein Spanisch für eine Diskussion noch etwas zu holprig und ich müde, hungrig und wirklich erschöpft war, entschied ich schließlich, mir von meinem letzten Bargeld ein Taxi zu leisten. Der Taxifahrer war redselig und freundlich. Er brachte mich nicht nur bis vor die Tür, sondern trug mir sogar noch meinen schweren Rucksack. Welch wunderbare Freundlichkeit!

◇◇◇◇

Das Hostel war charakteristisch für die einheimische Lebensart, würde ich sagen. Also sehr einfach und renovierungsbedürftig. Im Bad gab es überall Schimmel und das einzige Waschbecken im Flur mussten sich alle acht Bewohner des Stockwerks teilen. Die Aussicht – auf die unbebaute Natur – war allerdings ein Traum. Bei meiner Ankunft war eine kleine Party im Gange und ich erlebte die Menschen um mich herum als ungeheuer freundlich. Das war für mich der ausschlaggebende Faktor, um zu bleiben. Die Gäste, Cino, der Inhaber, und Flor und Natascha, die die Pension betrieben, waren alle super nett und noch recht jung. Die beste Überraschung war mein Zimmer. Anstelle wieder meinen Schlafraum mit drei anderen zu teilen, wurde mir ein Zwei-Bett-Zimmer angeboten! Welch Genuss. Mit mir war eine junge Frau – Anja – aus Bamberg dort untergebracht. Als sie merkte, dass ich aus Deutschland kam, begrüßte sie mich mit einem herzlichen: „Hallo, grüß Dich!

Ich bin ja so froh, jemanden zu treffen, der auch Deutsch spricht!" Ich musste einfach lachen und wurde gleich von ihrer fröhlichen Begeisterung angesteckt.

◇◇◇◇

Durch die Ritzen des ehemals himmelblauen Vorhangs fanden die ersten Sonnenstrahlen ihren Weg in unser Zimmer. Ich konnte meine Neugierde nicht mehr zügeln, wollte mich von der Landschaft sanft in den Tag begleiten lassen und zog die Gardinen auf. War ich Opfer einer Halluzination? Erinnerungsfetzen blitzten in mir auf, als ich die Umgebung erblickte. Es sah aus wie in meinem Heimatort. Um genau zu sein, wie am Eibsee, nahe der Zugspitze. Es gab hohe Tannen und sogar eine kleine Insel im kobaltblauen See. Die schneebedeckten Berge im Hintergrund rundeten das Bild ab. Ich blinzelte und war versucht mich zu kneifen. Das letzte Mal war ich zur Beerdigung meiner Mutter dort gewesen. Mein Magen krampfte sich zusammen und mir wurde leicht übel. Ich war so weit gereist, um Abstand zu gewinnen und nun holte mich das Vergangene auf so heimtückische Weise ein. Wann hatte ich das letzte Mal mit meiner Mutter den See umrundet? Mein Gehirn arbeitete auf Hochtouren, um gespeicherte Erinnerungsbilder mit der Gefühlsebene meiner Vergangenheit zu vergleichen und einen Konsens zu finden. Indes setzte sich Anja in ihrem Bett auf und streckte sich genüsslich. Dabei sah sie zu mir herüber und meinte: „Tolle Aussicht, oder? Ich hab geschlafen, wie ein Stein, und du?" Das holte mich zurück ins Zimmer, zurück nach Bariloche. „Ja, schön", murmelte ich. Etwas Originelleres fiel mir nicht ein. Als ich mich zu ihr umdrehte und ihr munteres Lächeln erblickte, verbot ich meinem Unterbewusstsein mich weiter zu belästigen. Ich wollte ganz in die Umgebung Argentiniens eintauchen und genießen, was das Leben mir anbot. Mit dieser klaren Entscheidung legte sich mein innerer Aufruhr langsam.
Instant-Kaffee, kalte Milch und hart gewordene, dicke Brotscheiben. So sah das Frühstück aus. Die Chance, diese mit meinen Zähnen zu „knacken", stand gegen null. Ich überlegte, wie ich Flor und Natascha für das kommende Frühstück um eine Alternative bitten konnte, ohne sie zu kränken. Schließlich fragte ich sie gerade heraus und siehe da: „Kein Problem", lautete die Rückmeldung. Wie schön, dass es so einfach war. Und dann kam dieses ganz besondere Ereignis, von dem ich im Internet gelesen hatte: Von 8:30 bis circa 12 Uhr war Sonnenfinsternis. Die anderen im Hostel waren überglücklich, davon zu erfahren. Gemeinsam standen wir pünktlich draußen im Garten und sahen zu, wie der Mond – der sich zwischen Erde und Sonne befand – langsam seinen Schatten auf die Sonne warf.

Die Besonderheit des Moments sorgte für eine ausgelassene und fröhliche Stimmung. Langsam nahm ich wahr, dass es eben genau das war, worum es sich beim Reisen drehte: Jeder genießt das, was gerade um einen herum passiert. Nicht mehr, aber auch nicht weniger.

Danach ging ich auf Entdeckungstour und stellte fest, dass die Beschreibungen von Bariloche sich exakt mit meinen Beobachtungen deckten. Schokolade und ein Eis waren Pflichtprogramm, dem ich mich willig fügte. Ich gönnte mir je eine Kugel Schokolade, Vanille und Mocca. Letzteres war die Lieblingssorte meiner Mutter gewesen. Für Eis hatte sie eine besondere Schwäche gehabt. Selbst im Winter war immer eine Portion im Gefrierfach gewesen. Als sich nun der typische Geschmack des Kaffees in meinem Mund ausbreitete, musste ich unwillkürlich lächeln, denn durch die Erinnerung an sie war es ein bisschen so, als ob sie für einen kleinen Augenblick bei mir war. Ich lief zum See und konnte der Verlockung hineinzuspringen nicht widerstehen. Das Wasser war herrlich erfrischend und die Bewegung nach der Nascherei tat gut.

◇◇◇◇

Kochen verbindet. Dieses Wissen machte sich Cino zunutze und so wurde jeden Morgen mit uns Gästen besprochen, wer Lust hätte, sich am gemeinsamen Kochen zu beteiligen. Natürlich oblag es auch diesen Personen, welches Festmahl am Abend zubereitet wurde. Die Entscheidung fiel auf Burger vom Grill, Pommes, Chips und jede Menge Alkohol. Das Beisammensein hatte etwas von der Stimmung in einem Wohnheim, so vertraut und zwanglos gingen alle miteinander um. Im Laufe des Abends wurde daraus eine nette kleine Party. Dort lernte ich eine Gruppe von acht Jugendlichen aus Los Angeles kennen und konnte mich zu meiner Freude wieder auf Englisch unterhalten. Im Hintergrund lief Musik von Guns n‘ Roses, Bon Jovi und Aerosmith. Die Musik meiner Jugend. Erinnerungen suchten und fanden ihren Weg.

Mit sechzehn rutschte ich über die Kirchengemeinde in eine Clique Gleichaltriger hinein. Wir hörten gemeinsam Musik, trafen uns auf Berghütten, um zu feiern, und für die kurze Dauer eines Flügelschlags war ich sogar Backgroundsängerin in einer Band. Es war neu und aufregend für mich. Der Verhaltenskodex unbekannt, doch wollte ich unbedingt dazu gehören. Die Schwierigkeit dabei bestand in dem Faktor Zeit. Schnell merkte ich, dass der erforderliche Spagat, um alle meine Verpflichtungen innerhalb der Familie, Schule und Hobbys unter einen Hut zu bekommen, nicht zu schaffen war. Ich war in der Bredouille und suchte nach einem Ausweg.

Das Familienleben einzuschränken war mir nicht möglich. Zumindest dachte ich das damals. Das Hochgefühl, das ich mit dem Reiten verband, wollte ich auf keinen Fall gegen unbekanntes Terrain eintauschen und die Möglichkeit einer Kompromisslösung, wie zum Beispiel eine Reitbeteiligung zu suchen, bestand schlicht nicht für mich. Es gab nur schwarz oder weiß.

Also wählte ich die Sicherheit – das, was sich bewährt und als verlässlich erwiesen hatte. Damit schloss sich dieses spannende Kapitel wieder und ich war erneut gefangen in meinem alten Muster.

Genau hier bot sich mir nun die Möglichkeit, so zu tun als wäre ich mit einer Zeitmaschine in die Vergangenheit gereist. Ich war wieder sechzehn. Diesmal hatte ich jedoch keine Aufgaben zu erfüllen, außer die, mich zu amüsieren. „Herrlich!“ – „Hillarious!“ Das Wort, das ich von den „California Ladies“ in El Calafate gelernt hatte, traf den Nagel auf den Kopf.

◇◇◇◇

Tags darauf lernte ich Christopher kennen. Er stand im Aufenthaltsraum am Fenster. Als ich an ihm vorüberging, kam ich nicht umhin, anzumerken: „Der Ausblick ist einmalig, nicht wahr?“ Zwei funkelnde Augen, wie das junge Gras im Frühling, strahlten mir entgehen, als sein Blick den meinen fand. „Ja, einmalig schön“, stimmte er mir zu. Ich fühlte mich sofort angezogen von seiner präsenten und ruhigen Ausstrahlung. Durch den kurzen Wortwechsel war das Eis bereits gebrochen. „Ich nehme gerade Abschied, denn gleich fahre ich nach Rom. Für ein gutes Gespräch nehme ich mir aber immer gerne Zeit!“, ließ er mich wissen. Später erfuhr ich, dass er aus Amerika stammte und mit einem Freund aus seiner Schulzeit eine Brauerei gegründet hatte. Diese war so lukrativ, dass er seit drei Jahren auf Reisen sein konnte. Er berichtete mir von Pukón, einer Stadt in Chile.
Dort könne man einen noch aktiven Vulkan besteigen. Den Villarrica. Er zeigte mir Bilder, malte seine Wanderung in den schillerndsten Farben aus. Mein Entschluss war schnell gefasst: „Das will ich mit meinen eigenen Augen sehen!“ Genau aus solch einem Grund, nämlich flexibel sein zu können, hatte ich mich ja für eine individuelle Reise entschieden. Es war an der Zeit, das auszunutzen. Die Begegnung stimmte mich nachdenklich. Würden mich meine neuen Erfahrungen verändern, fragte eine leise Stimme in mir. Und wenn ja, würde ich eine ähnlich souveräne Ausstrahlung wie Christopher bekommen? Das galt es abzuwarten.

◇◇◇◇

Auf meinem Plan stand vorher eine Fahrradtour entlang des Lago Nahuel Huapi in Richtung des Nationalparks: „Nahuel Huapi“.

Der See, dessen Oberfläche an jenem Tag wie Satin schimmerte, hat sage und schreibe eine Fläche von 531 Quadratkilometern. Die Dimensionen in Südamerika sind riesig und wunderschön. Anja wollte sich mir anschließen und Chino, der Hotelier, konnte uns Räder leihen. Die Sonne schien und das Gezwitscher der Vögel lockte uns zum Aufbruch. Schnell hatten wir uns mit Sonnenschutz eingecremt und genügend Wasser in unseren kleinen Rucksäcken verstaut. Gute Voraussetzungen für unser Vorhaben. Wohlweislich hatten wir uns eine überschaubare Route ausgewählt, mit spektakulärem Blick auf die Landschaft. Argwöhnisch beäugte ich die Fahrräder, die für uns schon im Hof bereitstanden. Sie waren in einem desolaten Zustand. Na, für den Ausflug wird es schon gehen, entschied ich im Stillen für mich. Allerdings wusste ich da noch nichts von den endlosen Schlaglöchern, die den Fahrradweg durchzogen. Mein Rücken, der Po und überhaupt alles schmerzte schon nach der ersten gefahrenen Stunde. Wie gut, dass es viele kleine schnuckelige Möglichkeiten zur Einkehr gab.

Als wir zum dritten Mal einen Stopp einlegten, konnten wir unser Glück kaum fassen. Wir hatten einen gemütlichen Biergarten direkt am See gefunden. Im Schankraum bewunderten wir die großen Braukessel, die hinter der Theke bronzefarben leuchteten. Beeindruckend. Das Bier stammte aus eigener Herstellung und die willkommene Erfrischung mundete uns so köstlich wie Ambrosia den Göttern. Die Sonne und eine oberflächliche Plauderei mit Anja taten ihr Übriges, so dass ich mich davontragen ließ, von einer Welle des Wohlbehagens.
Die Rückfahrt wurde allerdings nicht leichter, denn die Wirkung von Alkohol, die Hitze des Tages und unsere Müdigkeit machte uns zu schaffen. Deshalb entschieden wir, bald einen weiteren Halt einzulegen. Wir schwammen im See, um uns fit zu machen, doch schließlich ergaben wir uns unserer Müdigkeit. Gönnten uns ein Schlummerstündchen in der Sonne. Danach fühlten wir uns erholt genug für den Nachhauseweg. Wir radelten munter drauflos, bis wir einige Zeit später auf einer einsamen schmalen Straße landeten, umgeben von hohem Pampasgras. Anja war noch guter Dinge und hatte auch noch relativ viel Energie. Mir ging langsam die Kraft aus und ich begann, mir Sorgen zu machen, denn ich war mir bewusst, dass es bald dunkel werden würde und wir uns höchstwahrscheinlich verfahren hatten. Ich schickte ein Stoßgebet gen Himmel und folgte Anja langsam durch die Schlaglöcher des Weges.
Circa fünf Minuten später hörten wir Motorgeräusche. Ein Jeep kam in Sicht und hielt direkt neben uns. Der Fahrer kurbelte sein Fenster herunter und fragte mich auf Spanisch, ob er uns mitnehmen sollte in die Stadt. Ich traute meinen Ohren kaum. Gott schickte prompt Hilfe!
Währenddessen war Anja zu uns zurück gefahren, und fragte mich: „Du willst doch nicht wirklich mit einem Fremden mitfahren?" Ich sah sie erstaunt an, denn ich war überrascht über ihre Reaktion. Ich hatte einfach angenommen, dass sie auch froh über dieses so selbstlose Angebot war. Ich erwiderte: „Natürlich will ich das! Außerdem wird es bald dunkel und wir sind doch zu zweit."
„Also sind wir in der Überzahl. Dann können wir es wohl wagen", fügte sie mit einem schiefen Grinsen hinzu. Unser „Retter in der Not" strahlte uns an, und im nächsten Moment hatte er unsere Räder bereits auf die Ladefläche des Jeeps geladen. Zwei Minuten später saßen wir im Auto, unterhielten uns mit viel Gestik und Mimik, auf Deutsch, Spanisch und Englisch. So verging die Fahrt wie im Flug und wir wurden vor der Tür zum Hostel abgesetzt. Ich bedankte mich bei Georgio und sagte auf Spanisch zu ihm, dass er unser „rettender Engel" gewesen war. Als er davonfuhr, winkten wir ihm noch fröhlich nach. Dann ging es erst einmal unter die Dusche. Ich liebe es, wenn Wünsche erfüllt werden!

◇◇◇◇

Für mich wurde es Zeit, weiterzuziehen. In einem Reiseführer im Hostel entdeckte ich einen Abschnitt über eine kleine Hippie-Stadt, die bekannt für ihre Wandermöglichkeiten sei. Das klang interessant und die Aussicht, vor meiner Vulkanbesteigung einen Abstecher in die sechziger Jahre zu machen, gefiel mir. Die Idee der Hippies, aus der Vergangenheit zu lernen und es im Hier und Jetzt besser zu machen, bewunderte ich. Den Mut zu haben, das eigene Leben frei von Tabus zu gestalten, ebenfalls. Ein Grund mehr dorthin zu fahren. Also packte ich meine Sachen und machte mich auf den Weg nach El Bolson. Allerdings musste ich vorher noch meine Buskarte aufladen. Die Kasse des einzigen Geschäfts war jedoch defekt und so sprach ich an der Bushaltestelle einen anderen Wartenden an, der mir spontan half. Ich gab ihm das Bargeld und er buchte über seine Karte meine Fahrt. Er war so unglaublich freundlich und sah so kaputt aus: unter anderem wegen seiner abgetragenen Kleider und den ungewaschen, fettigen Haaren. Ich speicherte für mich ab, möglichst niemals wieder jemanden nach seinem Äußeren zu beurteilen.
Die Fahrt ging schnell vorüber, und als ich vor dem Hostel stand, staunte ich nicht schlecht. Das „Earthship Patagonia" war ein Kleinod mit einem großen Garten mit Blumen, Gemüsebeeten und Obstbäumen, in dem Zelte und Jurten standen. Zur Begrüßung wurde mir erst mal ein Glas Wasser angeboten. Ein sehr angenehmer Empfang, achtsam und freundlich, denn ich war tatsächlich erschöpft und durstig. Es folgte ein kleiner Rundgang, nachdem ich meinen Rucksack in meine Jurte – einem runden Zelt mit sechs Betten – abgestellt hatte. Dass ich in einer Jurte anstelle eines Hauses untergebracht war, störte mich gar nicht, denn die Atmosphäre dieses Ortes zog mich in ihren Bann.
Das Zentrum der Anlage war ein Holzhaus, in dem sich zwei Bäder mit je einer Dusche befanden, sowie ein kleiner Wintergarten, in dem Pflanzen angebaut wurden. Gegenüber stand ein Bretterverschlag, der als Küche diente. Das Frühstück wurde an einem langen Holztisch unter freiem Himmel, mit Blick in den Garten, eingenommen. Bei Sonnenschein wunderbar.
Um 21 Uhr konnte man dort für kleines Geld auch zu Abend essen. Eine angenehme Überraschung. Ich lernte eine Gruppe von zehn Volunteers und ein Pärchen, das ebenfalls eine Übernachtung gebucht hatte, kennen. Es fiel mir leicht, mit ihnen ins Gespräch zu kommen und so erfuhr ich unter anderem von Tipps und Tricks, kostengünstig zu reisen. Was bedeutete, mit möglichst wenig Einsatz, viel Freizeit an einem Ort der eigenen Wahl zu haben. Eine Frau aus Chile arbeitete zum Beispiel einige Wochen in einem Wellnesshotel. Es gab also durchaus angenehme Optionen, die begehrt waren und Spaß machten. Doch hoffte ich inständig, nicht in die finanzielle Notlage zu geraten, nach einer Alternative für mich suchen zu müssen.

Für mich würde es schwieriger werden, da ich zu alt für die Möglichkeit von „work & travel“, war. Kaum hatten sich meine Gedanken geformt, wurde mir eine Lösung offeriert: Johanna, eine Kanadierin in meinem Alter, erzählte, dass sie eine Yoga-Ausbildung gemacht habe, da man den Beruf gut mit dem Reisen verbinden könne. Da war also eine Perspektive, die mir umsetzbar erschien und so speicherte ich diese erst einmal ab. Schließlich wusste man ja nie, wie das Leben so spielt.
In der Nacht war es ziemlich kalt, deshalb war ich froh über die zusätzliche Decke, die ich umsichtiger Weise von einem der Volunteers bekommen hatte. Als ich um drei Uhr nachts auf die Toilette wollte, musste ich durch den Garten laufen. Ich betrachtete die Sterne am Himmel und stellte begeistert fest, dass diese wie tausend kleine Diamanten funkelten. An meine Angst in der Dunkelheit verschwendete ich gar keinen Gedanken mehr, denn ich war wie berauscht vom Zauber dieser Nacht.

◇◇◇◇

Das Frühstück war in vielerlei Hinsicht ein Genuss. Es empfing mich der Duft von selbst gebackenem Brot. Auf dem Tisch türmten sich Schalen voller Mirabellen, Brombeeren und Äpfeln. Gläser mit Himbeermarmelade, die ebenfalls aus eigener Herstellung stammten, luden zum Probieren ein. Das reiche Angebot vervollständigten drei große Kannen mit Kaffee, eine Kanne mit frischer Milch und ein gepflückter Blumenstrauß aus dem Garten. Dazu eine gut gelaunte Gesellschaft. Ich kam mir vor wie im Schlaraffenland und kostete den Moment voll aus. Am späten Nachmittag lernte ich zwei der Volunteers besser kennen. Sie ließen mich an ihrer Lebensgeschichte und Lebensauffassung teilhaben. Das Pärchen aus Argentinien – Mariana und Eduardo – war seit drei Jahren unterwegs. Sie lebten in einem kleinen gelben Zelt und arbeiteten, wo es ihnen gefiel. Im Augenblick halfen sie hier im Garten und pflückten zusätzlich wildwachsende Beeren, um daraus Marmelade zu kochen, die sie auf dem Markt verkauften. Pläne hatten sie keine konkreten, um offen zu sein für das, was das Leben gerade zu bieten hatte. Sie sagten mir: „Wir üben, im Hier und Jetzt zufrieden zu sein.“ Eine interessante Lebensweise, die mich faszinierte. Nicht zuletzt deshalb, da die beiden kaum einen Besitz ihr Eigen nannten, aber einen sehr glücklichen Eindruck machten und eine unglaubliche Klarheit und Ruhe ausstrahlten.
Die Abende in El Bolson verbrachte ich mit Kartenspielen, häufig bis spät in die Nacht, und anregenden Gesprächen im Hostel. Ich fühlte mich tatsächlich unbeschwert. Niemand interessierte sich hier dafür, wie ich aussah, welche Kleider ich trug, wie alt ich war oder stellte meine Tagesplanung in Frage. Hier lag das

Augenmerk auf gehaltvollen Gesprächen, einem wertschätzenden Umgang miteinander und dem Genuss des Augenblicks. Bei den Gesprächen war ich häufig die Zuhörerin. Eine neue Rolle, die mir gefiel.

◇◇◇◇

Eines Abends, als es dunkel wurde, entschlossen die Mitarbeiter des Hostels und ich uns dazu, zum Tangotanzen in die Stadt zu gehen.
Ich muss gestehen, dass das Tanzen mich faszinierte und mich immer noch begeisterte. Natürlich war die Atmosphäre an diesem Abend besonders. Wir kamen zu einem runden Marktplatz, und genau wie in Buenos Aires war er auch hier mit Lampions dekoriert. Die Musikanlage ließ die leidenschaftlichen, und manchmal doch so melancholischen Klänge, durch die Nacht fließen. Es ist der Tanz an sich, der mich fasziniert, egal an welchem Ort. Es ist das Zusammenspiel von Körper und Seele, von Bewegung und Musik. Ein Tänzer muss ganz im Hier und Jetzt sein, sich auf sein Gegenüber voll einlassen und konzentrieren. Es geht darum, das Angebot, welche Figur getanzt werden soll, anhand der Gestik und Mimik zu erkennen, ja zu erahnen, um darauf eingehen zu können. Der Partner achtet darauf, sich an den Bedürfnissen und Möglichkeiten seines Partners zu orientieren. Es geht um ein Miteinander, das nur durch eine Symbiose zum Leben erwacht und voller Energie, Kraft, Freude und Leichtigkeit ist.

Die nächsten Tage verbrachte ich meist mit Wandern, was mir die Möglichkeit gab zu ergründen, weshalb ich mich hier so wohlfühlte. Ich musste an meine Facharbeit für die Ausbildung zur Heilpädagogin denken, die auch das Thema „Achtsamkeit“ behandelt hatte.
Die Menschen, auf die ich traf, beeindruckten mich durch ihr achtsames Verhalten, mit dem sie sich selbst und anderen begegneten. In der Theorie war ich mit der Materie bestens vertraut. Den einfühlsamen und wertschätzenden Umgang mit anderen hatte ich jahrelang geübt und bekam das ganz gut hin. Doch wurde mir schmerzlich bewusst, dass ein achtsamer Umgang mit mir selbst meine Achillesferse war. Denn nur, wenn ich wahrnahm, was ich brauchte, konnte ich die Voraussetzungen dafür schaffen. Die Aufgabe war also klar definiert.

Chile
Im Rausch der Sinne

◇◇◇◇

Als meine Zeit in El Bolson zur Neige ging, nahm ich den Bus und fuhr nach Pukón. Ich war gut organisiert, hatte meine blaue Busfahrkarte am Vortag am Kiosk aufgeladen und kannte den Weg zur Bushaltestelle. Da ich mich ja in „Zeitfenstern" übte, was meine WhatsApp-Nachrichten anging, nutzte ich die Gelegenheit, diese vor meiner Abreise abzurufen. Der gewonnene Freiraum entspannte mich, obwohl ich mir noch vor ein paar Wochen nicht hätte vorstellen können, mein Handy stundenlang auf Flugmodus zu stellen.
Das Passieren der Grenzen verlief schnell und routiniert. Nachdem wir wieder auf argentinischem Boden waren, begann der Bildschirm, der vorne im Mittelflur des Busses angebracht war, zu flimmern. Der Titel eines Thrillers erschien und da ich diesen von der letzten Busfahrt kannte, wusste ich, wie brutal die einzelnen Szenen waren. Natürlich hätte ich einfach nicht hinschauen können, aber die Geräusche konnte nicht einmal mein iPod überdecken. So stellte ich mich in den Flur und sah mich nach den übrigen Fahrgästen um. Ich wollte sie fragen, ob es für sie in Ordnung war, gemeinsam einen anderen Film auszuwählen, ohne ein solches Ausmaß an Blut und Gewalt. In der hintersten Reihe kauerte eine korpulente Männergestalt auf ihrem Sitz. Der Mann hatte den Kopf an die Scheibe gelegt und die Augen geschlossen. Um ihn musste ich mir wohl keine Gedanken machen. Mein Blick fiel auf zwei weitere Männer, die mit mir im Liegeabteil fuhren. Beide schätzte ich auf Mitte bis Ende dreißig. Der Mann, der mir am nächsten saß, war ganz in Schwarz gekleidet. Selbst seine kurzen Haare hatten die Farbe eines Raben. Er erinnerte mich an Johnny Cash, den Country Sänger, und mir fiel spontan sein Lied „Man in Black"[(6)] ein, in dem so viel Weisheit und Resignation zugleich mitklingen. Aufmerksam verfolgte dieser junge Mann mein Tun. Der zweite im Bunde öffnete gerade eine Tüte Chips. Ich hoffte nicht, dass er im Begriff war, sich für den Film zu erwärmen. Welche Nationalität sie hatten konnten ich nicht deuten, also versuchte ich es enthusiastisch auf Englisch.
Überraschung und Unverständnis huschte über ihre Gesichter, bevor sie sich mir mit Neugier zuwandten. So viel also zur Theorie.
In einem weiteren mutigen Versuch mein Begehren in Worte zu fassen, bot ich all meine Spanischkenntnisse auf: „Mein Herz schlägt ganz schnell, bei so viel Blut." Diesen Satz begleitete ich mit dramatischen Gesten: Ich legte eine Hand auf mein Herz und mit der anderen ahmte ich einen extrem schnellen Herz-

schlag nach, wobei ich bedeutungsvoll mit den Wimpern klimperte und mit einem strahlenden Lächeln versuchte, die restlichen Verständigungsschwierigkeiten zu überbrücken. Ich erntete spontanes Lächeln, und bald darauf fanden wir uns in einem netten unbefangenen Austausch wieder. Wie schon so häufig auch diesmal begleitet von viel Mimik und Gestik aller Beteiligten. Beide erfüllten mir gern meinen Wunsch, und als ich mit dem „Schaffner“ gesprochen hatte, wurde mir zuliebe eine Komödie eingeschaltet. Ich freute mich, dass mir dies trotz meiner geringen Spanischkenntnisse gelungen war.

◇◇◇◇

Als wir dann in Pukón ankamen, war ich ziemlich überrascht. Zum einen, da die Zeit so schnell vergangen war, und zum anderen darüber, wie gepflegt sich die Stadt mir präsentierte. Gegenüber der Bushaltestelle lag eine riesige Grünfläche. Blumen leuchteten mir von einigen Balkonen freundlich entgegen und inmitten der Hauptstraße war ein bepflanzter Grünstreifen angelegt. Ich wohnte in einem Hostel, dass mir von Johanna in El Bolson empfohlen worden war. Pukón lag eingebettet in einer Berglandschaft. Die Häuser ordnete ich ebenfalls eher Deutschland zu. Die Luft schmeckte süß, was mir ein Lächeln aufs Gesicht zauberte.
Das Hostel lag direkt am See, und ich fühlte mich dort sofort wohl. Tatsächlich wurde um mich herum kaum Spanisch gesprochen. Viele Deutsche und Amerikaner waren unterwegs. Für mich gab es also keinerlei Sprachbarrieren. Ich begrüßte eine Gruppe von sechs deutschsprachigen jungen Leuten zwischen zwanzig und dreißig Jahren im Aufenthaltsraum, der zugleich die Rezeption beherbergte. Sie meldeten sich gerade für den Vulkanausflug am nächsten Tag an, zu dem sie mich spontan einluden. Eigentlich hatte ich geplant, erst mal einen Tag zu pausieren. Da das Wetter aber umschlagen sollte, entschied ich mich, ihr herzliches Angebot anzunehmen. Da es Spaß machte, mit den anderen zu erzählen, kam ich erst spät ins Bett, und hoffte nur, morgen für den Aufstieg zum Villarrica fit zu sein.
Wir trafen uns im Dunkeln. Pünktlich zum Morgengrauen wollten wir mit dem Aufstieg beginnen. Es war eine verdammt kurze Nacht gewesen, und so saß ich noch etwas verträumt im Außengelände, als wir von unserem Guide Miguel unsere Schutzkleidung bekamen: Schuhe mit Stahlkappen, einen Helm, einen Eispickel, Spikes, Handschuhe, einen Rucksack und eine Gasmaske. Nach einer circa vierzigminütigen Fahrt mit dem kleinen Van unseres Hostels trafen wir, genau zum Sonnenaufgang, am Fuße des Villarrica ein. Ich musste meinen Kopf ganz in den Nacken legen, um die Spitze des Berges zu sehen.

Ein Prickeln der Vorfreude floss durch meinen Körper: Noch heute würde ich 2847 Meter bezwingen, um anschließend in glutrote Lava zu blicken! Der Aufstieg hatte von allem etwas. Zuerst ein kleiner Aufstieg durch Geröll, dann wurde die Luft dünner und der Weg schmaler. Des Öfteren war eine kleine Klettereinlage über Felsen gefragt, bis wir schließlich die Schneegrenze erreichten. Dort legten wir unsere erste Rast ein. Schon jetzt war ich ziemlich groggy. Das konnte ja heiter werden. Bevor es aber weiterging, zogen wir unsere Spikes an, setzen die Helme auf und bewaffneten uns noch mit unserem Eispickel. Durch die Ausrüstung fühlten wir uns auf einmal richtig wagemutig. Voller Elan schlug ich den Eispickel in den Schnee. Schnell merkte ich, wie sehr ich den Kraftaufwand unterschätzt hatte – vor allem beim Herausziehen.
Die Einführung von Miguel war knapp und klar formuliert. Sollte jemand ins Rutschen kommen, musste man lediglich den Eispickel senkrecht in die Schneedecke stechen, damit man Halt hatte, bis man gerettet wurde. Klar, alles kein Problem, dachte ich mit einer guten Portion Ironie.
Die wichtigste Regel besagte: Immer den Instruktionen der Guides folgen, denn sie hatten den Überblick und die Erfahrung. Mit diesem Wissen ausgestattet, ging es an den nächsten Höhenabschnitt. Als die erste starke Windböe kam, wurde es mir mulmig. Als die Windstärke zunahm, spürte ich, wie ich mehr und mehr Schwierigkeiten hatte, mein Gleichgewicht zu halten.
Diesen Moment empfand ich unpassend für Heldentaten, also drehte ich mich nach Miguel um, da ich ihn um Hilfe bitten wollte. „Hinlegen! Hinlegen!“, schrie er uns just in diesem Augenblick zu. Der harte Untergrund der Schneedecke gab mir sofort das Gefühl von Sicherheit. Kalter Wind zerrte an meiner Kleidung.
Zu unserm Glück war der Spuk nach zehn Minuten vorüber. Der Wind hatte nachgelassen und sich gedreht, so dass es mit unserem Aufstieg weitergehen konnte. Puh! Überstanden, munterte ich mich, noch etwas zittrig von dem Vorfall, auf. Ganz behutsam und mit neu gewonnenem Respekt für unser Unterfangen, setzen wir im Gänsemarsch unsere Füße möglichst in die Fußstapfen des Vordermanns.

Der Blick auf das Tal, das in so weiter Ferne unter uns lag, war einfach phänomenal. Es machte für mein Empfinden auf einmal einen großen Unterschied, dass ich mir den Vulkan mühsam erwanderte und nicht bequem mit der Gondel hinauffuhr. Nicht dass dies eine Option gewesen wäre, aber durch meine sonstigen Erfahrungen bei Bergtouren zog ich automatisch den Vergleich. Und dann war es soweit. Wir waren kurz vor dem Ziel, was wir auch daran erkannten, dass der Schnee dem Geröll des Vulkangesteins wich. „Jetzt kommt der Teil, auf den ihr alle gewartet habt!“, verkündete Miguel und sprach mit extra tiefer Stimme, zog die Worte in die Länge, um die Spannung noch weiter zu steigern. Es wirkte. Wir waren mucksmäuschenstill und warteten gespannt auf seine Erläuterung. „Wir machen kurz Pause und dann tauschen wir die Spikes gegen die Gasmasken und gehen da nach oben!“ Dabei deutete er auf einen schmalen Pfad zwischen dem schwarzen Gestein.
Das Atmen fiel mir schwerer und als ich ausprobierte, wie meine Stimme mit der Maske klang, musste ich an „Darth Vader“ aus „Krieg der Sterne“ denken. Also drehte ich mich zu der Gruppe und sagte mit tiefer Stimme: „Ich bin dein Vater“, was auf allgemeine Erheiterung stieß. Als wir schließlich die letzten Meter bis zum Kraterrand erklommen hatten, war ich fasziniert von dem Anblick, der sich mir darbot. Auf schwarzem Grund strebten dünne, leicht gelbliche Schwefelsäulen gen Himmel. Mutig wagte ich mich näher heran, um das Magma zu entdecken. Plötzlich hörte ich Rufe: „Da, schau nur!“, „Unglaublich!“ und „Sieh doch!“,

als eine kleine Eruption zu sehen war. Ich war wie gebannt von dem Schauspiel. Es dauerte nur ein paar Sekunden und doch konnte ich mich kaum davon losreißen, in die brodelnde Glut zu blicken. Ich erlebte es wirklich!
„Hey, guys! Es ist Zeit für den Abstieg!“ Wieder war es Miguel, der uns rief. Viel zu schnell, wie wir alle fanden. Der Abstieg hielt jedoch eine kleine Sensation für uns bereit: Das „Rodeln“ auf Tellerbobs, um das Schneefeld zu überwinden. Es war risikoreich. Bei zu hoher Geschwindigkeit bestand die Gefahr, in eine Felsspalte zu geraten. Nun galt es, mit Umsicht den Eispickel als Bremse zu benutzten. „Geil!“, „Aufregend!“, „Kann ich auch laufen?“ ...
Viele Kommentare füllten die spannungsreiche Stille, bis zum Startpfiff. Laufen war übrigens keine Option. Miguel, ganz der Profi, schaffte es durch sein souveränes Auftreten und seine fachmännische Erklärung, Ängste und Bedenken auszuräumen. Schließlich wagte es jeder von uns. Wir lachten und schrien beim Rodeln, so, als ob wir auf einer steilen Wasserrutsche in einem Freizeitpark zwanzig Meter in die Tiefe stürzen würden. Vollgepumpt mit Adrenalin kamen wir alle gut gelaunt und unversehrt unten an. Stolz auf das, was wir geleistet hatten, entledigten wir uns unserer warmen Schutzkleidung und machten uns an den restlichen Abstieg über Geröll. Der Panoramablick war „grandioso“!
Dieser letzte Teil der Wanderung kam mir wie eine Ewigkeit vor. Meine Kräfte waren verbraucht und meine Beine bewegten sich im Schneckentempo. Aber immerhin bewegten sie sich noch! So erreichte ich ebenfalls den Treffpunkt, wenn auch etwas später als die anderen. Was bleibt, ist die Tatsache, dass ich es geschafft hatte.

◇◇◇◇

Den darauffolgenden Tag verbrachte ich mit Nichtstun. Ich schlief aus. War immer noch erschöpft und schaffte es gerade bis zum Sandstrand des Lago Villarrica, wo ich mich in der Sonne räkelte. Ich sehnte mich nach mehr Erholung und buchte deshalb am Abend einen Ausflug zu den heißen Quellen des Villarrica. Einen ganzen Tag lang Wärme und Entspannung! Die Umgebung war durchzogen von Gunnera, auch Mammutpflanze genannt, deren Blätter bis zu einigen Metern hoch werden können. Dazwischen waren liebevoll Fuchsien gepflanzt. Die Bauweise und die verwendeten Materialien aus Schiefer und Holz erinnerten an Japan.

Das warme Wasser, welches vom Vulkan gespeist wurde, lief sanft eine Hügellandschaft hinab. Seinem Weg folgend waren viele kleine Becken gebaut worden, die Platz für Ruhe und Entspannung boten. Die Verbindung zu den einzelnen Bassins stellte eine schmale rote Holzbrücke dar, die harmonisch mit der Vegetation verschmolz.

Dazwischen stiegen, genau wie am Krater des Villarricas, schmale Schwefelsäulen in die Höhe. Ihr Geruch war gewöhnungsbedürftig und nahm mit der Höhe an Intensität zu. All das verlieh dem Ort etwas Mystisches. Als der Ausflug sich dem Ende näherte, schlenderte ich dem Ausgang entgegen, wo sich unsere Gruppe treffen sollte. Sie saßen schon gemeinsam in einem Restaurant. Also setzte ich mich dazu und war begeistert über das, was ich erspähte. In einem großen Buchenfass, das innen mit flachen Steinen ausgelegt war, loderte ein offenes Feuer. Das hätte meinem Vater auch gefallen! Er liebte es, abends vor dem Kamin zu sitzen und in die Flammen zwischen den Holzscheiten zu blicken. Dazu ein leckeres Glas Rotwein und er war zufrieden. Dieses Bild aus frühen Kindertagen hatte ich jetzt vor Augen. Meine Erinnerung zeigte mir sogar mehr:

Mein Vater und ich, wie wir gemeinsam dem Spiel der Flammen zusahen. Er sein Glas Rotwein in der Hand und ich einen Longdrink, bestehend aus Eiswürfeln und Ginger Ale. Für einen möglichst realistischen Effekt hatte er mir einen Zuckerrand ums Glas gezaubert und auf einer Orangenscheibe thronte ein grünes Schirmchen mit weißen Blumen. Ein kanariengelber Strohhalm vollendete schließlich das Werk. Oh, wie schick ich das fand!

In Erinnerung an dieses wiederentdeckte wunderbare Gefühl gab ich mich wohlig dem Augenblick hin.
Zurück im Hostel berichtete ich Marcus begeistert davon, woraufhin er mir spontan das Feuer im Kamin des Gemeinschaftsraumes entfachte. Ich war unsagbar glücklich über diese Freundlichkeit und rückte mir gleich den einzigen Sessel im Hostel vor das Feuer. Wohlwissend, dass ich nach dem Ausflug Hunger haben würde, hatte ich mir am Vortag einen Burger in der Küche bestellt. Dieser wurde mir direkt ans Feuer gebracht. Mir kam der Gedanke, wie sehr dies meinem Vater gefallen hätte und wie sich meine Mutter für mich gefreut hätte, dass ich mich wohl fühlte und verwöhnt wurde. Von diesen Überlegungen beseelt schlief ich später in meinem Bett ein.

◇◇◇◇

Für heute hatte ich keine Aktivität geplant. Es fiel mir aber deutlich schwerer, mich darauf einzulassen. Ganz im „alten Muster" erstellte ich in Gedanken schon beim Aufstehen eine Liste, was ich noch zu erledigen hatte. Da war mein Wunsch, mein Tagebuch weiterzuschreiben, Geld vom Automaten zu holen, um das Hostel bezahlen zu können, meine weitere Reise zu planen und auch Flug und Unterkunft zu buchen. Vor allem musste ich mir im Klaren sein, wohin und

wie lange ich an meinem nächsten Ziel verweilen wollte. So entschied ich erst einmal, mir eine Woche in Santiago de Chile zu gönnen. Danach würde mich mein Weg nach Calama in die Atacama Wüste führen. Mein Ziel war San Pedro de Atacama. Dieser Ort war nämlich Ausgangspunkt für viele Ausflüge zu spektakulären Plätzen und von dort gelangte man auch in die „Salar de Uyuni" – die größte Salzpfanne der Erde. Für alles Weitere galt vorerst: „Kommt Zeit, kommt Rat." Schmerzlich wurde mir durch die Planung bewusst, wie schnell die Zeit verging. Denn nach der Atacama Wüste ging es schon nach Bolivien und von dort weiter nach Peru. Meine Zeit in Südamerika wäre dann zu Ende, und es galt, einen anderen Kontinent zu erkunden.
Beim Frühstück traf ich auf Tom, der mit mir auf dem Vulkan und bei den heißen Quellen gewesen war. Mit dreißig Jahren war er angehender Orthopäde aus Deutschland und für einen „Kurztrip", also nur für ein paar Wochen, nach Patagonien geflogen. Als ich nachfragte, was er gestern gemacht hätte, erzählte er mir vom Hydrospeed. Ich erfuhr, dass man auf einem dicken Schwimmbrett in einem Fluss durch die Stromschnellen schwimmt. „Jetzt ist es bestimmt noch viel geiler! Hat es doch gestern den ganzen Tag geschüttet!", steigerte er meine Lust, es auch auszuprobieren. Hier kam mir nun zugute, dass unsere Mutter stets darauf geachtet hatte, dass wir Kinder mit den verschiedensten Sportarten vertraut waren. So hatte ich das nötige Vertrauen in meine Fähigkeiten für das Unterfangen. Begeistert von seiner Erzählung meldete ich mich direkt an und erlebte einen weiteren grandiosen Ausflug.

◇◇◇◇

Im Moment benutzte ich WhatsApp eindeutig seltener. Ich war stolz auf mich. Als ich mal wieder bewusst nach neuen Nachrichten schaute, las ich die Mitteilung einer Freundin, sie wäre zu Hause und ich könne sie anrufen. Ich verfiel in den alten Habitus und meldete mich sofort bei ihr. Aus ihrem Mund sprudelten ihre Sorgen und Probleme. Vor meinem inneren Auge entstand das Bild bunter Perlen, die aus einem Sack über den Boden kullerten. Eine Flut von Kugeln, schwierig, alle gleichzeitig zu sehen, aufzuheben und vor allem, nicht darauf auszurutschen. Wir sprachen über ihre Sorgen, beziehungsweise sie sprach und ich hörte zu. Nach all den Informationen schwindelte mir. Ich fühlte mich nicht mir ihr verbunden, deshalb fasste ich mich ziemlich kurz und verabschiedete mich dann. Mir wurde bewusst, dass jeder seine kleine Welt hat, um die er/sie sich dreht. Auch mir ergeht es da nicht anders. Die geschilderten Sorgen waren für mich in dem Augenblick so fern von meiner Wirklichkeit, und ich wollte mich auch nicht damit befassen, war ich doch auf die Reise gegangen, um mich um meine Dinge kümmern zu können. Für mehr – stellte ich fest – hatte ich momentan keine Kapazitäten.

◇◇◇◇

Die Fahrt nach Santiago de Chile war lang, aber da ich einen Liegesitz gebucht hatte, kam ich relativ ausgeruht am Busbahnhof an, von dem aus ich Anschluss an die U-Bahn hatte. Ich wollte bis „Baquadano“ fahren, da die Haltestelle nahe bei meiner Unterkunft liegen sollte. Die Menschen in dieser Stadt erlebte ich als unglaublich freundlich und außerordentlich hilfsbereit. Es begann damit, als eine unbekannte Frau mir ihre aufladbare U-Bahn-Karte schenkte, als ich sie fragte, wo ich diese kaufen könnte. Sie hätte zwei und deshalb eine zu viel, sagte sie nur freundlich. An einem Schalter lud ich Geld auf die Karte und fragte nach dem Weg. Prompt wurde ich von einer Mutter mit Tochter, die hinter mir gestanden hatten, eingeladen, sie zu begleiten. „Wir haben ohnehin denselben Weg“, ließen sie mich mit einem herzlichen Lächeln wissen. Wir unterhielten uns auf Spanisch und Englisch und als ich die beiden so vertraut nebeneinander und miteinander lachen sah, schob sich wie von selbst ein Bild, von meiner Mutter und mir in meine Gedanken.

Wir trugen die gleichen veilchenfarbenen Jacken, während wir durch die Stadt bummelten. Ja, wir waren ein eingespieltes Team gewesen. Wir wussten, was dem anderen gefiel und teilten häufig die gleichen Gedankengänge. Darüber amüsierten wir uns und ich ließ mich fallen in dieses besondere Gefühl der Verbundenheit.

Glücklich über diese Erinnerung, legte ich sie behutsam zurück, und konzentrierte mich wieder auf meine fröhliche Begleitung. Auch wir lachten und das tat verdammt gut. Ein unbeschwertes Geplauder, bis wir uns an der nächsten Haltestelle verabschiedeten. Ich folgte meiner Wegbeschreibung auf dem Handy. Sie war ziemlich genau, und so überquerte ich eine nahegelegene Brücke, die mich zum Hostel führte. Dort angekommen wartete ich in einem kleinen rechteckigen Eingangsbereich, um mich anzumelden. Da die Eingangstür direkt gegenüber der Rezeption lag, stellte ich mich auf die gegenüberliegende Seite, in die Nähe des Treppenaufgangs. Ich war mit einer weiteren Person im Gespräch, als ich mich auf einmal mitten in einem Kriminalfall befand. Durch den Eingang stürmte eine breite männliche Gestalt mit einem dunklen Kapuzenshirt. Die Kapuze tief im Gesicht zog er eine Waffe, mit der er auf den Mann an der Rezeption zielte, und das Geld aus der Kasse forderte. Der Mann vom Empfang griff sich eine Dose mit Tränengas, die neben dem PC an seinem Arbeitsplatz gestanden hatte. Er sprang von seinem Stuhl auf und schrie den Angreifer auf Spanisch an. Es geschah alles so schnell, und die Situation war so surreal, dass ich mich wie eingefroren fühlte, zu keiner Regung fähig. Und dann war blitzar-

tig alles schon wieder vorbei. Der Eindringling hatte sich bei der forschen und ebenfalls aggressiven Gegenwehr des mutmaßlichen Opfers umgedreht und war Hals über Kopf durch die Tür geflüchtet. Ich dankte Gott, dass wir alle unbeschadet davongekommen waren.
Fernando – so hieß der Mann von der Rezeption – versuchte, mir gegenüber die Fassung zu bewahren und mutmaßte: „Das war wahrscheinlich irgendein verzweifelter Junkie.“ Dann griff er zum Telefon und informierte seinen Vorgesetzten über den Vorfall. All das dauerte nicht länger als zwei Minuten. In der dritten Minute hielt mir Fernando meine Schlüsselkarte unter die Nase. Seine Hände zitterten. Aus seinem Gesicht war jegliche Farbe gewichen. Dennoch wollte er sich keine Blöße geben. Ich akzeptierte das, und suchte gerade nach ein paar aufmunternden Worten, als sein Kollege kam und ihn ablöste. Für Fernando, so stellte er es zumindest dar, ging ein „normaler Arbeitstag“ zu Ende. Er teilte mir mit einem schiefen Lächeln mit, dass er sich heute wohl ein „cerveza“ – ein Bier oder zwei gönnen würde. Ich empfand es als bizarr, wie wenig Bedeutung diesem Ereignis von seinem Arbeitgeber, dem Kollegen oder ihm selbst zugemessen wurde. Dennoch hatte ich erstaunlicherweise keine Bedenken, im Hostel zu bleiben. Vielleicht auch, weil Fernando mir vermittelte, dass ich mir keine Sorgen zu machen bräuchte.
Das Zimmer war geräumig und sauber. Das Bad war modern und es gab sogar eine Klimaanlage. Außerdem war der Überfall ja schon vorbei. Wie sich herausstellen sollte, hatte ich die richtige Wahl getroffen. Denn bevor ich zu Bett ging, erklomm ich die Stufen hinauf zur Dachterrasse. Ich hatte den Wunsch, noch einen Blick auf die Sterne und die Marienstatue auf dem Hügel von San Cristóbal zu werfen, die nachts beleuchtet wurde.

◇◇◇◇

Auf der Dachterrasse standen auf der linken Seite zwei Liegestühle. Ein junger Mann lag auf einem davon. John aus England. Er hatte lockige blonde Haare, die nicht kurz, aber auch nicht lang waren. Die Farbe seiner Augen war von einem leuchtenden Dunkelblau. Er lud mich auf ein Glas Rotwein ein. Ich freute mich über das Angebot und holte mir aus der nahgelegenen Küche ein leeres Glas. Er schenkte mir ein, lächelte mich an und wir prosteten uns zu.
John hatte zwar schon Vorsprung mit dem Wein, dennoch konnten wir uns unglaublich gut unterhalten. Er hatte sein MacBook auf dem Schoß und spielte mir Lieder seiner Lieblingsbands vor. Leider hatte ich den Namen jeweils nach drei Sekunden wieder vergessen, den Anblick von John werde ich hingegen wohl noch lange abrufen können.

An die Stelle des erwachsenen Mannes war ein kleiner, freudig aufgeregter Junge getreten, der mir erzählte, dass das neue Album gerade mal zwei Tage alt war. Und immer wieder erhob er sein Glas in meine Richtung und sagte mit ehrfürchtiger und leicht belegter Stimme (und das kam nicht nicht von einer Erkältung): „Schau nur! Wir sitzen hier und dürfen San Christóbal sehen … fuck that's awesome!" Ich empfand die Situation als unbeschreiblich angenehm, nun gut, ich kannte John erst seit ein paar Minuten. Und ja, er war vielleicht angetrunken, aber er war nett, und es schien, als ob er unserem Gespräch sehr gut folgen konnte, schließlich fragte er nach Details und kommentierte das ein oder andere. Er wollte wissen, welche Musik ich hören würde, und spielte sodann Lieder von Cesária Évora, Dean Martin, Pink Martini und Garth Brooks auf seinem Laptop. Wir kamen immer mehr ins Gespräch, und weil ich viele Musiker, die er nannte, nicht kannte, und er unseren Musikgeschmack verglich, rief er erstaunt: „Wo warst du all die Jahre? Du benimmst dich wie jemand aus den verdammten fünfziger oder sechziger Jahren!" Ich musste lachen und irgendwie führte die Zweisamkeit des Abends dazu, dass ich ihm vom Unfall meiner Mutter und schließlich auch von ihrem und dem Tod meines Vaters erzählte. Es war befreiend, jemandem mein Herz ausschütten zu können, ohne dass geurteilt wurde. Geurteilt darüber, wie ich mich fühlen müsste, und wie meine Gedanken sein sollten. Dort neben einem attraktiven Mann zu sitzen, der mir zuhörte und mehr von mir wissen wollte, tat mir unendlich gut. Es war warm, die Sterne leuchteten am Himmel und der Wein schmeckte mir.

Später an diesem Abend fragte ich ihn, weshalb er reisen würde. Er erwiderte, dass er die letzten Jahre in Dubai gearbeitet hätte und nun das „Leben" vermissen würde. Seine Stimme klag rau und heiser, wie von unterdrückten Tränen, als er mir anvertraute, dass er oben bei San Cristóbal gewesen sei, um dort in der Kapelle eine Kerze anzuzünden. Sie war für eine „Sie" in seinem Alter, die letztes Jahr gestorben sei. Also hatte auch er eine geliebte Seele verloren.

Es rührte mich seltsam an, und ich spürte seine tiefe Zerrissenheit. Wir tranken weiter Wein und teilten unsere Erinnerungen. Dieser Zwiespalt, nach außen hin tapfer und lustig sein zu wollen, jedoch innerlich zu verbluten, kam mir so vertraut vor. Es ist wie mit einem dicken Mantel, den man schon lange getragen und an dessen Wärme man sich gewöhnt hat. An warmen Tagen arrangiert man sich mit den Nebenwirkungen, denn man hat keine Idee, wie man ihn durch ein neueres, passenderes Modell ersetzten könnte. Ganz zu schweigen von dem Gedanken, ihn sogar abzulegen.

Im Gegensatz zu John erkannte ich, dass trotz meiner Verluste und Trauer eine tiefe Gewissheit in mir wohnte: Der Tod ist nicht das Ende. Davon war ich überzeugt. Allerdings stand meine Glaubensauffassung auf dem Prüfstand als mein Vater starb.

Es passierte an einem Sonntag. Im Schlaf. Seine Gesichtszüge waren entspannt. Ja, wirkten sogar friedlich, als ich ihn auf dem Sofa erblickte. Damals kreisten meine Gedanken immer um dieselbe Frage: Würde ich ihn wiedersehen? Schließlich war er Atheist gewesen.
Wie eingeschränkt mein Denken doch gewesen war! Gefangen in den Dogmen der Kirche. Ich brauchte Wochen, um zu erkennen, dass ich die Antwort längst erhalten hatte. Er war an Ostersonntag gestorben. – An dem Tag, an dem die Auferstehung gefeiert wird! – Was für eine Botschaft! Gott ist Liebe. Daran erinnerte ich mich damals.

Genau dieses Wissen hatte mir bereits geholfen, all meine Lieben loszulassen. Loszulassen, um mich mehr auf mich selbst einlassen zu können.
Als es so kalt wurde, dass wir nicht mehr verweilen konnten, verabschiedeten wir uns. Als ich schließlich im Bett lag, stellte sich heraus, dass er das Bett über mir belegte.
Er lehnte sich über die Bettkante und lächelte zu mir hinunter, seine blonden Locken fielen ihm ins Gesicht. Er sah so jung und verletzlich aus. Wir wünschten uns gegenseitig gute Träume und schliefen ein. Als ich am nächsten Morgen aufwachte, war er bereits fort. Ich hoffe von ganzem Herzen, dass er findet, was er sucht, und dass das seine Seele heilen wird. Diese Begegnung war eine Bereicherung gewesen! Ein weiteres segensreiches Geschenk auf meiner Reise.

◇◇◇◇

Meine Zeit in Santiago de Chile plätscherte so dahin. Zu Beginn nutzte ich sie, um auch praktische Dinge zu erledigen. Das Glas von meinem Handy war leider von seinem Dauereinsatz gesplittert, und von Fernando wusste ich, dass es im Einkaufszentrum „Costanera" einen Apple-Shop gab.
Es handelte sich dabei nicht um ein gewöhnliches Einkaufszentrum, sondern um einen 300 Meter hohen Wolkenkratzer. Damit ist er das höchste Gebäude Südamerikas. So konnte ich es auch leicht finden. Nicht nur die Hinfahrt, sondern auch das Ersetzen der Schutzfolie, die glücklicherweise ausschließlich betroffen war, ging problemlos. Es gab auch einen Laden von „Lush". Dort kaufte ich mir Seifen, die eine Kombination aus Shampoo und Spülung waren. Also leicht und praktisch. Ein wundervoller Nebeneffekt war der blumige Geruch, der mich noch lange nach dem Duschen umfing. Die zahlreichen Geschäfte und Menschen wurden mir schnell zu viel, so dass ich nach meinen Erledigungen die Stille und Gemütlichkeit der kleinen Gässchen in der Altstadt suchte.

Mit auf meiner Liste stand ein Ausflug in die nahegelegene Küstenstadt Valparaiso und die Besichtigung eines der drei Häuser von Pablo Neruda. Ich wählte seine Residenz, die im Kern der Altstadt von Santiago stand. Pablo Neruda war eine Person mit vielen Begabungen. Er wurde 1904 in Chile geboren und war unter anderem Diplomat und Dichter. Im Jahre 1971 erhielt er sogar den Literaturnobelpreis für seine Werke. Zeit seines Lebens stand er zu seinen Überzeugungen, weshalb er zweimal im Exil war. Als Freigeist war er auch mit Picasso befreundet. Ich hatte im Vorfeld ein wenig recherchiert und war erschrocken über die Tatsache, dass ich so wenig über das politische Geschehen in dem Land, das ich bereiste, wusste. Die Dinge, die ich über die Amtszeit (1973-1990) des Diktators Pinochet las, führten mir erneut vor Augen, wie froh ich sein konnte, in Deutschland aufgewachsen zu sein und dort zu leben. Meinungsfreiheit, Religionsfreiheit, das Wahlrecht und die eigene Lebensgestaltung sind in meiner Heimat gesetzlich verankert, was ich viele Jahre als selbstverständlich hingenommen hatte. Durch diese Erkenntnis sensibilisiert, betrachtete ich nun das Haus von Pablo Neruda: Es war weitläufig mit einem kleinen Garten, in dem wilder Wein wuchs. Eine geschwungene Treppe führte hinauf zu einem Raum, der mit einer halbrunden Glasfront versehen war. Gegenüber stand ein großer Kamin. An den Wänden befanden sich zahlreiche Gemälde. Auf Fensterbänken und Tischen standen exquisite Dekorationsgegenstände. Eine farbenfrohe Umgebung, in der die Kreativität und die Liebe zu den schönen Künsten ihren Ausdruck fand. Unter welchen Bedingungen er sich seine Weltoffenheit bewahrt hatte, beeindruckte mich.

◇◇◇◇

Am Abend traf ich auf meine Zimmergenossinnen. Drei nette junge Frauen – ich war mal wieder die Älteste. Wir beschlossen, am Abend auf der Dachterrasse unsere besten Reisetipps auszutauschen, denn wo die eine war, wollte die andere hin. Wie aufregend! Dazu eine Flasche Wein und Knabberzeug. Zum Kauf des edlen Tropfens mussten wir nicht weit laufen, das Prozedere war allerdings spannend. Gitterstäbe aus solidem Eisen trennten uns von den Waren, da die Angst vor Überfällen groß und wohl auch real war. Für mich war es ein kleines Abenteuer und so kaufte ich beschwingt meine erste Flasche chilenischen Wein durch eine kleine Öffnung im Metall. Der Abend hielt, was er versprach. Wir haben eine Menge gelacht und fielen weit nach Mitternacht glücklich in unsere Betten.

◇◇◇◇

Der nächste Nachmittag führte mich hinauf zu San Christóbal. Ich wollte den Ausblick über die Stadt aus einer neuen Perspektive erleben. Von ganz weit oben wie ein Vogel. Ich hätte sogar die Stadt mit einem Fahrrad auf einem Höhenweg umrunden können. Meine Wahl fiel jedoch auf die gemütliche Fahrt mit der „Funicular“, der Standseilbahn. Oben angekommen machte ich mich auf den Weg zur Marien-Statue. Riesengroß, so wie die Jesus-Figur in Brasilien, zeigte sie sich in ihrer vollen Schönheit und suggerierte das Gefühl von göttlicher Obhut. Es war eine unglaubliche Stimmung. Eine Frauenstatue, Wächterin und Schutzpatronin. Von vielen verzweifelten Seelen wird sie gebeten auf ihre Lieben in der Ferne zu achten, sie vor Gefahren zu schützen.
In der Kapelle, die hundert Jahre später errichtet worden war, zündete ich drei Kerzen an. Eine für die, die ich zurückgelassen hatte, eine für die, die ich in diesem Leben verloren hatte, und eine Kerze für mich, mit der Bitte um Heilung meiner Seele.
Die Ruhe, die mich umhüllte, nutze ich zum Gebet, und Tränen stiegen mir in die Augen. Mein Körper spürte eine andere Energie. Eine gute, wärmende Energie, die mich mit Liebe erfüllte und mir Trost spendete. Ich verließ das Gebäude und kam auf einen Platz, an dem zwei haushohe Metallstangen standen, auf denen schneeweiße Kerzen aufgesteckt waren. Diese waren bereits zur Hälfte abgebrannt und das geschmolzene Wachs hatte sich über die Kerzenständer ergossen. An der dahinter liegenden Wand erblickte ich unzählige kleine Erinnerungsstücke für geliebte Seelen, die dort mit Fürbitten angebracht waren. Als ich die Gedenkstätte weiter betrachtete, überkam mich eine Woge von Schwermut, und erneut spürte ich das unbändige Verlangen zu weinen. Was war das nur für ein seltsamer Ort, der mich so durchdrang mit Traurigkeit? Der es vermochte, die Tore zur Welt meiner Gefühle so mühelos zu überwinden. Jahrelang hatte ich nicht eine Träne vergossen und nun konnte ich sie kaum zurückhalten. Verstohlen tupfte ich mir mit meinem Ärmel die zu überquellen drohenden feuchten Augen und setzte meine Sonnenbrille auf.
Schon besser, versicherte ich mir und atmete tief ein. Anschließend machte ich mich auf, um wieder hinunter in die Stadt zu fahren. Dieser Ort – Santiago de Chile – berührte mich auf eine Weise, die sich schwer in Worte fassen lässt. Ich brauchte Zeit, um mich zu sammeln. Die Gelegenheit, meine Gefühle zu erforschen, war zu erschreckend und so war ich dankbar, am nächsten Tag den Flug nach Calama gebucht zu haben. Für Ablenkung war also gesorgt.

◇◇◇◇

Glücklich und erschöpft stand ich am nächsten Abend vor dem mächtigen Eingangstor meines Hostels in San Pedro. Die Schotterstraße wirkte verlassen und die sandfarbenen Mauern rechts und links davon vermittelten mir, weitab von jeglicher Zivilisation zu sein. Der Fahrer des Shuttle-Service versicherte mir jedoch, dass ich mich bereits kurz vor dem Ortseingang befand. Damit ließ er mich mit meinem Rucksack, den er unsanft vom Kofferraum auf die Straße befördert hatte, in einer Staubwolke allein zurück.
Ein wenig verwundert, und doch höchst zufrieden mit mir selbst, stellte ich fest, dass es mir nichts mehr ausmachte, wenn ich mit unvorhergesehenen Ereignissen umgehen musste. Mein Lieblingssatz war zu diesem Zeitpunkt: „Ich bin nicht die Erste, die solch eine Reise macht, der dies oder jedes passiert, und ich werde bestimmt auch nicht die Letzte sein!" In der Unterkunft war die Verständigung mühsam, denn ich konnte den Eigentümer schlecht auf Spanisch verstehen. Entweder nuschelte er stark oder er sprach einen Dialekt, mit dem ich nicht vertraut war. Ich folgte ihm und entschloss mich, abzuwarten. Er war gut einen Kopf kleiner als ich und von stämmiger Statur. Sein rundes Gesicht war überzogen von Schweißperlen, seine ehemals himmelblaue Tunika zeugte von einem anstrengenden Tag. Als ich ihn so ansah, hoffte ich im Stillen, selbst bald eine Dusche nehmen zu dürfen, denn auch mir floss der Schweiß aus allen Poren. Doch erst musste noch die Frage meiner Unterbringung geklärt werden. Wir kamen zu einem kleinen Anbau im Hof, der sich als Schlafsaal mit zwölf Betten entpuppte. Da wurde mir immer deutlicher, was er auf Spanisch versucht hatte, zu erklären: Die Grundsteinlegung des Etablissements hatte gerade erst stattgefunden und ich war wohl der erste und einzige Gast. Hinzu kam, dass es gar kein Vier-Bett-Zimmer gab, wie ich es gebucht hatte, und wie es auch auf der Webseite angeboten wurde. Es blieb also die Möglichkeit, allein dort zu bleiben oder in der sengenden Hitze auf die Suche nach einer anderen Bleibe zu gehen. Ich entschloss mich dazu, diese Tatsache als ein Geschenk des Lebens zu betrachten. So viel Platz für mich allein war doch wunderbar! Außerdem gefiel mir der überschaubare Innenhof, dessen Boden aus vielen kleinen weißen Steinen bestand. Neben einigen runden Steinbänken und Stühlen zeigten sich Kakteen in ihrem grünen Kleid und sorgten für ein wenig Gemütlichkeit, sofern man das von Kakteen behaupten kann. Die Waschräume waren auf der gegenüberliegenden Seite zu finden und ein zerrupfter Gockel kam neugierig näher.
Die Tatsache, dass sich die Tür des Raums durch das Klima verzogen hatte, und diese sich nur mit einem enormen Kraftaufwand und unter lautem Quietschen schließen ließ, störte mich nicht. Sollte ich sie nicht zumachen können, würden ja das stabile Eingangstor und die Umzäunung des Grundstücks für den nötigen

Schutz sorgen. Ich stellte also meine Sachen ab und nahm den Schlüssel für das Eingangstor zum Hof entgegen.
Nachdem ich mir ein wenig Zeit gegönnt hatte, um mich von den Anstrengungen der Reise zu erholen, machte ich mich auf den Weg in den Ort. Ich erreichte bald den runden Marktplatz, um den sich kleine Cafés und Restaurant präsentierten. Mit einiger Überraschung stellte ich fest, dass hier inmitten der Wüste eine kleine Grünanlage mit Bäumen zu finden war. San Pedro selbst bestand aus wenigen schmalen Straßen.
Während ich durch die Gassen lief, versuchte ich mir einen Überblick zu verschaffen. Ich erblicke unzählige Übernachtungsmöglichkeiten. Winzige „Tante-Emma-Lädchen“ und vereinzelte Geschäftchen mit Hüten, Sonnencreme und anderen Wichtigkeiten, die man hier – sollte man sie vergessen haben – viel zu überteuert erstehen konnte. Aber zumindest hatten sie die Dinge hier. Und ich bekam ein neues Paar Socken, da ich mir ein Loch in mein altes Paar gelaufen hatte.
Das Bild, das sich mir bot, wurde vervollständigt von Restaurants, Kneipen und natürlich von vielen, vielen verschiedenen Agenturen, die Ausflüge in die Umgebung feilboten. Als ich mir noch einmal die Zeit nahm und meinen Blick über die einfachen Häuser aus Lehmziegeln schweifen ließ, die sich dicht an dicht aneinanderreihten, rief dies die Assoziation einer Filmkulisse im Wilden Westen in mir hervor. Gut, einige Gebäude waren mit terracottafarbenen Schindeln gedeckt, und hin und wieder blitzte eine weiß gekalkte Wand zwischen dem hellen Kamelton auf. Doch der Gesamteindruck suggerierte mir dieses Bild. Als Pferdefreund und Westernfan hatte der Ort bereits mein Herz gewonnen. An einer Ecke spielten Straßenmusikanten auf einem Saxophon und einer Klarinette Dixieland. Mir gefiel die Stimmung, die die Musik und der Ort verströmten. Die Menschen, denen ich hier begegnete, waren sich darüber bewusst, an einem besonderen Ort zu sein und wussten dies zu schätzen. Das konnte ich spüren und an ihren entspannten Gesichtern und ihrer Körperhaltung erkennen. Als ich so dahin schlenderte, spürte ich auf einmal einen Regentropfen, der auf meinen linken Unterarm fiel. Es folgten ein zweiter und ein dritter … Ungläubig blicke ich zum Himmel empor, denn schließlich befand ich mich doch in der Wüste! Doch tatsächlich – es hatte zu regnen begonnen und ich wurde nass. Die Geschäftsinhaber rannten emsig hin und her, um ihre Waren in Sicherheit zu bringen. Indes fühlte ich die Kälte des Regens, der mit gewaltiger Kraft herniederprasselte. Tausende Liter Wasser pro Sekunde trafen auf ausgedörrten Wüstenboden. Die Menschen um mich herum begannen zu rennen, stellten sich unter oder suchten Schutz in Gebäuden in ihrer Nähe. Innerhalb von Minuten wurden kleine Rinnsale zu Bächen, die sich an den Seiten der Gassen ihren Weg suchten. Ich entdeckte durch ein Fenster ein offenes Kaminfeuer und zu meiner Freude gehörte es zu einem Restaurant, so dass ich dort Unterschlupf finden konnte.

Der Tisch neben dem Kamin war frei und ich setzte mich. Plötzlich durchflutete mich ein Glücksgefühl. Trotz der außergewöhnlichen Situation hatte ich es gut getroffen. Ich durfte im Trockenen sitzen und einfach das Unwetter abwarten. Deshalb bestellte ich mir ein Glas Rotwein und sah dabei dem Spiel der Flammen im Kamin zu.

Abgelenkt wurde ich kurze Zeit später, als durch die offene Eingangstür ein greller Blitz den Himmel für den Bruchteil einer Sekunde erleuchtete. Der Donner grollte als getreuer Gefolgsmann – und dann wurde es dunkel im Raum. Der Strom war ausgefallen. Da ich vor dem Feuer saß, war ich nicht allzu beunruhigt. Allerdings war ich völlig überrollt von der Tatsache, dass es draußen bereits dunkel war. Um diese frühe Uhrzeit. Mein Handy zeigte gerade mal 21:00 Uhr. Die Stimmung war relativ entspannt. Mir wurde es allerdings etwas mulmig zumute bei dem Gedanken, dass ich mir den Weg zum Hostel nicht richtig gemerkt hatte.
Es waren so viele Eindrücke gewesen, aber auf dem Hinweg war ich der Überzeugung, die Umgebung wiederzuerkennen, denn ich hatte mir einige Schilder vor den Gebäuden eingeprägt. Fast ausgeblichene Schilder, die mir aufgefallen waren, liebevoll und kindlich gestaltet. In der Finsternis der Nacht und in dieser Ausnahmesituation würde mir das allerdings nichts nützen.

Ich konnte es kaum glauben, dass mir so etwas passierte. – Mir, der stets so regeltreuen und vorsichtigen Frau. Und nun ließ ich mich von der Dunkelheit überraschen wie ein bedenkenloser Teenager! Nun gut, ein Grund der Reise war auch gewesen, meine Flexibilität zu steigern. Doch die Situation hier und jetzt stellte wirklich eine Herausforderung dar. Ich überlegte, ob ich vielleicht jemanden ansprechen sollte, der mich zum Hostel begleiteten könnte, doch jeder war mit sich selbst oder seinen Freunden beschäftigt. Ich entschloss mich, allein zum Hostel zu laufen, denn noch länger zu bleiben, würde nur bedeuten, dass es noch später und vielleicht noch schwieriger werden würde. Die Kreditkarte steckte ich mir in den BH. Nur für alle Fälle. Ich versuchte mein pochendes Herz zu beruhigen. Mein Handy hatte ich sicher in einem wasserfesten, leuchtend grünen Beutel aus einem Trekking-Geschäft dabei, den ich gut mit einem Karabiner an meiner Hose befestigen konnte. Vor meinem Ausflug hatte ich wegen der Hitze nur das Nötigste eingesteckt, was sich jetzt als wunderbare Fügung erwies. Als ich Richtung Hostel laufen wollte, stellte ich fest, dass die Wassermassen die schmalen Straßen in Bäche und kleine Seen verwandelt hatten. Natürlich! – Der Boden war knochentrocken gewesen, so dass die Wassermassen nicht einsickern konnten. Knietief watete ich hindurch und war froh, dass meine Wanderschuhe so fest geschnürt waren, dass ich sie nicht verlieren würde. Das gab mir Vertrauen, mutig weiterzugehen. Erneut durchzog ein Blitz das Dunkel der Nacht und ich bildete mir ein, die Umrisse des Kirchturms erkannt zu haben. Dort vermutete ich auch den Marktplatz und schlug diese Richtung ein. Dabei versuchte ich mein Bestes, um nicht in irgendein Schlammloch zu fallen. Die Schuhe waren mittlerweile vollgesogen mit Wasser, was mich nur noch langsam vorankommen ließ. Meine Haare hingen mir wirr und nass ins Gesicht. Durch die Härte des Regens war es vergebene Liebesmüh, sie zurückzustreichen, also konzentrierte ich mich auf den Weg. Eine Gruppe von fünf Personen, alle in Shorts unterwegs, versuchten in einiger Entfernung das Gleiche. Sie hatten allerdings viel mehr Mühe und ihre Bewegungen wirkten ungelenk und verkrampft. Sie schimpften lauthals über alles – das Wetter, die Kälte, die Nässe, den Dreck, die Schminke, die verlief, und, und, und. Erstaunlicherweise musste ich, als ich ihnen zusah und zuhörte, herzlich über die Situation lachen. Völlig vergessen war meine Sorge, überfallen zu werden. Nach fast fünfzehn Minuten gelangte ich zum Marktplatz. Was für ein Glück, freute ich mich, denn von dort kannte ich den Weg zurück und stand kurz darauf heil vor dem Eingang zu meiner Unterkunft. Der Wind zerrte an einer Dachplane vom Nachbarhaus. Nervös durch das Geräusch und die Finsternis, die mich umgab, brauchte ich zwei Anläufe, um die Tür zu öffnen. „Puh!" Ich seufzte tief und lief eilig auf die andere Seite des Hofes, zum Wohnhaus des Hoteleigentümers und seiner Familie. Sie werden mich bestimmt hereinbitten bis das Unwetter vorüber und der Strom wieder da ist, überlegte ich und freute mich schon auf ein gemütliches Beisammensein.

Fast unmittelbar nach meinem Klopfen öffnete mir der Hausherr. Statt einem Lächeln und einer einladenden Geste hielt er mir eine sehr lange, schmale weiße Kerze vor die Nase. Eine Kerze, wie ich sie von katholischen Prozessionen kannte. Etwas verdutzt sah ich erst die Kerze und dann ihn an. Er schien meinen Blick anderes zu interpretieren, denn etwas unwirsch drückte er mir nun eine Streichholzschachtel mit drei Streichhölzern in meine kalten Hände und entließ mich damit in die tosende Nacht. Einsam in meinem riesigen Raum mit elf leeren Betten, blickte ich auf die Flamme der Kerze, die einen winzigen Lichtkegel warf. Vorsichtig platzierte ich sie auf dem einzigen Stuhl im Raum, kletterte auf mein Bett und lauschte, wie der Regen stetig auf das Dach niederprasselte. Nach einer Weile entspannte ich mich, zog mir trockene Kleidung an, öffnete eine Tüte Chips und lächelte über die Absurdität der Situation. Meine Stirnlampe zur Hand zu nehmen, war mir nicht eine Sekunde in den Sinn gekommen.

◇◇◇◇

Von den Auswirkungen des Unwetters merkte ich am nächsten Morgen vorerst nichts. In der Abgeschiedenheit des Hotels und als einziger Gast konnte ich ganz beschaulich in den Tag starten. Ich hatte gut geschlafen und genoss es nun wirklich, ein so großes Zimmer ganz für mich allein zu haben. Auch wenn es stickig war und die Decken etwas muffig, hätte ich nicht umziehen wollen. Der Wunsch nach Kaffee trieb mich in die Küche. Sie bestand aus einem kleinen separaten Raum mit spärlicher Einrichtung. Ein Spülbecken, ein Kühlschrank, der schon lange seinen treuen Dienst verrichtete, ein Herd mit einer riesigen gelben Gasflasche daneben. In einem Hängeschrank, dem eine Tür fehlte, fand ich zusammengewürfeltes Geschirr und einen Becher mit Besteck. Auf dem Herd stand schon ein Teekessel bereit, cremefarben, mit einem lindgrünen Deckel und Henkel. An der Vorderseite prangte ein bunter Blumenstrauß aus Pfingstrosen. Die einen würden ihn als altmodisch beschreiben, ich hingegen fand ihn himmlisch kitschig. Dort kochte ich mir den ersten Kaffee meines Lebens auf einem Gasherd. Dazu brauchte ich ganze drei Anläufe, bis ich merkte, dass ich zuallererst die Gasflasche aufdrehen musste. Die übrigen Streichhölzer für die Kerze vom Vorabend kamen nun zum Einsatz. Dann hieß es warten. Ich hätte nicht gedacht, dass so eine Selbstverständlichkeit, wie die Zubereitung einer Tasse Kaffee, eine kleine Geduldsprobe darstellen könnte. Ich stand vor dem Herd und wartete auf das Wasser. Stellte eine passende Tasse neben den Teekessel und holte mein Kaffeepulver aus dem Rucksack. Und wartete. Ich hatte Kaffeedurst und kann nicht behaupten, dass Geduld eine meiner Stärken ist. Doch schließlich fand ich mich damit ab, dass es eben seine Zeit dauern würde und

setze mich nach draußen in den Schatten. Der Gockel leistete mir Gesellschaft. Als ich nach einer gefühlten Ewigkeit das kochende Wasser über das Kaffeepulver groß, tat ich dies mit Muße. Es ging auch gar nicht anders, da das Wasser aus dem Kessel nur langsam floss. Ich nahm jede Millisekunde wahr, die es brauchte, und fühlte mich wie eine Geisha, die bei einer Teezeremonie bewusst die Aufmerksamkeit auf die Präsentation lenkt.
Endlich hatte ich in meiner Tasse die ersehnte heiße, schwarze Flüssigkeit und freute mich, dass ich am Vortag daran gedacht hatte, mir Milchpulver zu kaufen. Der pure Genuss! Als ich noch in Deutschland war, konnte ich nichts schnell genug erledigen, hatte keine innere Ruhe, um zu entspannen. Ich spürte einen ständigen Druck. Spielte mit Perfektion die Hauptrolle in dem Theaterstück meines Lebens und wollte einen Oskar gewinnen. Egal, um welchen Preis. Nun wahrzunehmen, wie durch meine Akzeptanz der gegebenen Umstände ein Raum der Ruhe in mir entstand, verblüffte und begeisterte mich zugleich. Mein ganzer Körper entspannte sich und es fühlte sich einfach gut an.
Diese schlichte Erkenntnis, die ich schon so oft gehört hatte, rutschte endlich von meinem Verstand in mein Herz. Mit Langmut beobachte ich noch eine Weile den Gockel und lächelte still in mich hinein. Wie viel Weisheit doch in der Zubereitung einer Tasse Kaffee auf einem Gasherd stecken kann!

◇◇◇◇

Nach dem Frühstück sah ich nach meinen WhatsApp-Nachrichten und entdeckte eine Endlosnachricht einer Freundin. Ein Wirrwarr an Gedanken, das mich überflutete. Sie musste eine berufliche Entscheidung treffen, die auch bedeutsame Auswirkungen auf ihr Privatleben haben würde. Nun versuchte sie, Antworten „von außen" zu finden.
Dies erinnerte mich an meine Überlegungen im Vorfeld der Reise. Die meisten Personen hatten es gut mit mir gemeint, manche wollten aus ganz eigennützigen Gründen nicht, dass ich auf die Reise ging, denn schließlich bedeutete das ja auch, dass sie dann Dinge selbst erledigen müssten und ihre Sorgen nicht mehr bei mir „ablegen" könnten. Aus diesem Grund hatte ich mich an einem gewissen Punkt dafür entschieden, nicht mehr viel preiszugeben, sondern mir darüber klarzuwerden, was ich wollte und danach zu handeln. Dies nahm für mich viel Unruhe aus der Situation. Ging es doch darum, eine eigene Entscheidung zu treffen und dafür Verantwortung zu übernehmen. Es war anfangs gar nicht einfach, seine innere Stimme im Alltagstrubel zu hören. Manchmal brauchte ich bestimmt zwei Stunden, die ich nur so dasaß, um in der Lage zu sein, in mich hineinzuhören, um herauszufinden, was ich brauchte, um mich besser zu fühlen.

Lauter Fragen, die so unglaublich einfach klangen und so schwer zu beantworten waren. Ich schrieb meiner Freundin zurück, dass sie die Antworten, die sie suchte, nur in sich selbst finden könne, und hoffte inständig, es würde ihr gelingen. Als ich später in den Ort ging zeigte sich, dass das Unwetter in San Pedro – Gott sei Dank – nur wenige Spuren hinterlassen hatte. Ein paar Löcher in Hausdächern, bestimmte Ausflugsziele, die für ein paar Tage nicht erreichbar waren, und sehr viele Pfützen.

◇◇◇◇

In der kommenden Nacht wurde ich von einem lauten Poltern an der Tür meines Zimmers aus dem Schlaf gerissen. Es war wie in einem Horrorfilm, als die Tür quietschend und über den Boden scharrend kurz vor Mitternacht aufgestoßen wurde, und ohne jegliche Rücksicht das Licht angemacht wurde. Mein Herz raste, zitternd setzte ich mich im Bett auf und versuchte meine Augen an die Helligkeit zu gewöhnen. Ich hatte das Bett gewählt, das der Tür direkt gegenüber lag. Von dort, so hatte ich gedacht, hatte ich einen guten Überblick. Nun, dieser würde mir nichts nutzen, denn der einzige Ausweg war plötzlich durch drei riesige und muskelbepackte Männer blockiert. Sie hatten relativ kurze, zerzauste schwarze Haare und Bartstoppeln im Gesicht. Ihr Geruch, der mir in die Nase stieg, ihre zerknitterte Kleidung und ihre großen Rucksäcke ließen darauf schließen, dass sie eine längere Wandertour hinter sich hatten. Mir kam es vor, als würden ihre dunklen Augen glühen, als sich unsere Blicke trafen. Ich war froh über meinen züchtigen Schlafanzug, den ich trug. Er zeigte zwar meine weiblichen Rundungen, aber die hatte ich nun mal, genauso wie meine langen blonden Haare, die mir über die Schulter fielen. Nach einigen Sekunden löste sich der Blickkontakt und die Männer bahnten sich forsch und laut ihren Weg zu den hinteren Betten. Ich saß immer noch in derselben Position da und sah ihnen ungläubig zu. Es gab keinen Gruß, keine Entschuldigung für ihr Benehmen. Nichts. Dann entdeckte ich den untersetzten Hauswirt im Türrahmen, der hinter den Männern nicht zu sehen gewesen war. Er teilte mir mit, dass die Neuankömmlinge für die nächsten Tage Quartier beziehen würden, drehte sich um und war verschwunden. Ich blickte wieder zu den Männern hinüber, unschlüssig, ob ich sie begrüßen sollte, um zu versuchen die Situation zu entschärfen, oder ob ich sie anmeckern sollte, weil sie sich so rüpelhaft verhielten. Sie standen zwischen zwei Hochbetten und ich hörte, wie sie sich auf Arabisch unterhielten. Dabei sahen sie zu mir herüber und ich hatte das Gefühl, von oben bis unten gemustert zu werden. Ein ganz mieses Gefühl machte sich in meiner Magengrube breit und ich wurde wütend.

Darüber, dass sie mich so erschreckt hatten und sich so ungehobelt benahmen. Darüber, dass ich mich nicht sicher vor ihnen fühlte, und darüber, dass sie in „meinen Bereich“ eindrangen, und so beschloss ich, dass Angriff die beste Verteidigung war. Ich richtete mich zu meiner vollen Größe auf, sah jedem von ihnen direkt in die Augen und legte meinen ganzen Unmut in einen kämpferischen Ausbruch, dass jetzt das Maß voll war! Ich muss gestehen, dass ich mich nicht mehr an meinen genauen Wortlaut erinnere, denn mir rauschte das Blut in den Ohren. Dafür aber werde ich die sofortige Reaktion der drei breitschultrigen Männer nicht vergessen. Sie verstummten und blickten mich verdutzt an. Immer noch auf Englisch versuchte ich es mit einem wütenden Appell: „Falls es euch entgangen ist: Wir haben fast Mitternacht und ihr habt mich geweckt! Ich erwarte von euch, dass ihr unverzüglich das Licht löscht und eure Stirnlampen benutzt! Wenn ihr mehr Licht braucht, könnt ihr nebenan in der Küche eure Sachen heraussuchen.“

Auch, wenn meine Stimme laut und, wie ich hoffte, äußerst bestimmend klang, so war ich innerlich aufgewühlt und stand unter extremen Stress. Ich klammerte mich jedoch an den Gedanken, dass die drei in ihrem Innersten auch nur kleine Jungs waren und ein solcher Anpfiff sie an ihre Kinderstube erinnern würde. Und dann geschah etwas Wunderbares! Mein Plan ging auf. Alle drei entschuldigten sich für ihr Benehmen und vermieden tatsächlich den Augenkontakt. Einer von ihnen begann danach sein Kopfkissen auf seinem Bett zurecht zu schütteln, während der andere zustimmend zu den noch gemurmelten Worten seines Kumpels nickte. Auch versprachen sie, kein Licht mehr anzuschalten, damit ich weiterschlafen könnte. Ich nickte nur noch und hauchte ein Thank you, so erleichtert war ich. Dennoch behielt ich sie im Auge. Für volle eineinhalb Stunden waren sie doch noch ziemlich laut, da sie nacheinander duschen gingen. Das bedeutete ein häufiges Quietschen der Tür und ein anschließendes Gegruschel in dem jeweiligen Rucksack.

Mein Schlaf war leicht und ich erwachte bei dem kleinsten Geräusch. Um zwei Uhr nachts gab ich mich geschlagen, und setzte mich in den Hof, wo ich mir eine Dose Coca-Cola zu Gemüte führte. Einer der jungen Männer kam heraus, und fragte mich, ob alles in Ordnung sei. Ich sah ihn an und musste lächeln. So bedrohlich wirkte er gar nicht mehr. Er war rasiert und roch auch nicht mehr so streng. Tja, so ist das mit Ängsten. Sie produzieren häufig ein Kopfkino, das fern der Realität ist. Fakt war, dass alle drei sich nach meiner klaren Ansage bemüht hatten, leise zu sein. Und für meine Enttäuschung, das Zimmer nun mit anderen teilen zu müssen, waren sie nicht verantwortlich. Allerdings waren sie mir auch nicht sympathisch. Der Mann setzte sich unaufgefordert und erzählte mir von sich und seinen Kameraden. Ich hörte kaum zu, nippte an meiner Cola und hoffte, er würde gehen. Doch er schien nichts davon zu merken, sondern startete im Gegenteil doch tatsächlich den Versuch, mit mir zu flirten.

Mein Unbehagen blieb. So unterbrach ich ihn recht bald unter dem Vorwand, nun müde zu sein und verabschiedete mich. Ich begann mich zu fragen, weshalb ich mich in seiner und der Gegenwart seiner Kumpanen so unwohl fühlte, konnte es aber nicht an etwas Bestimmtem festmachen. Mein Bauchgefühl signalisierte mir auf jeden Fall, so schnell wie möglich das Weite zu suchen. Doch konnte ich das einfach tun? Schließlich hatte ich die weiteren Nächte bereits fest gebucht und wie sollte ich mein Verhalten dem Hotelier erklären? Erinnerungen an die Besuche bei meinem Vater wurden lebendig. Auch dort gab es eine Situation, in der ich gelernt hatte, Spannung auszuhalten.

Nach der Scheidung war er zu einem Sammler geworden. Als Möbelfabrikant hatte er ein Auge für die schönen Dinge des Lebens. Mit den Jahren unterschied er jedoch nicht mehr zwischen wichtigen und unwichtigen Dingen. Ein kunstvoll geschnitzter Pferdekopf aus Italien war ihm ebenso wichtig wie Weinkorken oder seine Tageszeitungen. Damals hinterfragte ich seine Beweggründe nicht, sondern begann meist bei den Wochenendbesuchen aufzuräumen. Darüber gerieten mein Vater und ich oft in Streit, denn was für mich ein Versuch war, ihm zu helfen, stellte für ihn einen Angriff auf seine Privatsphäre dar. Ich sehnte mich nach Harmonie, und da das Unterfangen, Ordnung zu schaffen, ohnehin uferlos erschien, nahm ich es hin und hielt die jeweilige Situation aus. Eine enorme emotionale Anstrengung für mich.

Nun stand ich erneut vor einer Wahl und fragte mich, ob ich diese Situation aushalten müsste. Vielleicht übertrieb ich mit meiner Reaktion? „Nein! Auf keinen Fall!", durchbrach mein Herz die Gedanken. „Tu das, was sich gut anfühlt!" Kaum hatte ich diesen Gedanken zugelassen, stahl sich ein Lächeln auf mein Gesicht und meine Muskeln entspannten sich. Jetzt wusste ich, was zu tun war. Ich spürte genau dieselbe Ruhe, wie nach meiner „Teezeremonie" am ersten Morgen nach meiner Ankunft.
Schon in aller Herrgottsfrühe packte ich am nächsten Tag meine sieben Sachen und war bereit auszuziehen. Mithilfe von Google hatte ich mir die nötigen Vokabeln herausgesucht und teilte meinen Entschluss dem Eigentümer mit. Zu meiner Überraschung war ihm das ziemlich egal. Also bezahlte ich und ging beschwingt mit meinem Rucksack auf dem Rücken in der Morgensonne davon. Froh, die Situation gut für mich geregelt zu haben. Ganz in der Nähe des Dorfplatzes sah ich ein Schild mit der Aufschrift: „plazas libres" – „freie Zimmer". Wie mir das Mädchen an der Rezeption mitteilte, handelte es sich bei dem Sechs-Bett-Zimmer um eine „männerfreie Zone". Ich musste grinsen und nahm das Zimmer. Hier hatte ich die Gewissheit, keine weitere Überraschung zu erleben. Mein neuer Vorsatz lautete, in Zukunft Entscheidungen mit mehr Bedacht zu treffen. Vor allem bei der Wahl meiner Unterkünfte. Denn auch, wenn die

Zimmergenossen sich als harmlos entpuppt hatten, war ich durch den Zwischenfall sensibler für meine Bedürfnisse geworden. Vielleicht würde ich mir direkt für die Zeit in Bolivien ein Zimmer über Airbnb buchen und mir mehr Freiraum zugestehen. Zuerst wollte ich aber noch ein paar Stunden Schlaf nachholen.

◇◇◇◇

Ich erwachte mit Kopfweh und fühlte mich leicht schwindelig. War dies dem Trubel des vorherigen Tages geschuldet oder lag es an der Höhe von 2408 Metern, auf der sich San Pedro befand, fragte ich mich. Aus Sorge, an der Höhenkrankheit zu leiden, nahm ich mir vor, sanft mit mir umzugehen. Das bedeutete, mir eine Ruhezeit zu erlauben und länger als geplant zu bleiben. Da ich diesen Ort mochte, war das keine schwierige Entscheidung. In einem Hotel, das ich auftat, gönnte ich mir einen Tag im Wellnessbereich. Zu meiner Freude war ich die Einzige am kleinen Pool, und das für den gesamten Tag. Wie wundervoll, dass mir das Leben das schenkte, was ich gerade brauchte.

Zur weiteren Entspannung fuhr ich zu den „Tremas Puritama“, den heißen Quellen eines anderen Vulkans in der Nähe. Es war so unglaublich „out of the world“ – „nicht von dieser Welt“, wie einer der anderen Wanderer passend festellte. Nach fast sechzig Minuten in einem heißen Van mit sechs Mitleidenden und völlig durchgeschüttelt von der löchrigen Straße, eröffnete sich plötzlich der Blick auf ein schmales Tal. Wie ein langes, fließendes Kleid aus Seide, das sanft einen Frauenkörper in weichen Wellen umschmeichelt, zog ein dunkelgrüner Fluss seine harmonische Bahn. An seinem Ufer wiegte sich das blühende Schilf in einer sanften Brise. Eingebunden in den Flusslauf befanden sich verschiedene Becken, in denen wir uns von der Wärme des Wassers verwöhnen ließen. Ein Fest für die Sinne!

◇◇◇◇

Schnell wurde ich in San Pedro Stammgast in einem schnuckeligen Café. Ein kleiner Raum mit nur fünf kleinen Holztischen und den besten Crepés, die ich je gegessen hatte. An dem einzigen, aber breiten Fenster standen unterschiedliche Kräuter und verströmten ihren angenehmen Duft. Der warme Sandton der Wände und die Musik der Beatles entspannten mich und ich genoss meine kleine Routine. Dort schrieb ich, zwischen meinen Exkursionen, mein Tagebuch und organisierte grob die kommenden Wochen meiner Reise.

Ich wollte weiter nach Bolivien und von dort nach Peru. Beim Googeln stieß ich auf beunruhigende Nachrichten: Im Norden vom Peru gab es furchtbare Überschwemmungen und in Lima und anderen Städten war bereits der Notstand ausgerufen worden.
Wie bei einem Chamäleon, das seine Farben ändert, wechselten sich in den nächsten Minuten die verschiedensten Gefühle bei mir ab. Da war Enttäuschung, da ich nur zu gerne durch den Colca-Canyon gewandert und über die berühmten Nasca-Linien geflogen wäre. In Pisco, einer Stadt am Meer, hätte ich haltgemacht, um dort einen „Pisco Sour" zu trinken. Ja, ich hatte mir sogar schon ausgemalt, wie ich am Strand von Máncora mit Riesenschildkröten schwimmen würde. Vielleicht habe ich Glück und die Lage beruhigt sich soweit, dass ich zumindest zum Machu Picchu reisen kann, überlegte ich. Dann spürte ich Scham in mir aufsteigen, als mir bewusst wurde, wie egoistisch meine Gedanken waren. Kämpften nicht genau in diesem Augenblick die Betroffenen gegen die Naturgewalt?
Was sollte oder konnte ich tun? Das Gefühl der Ratlosigkeit machte sich breit. Ich nahm einen Schluck von meinem Kaffee und wog meine Möglichkeiten ab. Das, was mir einfiel, war dankbar zu sein. Dankbar, dass ich mich dieser Reise hingeben durfte und meine jetzige Aufgabe darin bestand, neue Reisepläne zu gestalten. Nachdem ich meine Lösung gefunden hatte, gesellte sich die Erleichterung hinzu, und wie aufs Stichwort, erhielt ich eine Mail von einem Bekannten aus Deutschland. Nichtsahnend von der Situation in Peru schrieb er mir, dass er einige Zeit in Bolivien in der Stadt Sucre gewesen sei und mir seine Spanischlehrerin – Fabia – nur wärmsten empfehlen könne. Diesen Hinweis deutete ich als Fingerzeig, denn Sucre lag auf meiner Reiseroute zwischen der Durchquerung der Uyuni Wüste und La Paz.
Ich schrieb Fabia direkt an und hoffte, nicht zu spät dran zu sein, um noch ein paar Unterrichtsstunden vereinbaren zu können. Bisher hatte es mir genügt, mit meinen minimalistischen Sprachkenntnissen „durchzukommen". Doch bereits jetzt freute ich mich darauf, mich entspannt auf Spanisch unterhalten zu können.
Sie meldete sich umgehend zurück und wir wurden uns schnell über Konditionen und Organisation einig. Nun würde ich mein Vorhaben, mir ein wenig Freiraum zu verschaffen, tatsächlich umsetzen können. Noch am selben Abend buchte ich mir eine zauberhafte kleine Wohnung über Airbnb in Sucre. Für ganze zwei Wochen würde ich in der „weißen Stadt" sesshaft werden. So wurde Sucre nämlich genannt, da die Fassaden der meisten Kolonialbauten in der Sonne weiß glitzern. Laut Reiseführer stellte diese Stadt für viele Jahre den Sommersitz der gut situierten Gesellschaft dar. Meine Fantasie erschuf sogleich ein Gebilde, das mich vor Vorfreude ganz kribbelig werden ließ. Ich würde Spanischunterricht nehmen und erleben, wie es wäre, in einer Stadt auf einem anderen Kontinent zu leben. Doch bis es soweit war, durfte ich die Umgebung erkunden, die mich augenblicklich umgab.

◇◇◇◇

In San Pedro schien es schier unerschöpfliche Möglichkeiten zu geben, seine freie Zeit zu verbringen.Von einer TV-Reportage wusste ich, dass die Atacama Wüste mit zu den trockensten Gebieten unserer Welt gehört. Somit ist es nachts besonders dunkel und die Bedingungen, den Sternenhimmel zu betrachten, sind ideal. Da ich diesen unbedingt mit meinen eigenen Augen bewundern wollte, buchte ich eine Astronomie-Tour. Wirklich gut organisiert stand ein Van am vereinbarten Treffpunkt bereit und brachte uns nachts um ein Uhr an einen Platz weit außerhalb der Stadt. Es warteten ein kurzer Vortrag, Liegestühle mit Decken, Thermoskannen mit heißem Tee und ganz wichtig: verschiedene Teleskope auf uns. In dieser Nacht konnte ich sogar einen Blick auf den Ring des Saturns werfen und fühlte mich dem Himmel ziemlich nah.

Ein anderer Ausflug brachte mich zum „Rainbow Valley“, ein Tal, das seinen Namen durch sein schimmerndes Gestein erhalten hatte. Auch wollte ich unbedingt ins siebzehn Kilometer entfernte „La valle de la luna“, ins „Tal des Mondes“. Allein der Name klang für mich schon romantisch. Zu Beginn unserer Wanderung standen wir einem kleinen Feld aus Salz gegenüber. Ja, tatsächlich Salz. Es hatte sich auf einen Teil des Tals wie Puderzucker auf einen Schokoladenkuchen gelegt. Im direkten Umfeld standen drei Salzsäulen, die von den Einheimischen schlicht „Las Tres Marias“ – „Die drei Marias“ genannt wurden. Die Namensgebung in Südamerika schien die Dreiersymbolik zu lieben. Der Weg führte unsere kleine Gruppe weiter durch eine Wüstenlandschaft. Hingerissen von richtigen Sanddünen, konnte ich mich nicht sattsehen an ihrer stillen Eleganz. Anders sahen die Bilder der Sahara, die ich von Filmen in Erinnerung hatte, auch nicht aus.

Ein lebenslustiger Student, der mit von der Partie war, teilte meine Begeisterung. Als unser Guide uns später den Treffpunkt für den Sonnenuntergang zeigte, legte er sich auf einmal auf den Boden. „Was soll das denn?!", bekrittelte Claudia aus der Gruppe. Die Antwort war ein Lachen und damit ließ er sich eine tiefe Düne hinunterrollen. Der Sand warf hohe Staubwolken, die sich für einen kurzen, wilden Tanz erhoben.

Mit großen Augen sah ich zu und fühlte den Drang, es ihm gleichzutun. Und nach kurzem Zögern gab ich meinem „inneren Kind" nach und musste dabei unaufhörlich lachen. Welch Vergnügen! Den Sonnenuntergang verbrachten wir in völliger Stille und fasziniert von dem, was sich vor unseren Augen abspielte. Die spitzen Hügel leuchteten rosarot, bis der Mond sein silbernes Licht über uns ergoss … Ich grub meine nackten Füße tief in den weichen Sand und fühlte mich in diesem Moment mit mir im Einklang.

◇◇◇◇

Es war 4:30 Uhr als ich am nächsten Morgen schon zu meinem neuen Ziel, den „Geysirs Tatio“ aufbrach. Mutterseelenallein und in meine Daunenjacke gemummelt, stand ich nachts an der Ecke einer Gasse, die der Treffpunkt sein sollte. Denn auch wenn am Tag die Sonne vom Himmel brannte, nachts war es bitterkalt. Mit den Sternen, die über mir funkelten und deren Anblick ich bewunderte, begann ich, nachdem ich seit über einer halben Stunde gewartet hatte, mich an den Gedanken zu gewöhnen, wohl vergessen worden zu sein. Unnötig, wie sich zeigte, als genau in diesem Moment der Bus um die Ecke fuhr.Tatsächlich erlebte ich die Fortbewegungsmöglichkeiten in Südamerika mit der Zeit meiner Reise viel zuverlässiger als die gute alte Deutsche Bahn. Es ist auch möglich, dass ich meine Erwartungshaltung hier einfach nicht mehr so hoch ansetzte, und deshalb schon zufrieden war, wenn die Abfahrtszeiten ungefähr eingehalten wurden.

Die Geysire erfüllten mich mit Staunen. Es handelt sich hier um die drittgrößten der Welt, aber die am höchstgelegenen, nämlich auf fast 4500 Metern über dem Meeresspiegel. Unterhalb des Vulkans brodelte das Wasser, bis es sich aus den Tiefen der Erde Bahn brach, um sich in einer riesenhaften Fontäne mit bis zu zwanzig Metern Höhe zu entladen, nur um kurz darauf wieder verschlungen zu werden. Da wurde mir bewusst, wie klein der Mensch doch ist, und wieder einmal wuchs meine Achtung vor der Vielfalt der Wunder unserer Welt.

◇◇◇◇

Eine neue Bekanntschaft machte ich während einer Busfahrt. Stephen, ein junger Mann, der in Köln wohnte und seit sechs Jahren in Düsseldorf arbeitete. Meiner Meinung nach passte er von seinem Äußeren her gut nach Düsseldorf. Er schaffte es, trotz Wüstenhitze stylisch gekleidet zu sein. Ich war da eher pragmatisch unterwegs. Wir kamen ins Gespräch und schließlich fragte er mich, ob er sich mir für die geplante Drei-Tage-Tour durch die Uyuni, die ich bereits über eine Agentur gebucht hatte, anschließen dürfte. Ich bejahte und so war es beschlossene Sache. Gar nicht so schlecht, denn so kannte ich wenigstens schon jemanden. An unserem Tagesziel angekommen, erwarteten uns die „Piedras rojas“, was so viel wie „die roten Fußstapfen“ bedeutet. Ein schlichter Name für einen Ort, der mich durch die Intensität seiner Farben mit Entzücken erfüllte.

Es war, als ob die Natur Südamerikas sich in einem Wettstreit um die schönsten und außergewöhnlichsten Orte dieser Welt befand. Zurück in San Pedro wurde auf dem Markplatz wieder Livemusik gespielt. Traumhaft schön. Doch leider fühlte ich mich von den Ereignissen des Tages wie erschlagen und musste ins Bett. Glücklicherweise war mein Zimmer nicht weit entfernt, und ich war in dieser Nacht allein. So schlief ich bei geöffnetem Fenster und der wundervollen Musik, die mich umfing.

◇◇◇◇

Der Morgen brachte nicht nur Sonnenschein mit sich, sondern auch die Vorbereitungen für die Drei-Tages-Tour durch die „Salar de Uyuni“ bis in die Minenstadt Potosí, bei der wir ingesamt gut 730 Kilometer zurücklegen würden, plus die circa achtzig Kilometer der Rundfahrt über den Salzsee der Uyuni. Wir würden in einem Jeep fahren und uns für die Zeit selbst mit Trinkwasser versorgen. Mir wurde geraten, einen Vorrat von acht Litern Wasser mitzunehmen.Vorsorglich kaufte ich noch ein wenig Trockenobst ein - hatte es sich doch schon in Patagonien bewährt. Vorab hatte ich darauf geachtet, dass ein Ersatzreifen und Sauerstoff mit im Auto geführt wurden, um eine gute Erstversorgung zu gewährleisten, sollten die Höhe und die Anstrengung der Fahrt sich durch Schwindel oder gar Nasenbluten bemerkbar machen.
Durch die Agentur wurde ich ebenfalls darauf hingewiesen, dass der Fahrer nur Spanisch sprechen würde. Tatsächlich war es nur bolivianischen Fahrern erlaubt, diese Touren durchzuführen. Ein kluger Schachzug des Landes wie ich finde, um vielen Einheimischen ein regelmäßiges Einkommen zu sichern. Also suchte und schrieb ich mir einige hilfreiche Sätze heraus, damit ich gewappnet war. Wichtig war mir vor allem so etwas, wie: „Oh, por favor, parase aquí, es tan hermoso!“ – „Oh, bitte halten Sie hier an. Es ist so wunderschön!“ Das entsprach meinem Wunsch, möglichst viele Eindrücke in mich aufnehmen zu können.

Bolivien
Nervenkitzel

◇◇◇◇

Ich kam in den Genuss, als Erste abgeholt zu werden, und so ergatterte ich den Platz auf dem Vordersitz. Insgesamt waren wir fünf Personen im Jeep und unser Fahrer Mattis. Flavio und Leticia – ein Pärchen aus Brasilien sowie Manuel, der ebenfalls aus Brasilien kam. Stephen und ich vervollständigten die Gruppe. Da ich kein Portugiesisch sprach, und außer Stephen und mir niemand Englisch, konnte ich mein Spanisch mit Mattis üben, der tatsächlich kein Wort in einer anderen Sprache zu sprechen schien. Es war wie ein bunter Blumenstrauß, bestehend aus Mimik, Gestik und guter Laune, der unsere Basis für die Kommunikation bildete. Ich würde sagen, es gelang uns ganz gut, denn wir lachten und scherzten trotz der sprachlichen Barrieren. Wo ein Wille ist, findet sich eben auch eine Möglichkeit, die gemeinsame Zeit angenehm zu gestalten.
Unsere Fahrt begann, nachdem wir eine Stunde in San Pedro in der Schlange stehen mussten, um uns am Grenzposten in Chile abzumelden. – Ein Vorgang, der dann ganze dreißig Sekunden dauerte. Es ist mir immer noch ein Rätsel, wie so etwas jeden Tag auf die gleiche Weise gehandhabt wird, ohne an eine Vereinfachung des Prozesses für alle Beteiligten zu denken. Nun gut, für mich war es eine einmalige Sache, also sollten sich andere ihren Kopf darüber zerbrechen.
Als wir auf 4200 Metern Höhe irgendwo im Nirgendwo ein winziges kleines Häuschen entdeckten, waren wir ziemlich überrascht, als sich herausstellte, dass dies unser Grenzposten in Bolivien war. Die Zollformalitäten wurden schnell geregelt, was bedeutete, dass Mattis nach fünf Minuten mit unseren Pässen zurückkehrte und wir danach erst einmal unseren Jeep wechseln mussten. Denn nur bolivianische Autos haben hier eine Fahrerlaubnis. Der routinierte Mattis und die Männer hatten unser Gepäck und das Wasser schnell umgeladen und schon starteten wir. Ich war glücklich über meinen Platz vorne, neben Mattis. Für die anderen war das in Ordnung, denn das Pärchen wollte sich nicht trennen, und von den beiden Jungs kam die Rückmeldung, dass die Landschaft während der Autofahrt ja „nicht so interessant" sei. Das sah ich ganz anders. Doch wie schön, dass wir Menschen alle unterschiedlich sind, denn so kostete ich meine „Pole-Position" aus, indem ich versuchte, möglichst alles um mich herum wahrzunehmen und abzuspeichern. Am ersten Tag unserer Fahrt sahen wir drei Lagunen und weitere Geysire. Mir schwindelte von der Vielzahl der abwechslungsreichen Landschaften.

Wir kamen zur Laguna Blanca, in deren gläsernen Oberfläche sich die gegenüberliegende Bergwelt spiegelte. So klar, so friedvoll. Mein Herz begrüßte freudig die Ruhe und ich wünschte mir, dieses Gefühl für immer in mir zu tragen. Nichts könnte mich dann je wieder aus der Fassung bringen. Bei diesem Rückblick wird mir immer wieder bewusst, wie viele wundervolle Orte ich bereisen durfte, und dass es mir unmöglich ist, einen Ort dem anderen vorzuziehen. Ähnlich einem Dürstenden, der plötzlich in einem Sommerregen steht und nun entscheiden soll, welcher Wassertropfen der Kostbarste ist.
Die Laguna Verde lag vor uns wie ein in Dornröschenschlaf gefallenes Schloss. Das Fleckchen, das so einsam, still und würdevoll dalag, löste in mir das Gefühl wohliger Entspannung aus, wie sie sich sonst nach einem langen Wellness-Tag im Körper ausbreitet. Von der Lagune aus durchquerten wir einen Landstrich mit weiteren Geysiren. Diese waren jedoch gänzlich unterschiedlich zu denen von Tatio. Anstelle von Fontänen, die sich explosionsartig in der Höhe entluden, war der grau-rote Boden durchzogen von Kratern. In ihrem Inneren blubberte und rumorte grauer Lehm. Der Geruch von Schwefel hing uns in der Nase, denn die Erde gab viele große und kleinere Schwefelsäulen frei. Der Wind trug sie gemächlich über die Landschaft wie Rauch bei einem feuchten Lagerfeuer. Es war der absolute Wahnsinn! Unser ganzes Umfeld schien einer Mondlandschaft zu ähneln.

Bald darauf leuchtete uns die Laguna Colorada entgegen ...

Staunend blickten wir auf die zinnoberroten Wellen. Dieser Effekt wird durch das kupferhaltige, mineralstoffreiche Wasser hervorgerufen. Für mich zählte nur das Farbenspiel und der glückliche Umstand, dass sich zwei Lamas in majestätischer Gelassenheit bewundern ließen. Kurz vor Sonnenuntergang erreichten wir dann unsere Unterkunft. Eine Lehmhütte zwischen zwei Geschwisterbauten. Ähnlich wie der Grenzübergang tauchten die drei Hütten plötzlich am Horizont auf. Wirkten unwirklich in diesem weiten Gebiet des Nationalparks „Los Flamencos". Die Einfachheit der Unterbringung störte mich nicht. Zweckmäßige Schlafräume, ein breiter Flur, der zugleich als Essraum diente, bestückt mit wackligen Plastikstühlen. Die Herausforderungen bestanden für mich in der unwirtlichen Atmosphäre und im Umgang mit den klimatischen Bedingungen.
Die Gastgeber waren wortkarg. Die Einrichtung zeigte, wie hart das Überleben in diesem Landstrich war. In dem Schlafraum, den ich mir mit Stephen und Fernando teilte, fanden wir Betten vor, die aus Betonsockeln gegossen waren. Auf ihnen lagen je eine dünne Matratze und zwei kratzige und klamme Wolldecken. Klamm, da wegen der Kälte in der Nacht die Dinge keine Zeit hatten, zu trocknen. Meine elektronischen Geräte verstaute ich deshalb vorsichtshalber in meinen wasserdichten Beuteln. Aufgrund des feuchten Geruchs des Gemäuers und der Tatsache, dass es auch keine Dusche gab, sank meine Begeisterung für die Expedition rapide. Die Toiletten und zwei niedrige Waschbecken in einem Durchgang, die schon bessere Zeiten erlebt hatten, waren die einzigen Zeichen der Moderne. "Scheiße, ist das Wasser kalt!", schrie Stephen auf, als er den Wasserhahn aufdrehte, um seine Hände zu waschen. Wir alle waren müde und ein wenig abgekämpft. Leider rochen wir nach dem anstrengenden Tag auch schon lange nicht mehr gut.
Als die Männer, Leticia und ich aber nun den Ausbruch von Stephen verfolgten, entschieden sich alle bis auf mich dazu, die Hygienemaßnahmen auf das Zähneputzen zu beschränken. Ich setzte da andere Prioritäten und zog Stephen ein wenig später am Jackenärmel beiseite. „Ich brauche deine Unterstützung! Hier, bitte halt meine Jacke als Sichtschutz bis ich mich gewaschen habe!" Danach fühlte ich mich sauberer und sehr viel wohler. Ich hatte mir sogar den Ansatz meiner Haare gewaschen. So kam ich in den Genuss, dass der Geruch meiner Seife meine Seele streichelte und ich eingehüllt war in einen sanften Duft von Rosmarin und Lavendel. Gut gelaunt traf ich die anderen kurz darauf zum Abendbrot. Das Essen in der Unterkunft war einfach, aber gut. Die Küche ein himmelweiter Unterschied zu dem deutschen Standard …

In der ersten Nacht fror ich jämmerlich, obwohl ich meine Thermowäsche und so ziemlich meinen ganzen Rucksackinhalt am Leibe trug. Selbst meine Mütze hatte ich übergezogen. Zwischen dem Zittern nickte ich erschöpft ein. Ich fühlte mich wie gerädert, als am frühen Morgen um fünf Uhr zum Aufbruch gerufen wurde. Die Fenster waren beschlagen und beim Frühstück tropfte es durchs Wellblechdach. Wir scherzten, dass es nun ja nur noch besser werden könne, und mit einem Lachen auf den Lippen und einer Tasse Instantkaffee fühlten wir uns gestärkt und starteten guter Dinge in den Tag.

◇◇◇◇

Einige Stunden später konnten wir tatsächlich entspannen und unsere Körper wieder ein wenig aufpäppeln, als wir ein Bad in einer heißen Quelle nahmen. Als ich mich später im Auto umsah, musste ich grinsen – über den Schalthebel war eine Klopapierrolle gestülpt, unter meinen Füßen hatte ich meine grüne Daunenjacke verstaut, und vor mir auf der Ablage meinen Bikini zum Trocken ausgebreitet. Hier war eben vieles möglich und nötig.

Der nächste Abschnitt unserer Reise brachte uns zu bemerkenswerten Felsformationen. Eine von ihnen hatte die Form eines Baumes und wurde deshalb schlicht „Arbal de Piedra“ getauft. Mit einer Leichtigkeit trug der dünne „Stumpf“ seine steinerne Baumkrone. So, wie eine Prima Ballerina, die vor Freude an ihrem Tanz beide Arme über ihren Kopf zur Seite neigt, um Schwung für die nächste Pirouette zu holen. Faszinierend.

Am meisten begeisterte mich jedoch die Tatsache, dass wir mit dem Jeep während unserer Fahrten tatsächlich nur zwei anderen Jeeps begegneten. Häufig bat ich Mattis anzuhalten, nutzte die Möglichkeit, um auszusteigen und mich im Kreis zu drehen, die Weite und Einsamkeit der Umgebung in mich aufzunehmen. Ich fühlte mich wie elektrisiert. Druck existierte hier nicht. Auch bei unserem dritten außerplanmäßigen Halt warteten die anderen geduldig im Jeep, während ich vor Verzückung um den Wagen lief, um in alle Richtungen zu blicken. Der Wasservorrat war großzügig bemessen, so dass wir gut versorgt waren. Bei unseren Stopps füllten wir unsere leeren Flaschen stets auf. Da es aber auf dem Dach transportiert wurde, war es warm. Im Nachhinein muss ich gestehen, dass der Exkurs – trotz der atemberaubenden Plätze, die ich sehen durfte – doch etwas von einer „Survival-Tour“ hatte.

Ein Highlight war unsere letzte Übernachtung in einem Salzhotel, bevor wir am nächsten Tag in die Uyuni starten würden. Die Wände und inneren Säulen des Hauses bestanden aus Salz. Der Boden knirschte unter unseren Füßen, denn er war bedeckt von einer mindestens zehn Zentimeter hohen Schicht aus grobem Salz. Mattis hatte einen enormen Wissensschatz, den er gern mit uns teilte, auch, wenn es mit der Verständigung manchmal schwierig war. So erfuhren wir, dass das Salz der Uyuni nur in relativ geringen Mengen abgebaut wird, da es noch jodiert werden muss. Familien in dem nahegelegenen Ort Colchani verkauften verschiedene Souvenirs aus Salz. Darunter fanden sich auch Fünfzig-Gramm-Säckchen mit jodiertem Salz, die sie für ungefähr fünfzehn Cent anboten. Das klang so unglaublich. Kein Wunder, dass es in diesem Land zu Überfällen auf Touristen kommt. Wir müssen ihnen ja vorkommen, als besäßen wir alles im Überfluss. Und wenn wir ehrlich zu uns sind, sind wir auch vom Leben verwöhnt.
Ein wahrer Schatz schlummert allerdings unter der Oberfläche des Sees: Ein Lithium-Vorkommen, das auf ungefähr neun Millionen Tonnen geschätzt wird. Lithium wird zum Beispiel für die Produktion von Batterien und Akkus benötigt. Auch für den Bau von Elektroautos ist dieser Rohstoff bedeutsam. Wann es Bolivien gelingen wird, das Lithium abzubauen, steht jedoch noch in den Sternen. Ob es sich dann als wirklicher Gewinn für das Land erweisen wird, ebenfalls.
Eine Stunde Fahrt dauerte es, bis wir ehrfürchtig vor der Schranke und somit am Tor zur größten Salzpfanne der Erde standen. Eine unglaubliche Wirklichkeit aus einer schier endlosen weißen Fläche, die sich vor uns erstreckte. Wir befanden uns nun auf einem ehemaligen See, der vor circa 10.000 Jahren ausgetrocknet war und eine Salzkruste bis zu dreißig Metern Tiefe hatte. Die Gewissheit, dass der See uns tragen würde, war also gegeben, als Mattis den Jeep einfach von der Straße auf die körnige Oberfläche lenkte. Wegen der phänomenalen Effekte, die die Spiegelung der Sonne auf der Salzfläche erzeugte, konnten wir bei Fotoaufnahmen unsere eigene Fantasiewelt kreieren. Mithilfe eines kleinen Spielzeug-Dinosauriers sah es auf einem Foto so aus, als ob wir von einem riesengroßen prähistorischen Monster gejagt werden. Als ich das Ergebnis auf meinem Handy begutachtete, musste ich feststellen, dass wir als Schauspieler wirklich Talent hatten.

Flavio und Leticia entschlossen sich – als frisch verheiratetes Pärchen – die optische Täuschung zu nutzen, um sich als Paar in ihren ineinander verschlungenen Eheringen zu verewigen.
Am späten Nachmittag hielten wir noch an einem Eisenbahnfriedhof an. Auf einem verrosteten schwarzen Wagon stand in großen weißen Lettern geschrieben: „Everything is possible". Ich bat Leticia, ein Bild von mir im Waggon zu machen, wie ich aus dem Fenster blickte. Denn genau das wollte ich mir einprägen. Egal wie die Umstände auch waren, es würde immer irgendwie weiter gehen. Welch schöner Gedanke hier, weit ab von meiner „alten Realität".

◇◇◇◇

Unser Trip endete schließlich mit einem Mittagessen in einem sehr einfachen Hotel in Potosí. Ein sicherer Hafen, wie es uns schien, denn auf dem Weg dorthin hatte sich uns kaum eine Gestalt auf den staubigen Straßen gezeigt. Rechts und links reihten sich verlassene Häuser und Bauruinen aneinander. Überall lag Abfall herum und eine gelbe Plastiktüte flog vor die Reifen des Jeeps, als wir vor dem Hotel anhielten.

Wir waren uns einig: die Stadt Uyuni weckte in uns kein Vertrauen. Trotzdem beschlossen Stephen und ich dort zu übernachten, da eine Weiterfahrt nach Sucre erst am nächsten Morgen möglich war. Wir verabschiedeten uns also von den anderen und standen ein paar Minuten später einer ernsten Vermieterin gegenüber, die uns mit durchdringendem Blick musterte. Wahrscheinlich überlegte sie, wie viel sie uns für die Übernachtung berechnen konnte. Diese Atmosphäre sorgte bei uns für mulmige Gefühle und so kam es, dass Stephen mich ansah und fragte: „Sag mal, wollen wir uns nicht ein Zimmer teilen?“ Ich hatte gerade Luft geholt, um ihm die gleiche Frage zu stellen. Lachend einigten wir uns mit der Senôra und bezogen ein Doppelzimmer mit zwei Einzelbetten. Anstelle einer Türklinke gab es ein Vorhängeschloss, wie bei einem Geräteschuppen. Das quittierte ich mit einem Schmunzeln. Schließlich waren wir nun zu zweit und da meldete sich meine Abenteuerlust wieder.
Vor unserem Zimmerfenster in Zentrumsnähe standen weder grüne Bäume, noch erfreute den Betrachter die Schönheit eines gepflegten Innenhofs. Stattdessen standen dort drei große Mülltonnen und mehrere große Straßenhunde fletschten ihre Zähne und lieferten sich einen erbitterten Kampf um die kargen Reste in diesen Tonnen. Ich ließ mich erst einmal auf das Bett fallen und schloss für ein paar Minuten die Augen. Stephen hingegen widmete sich mit Hingabe und bewaffnet mit seinen Sagrotan-Tüchern der Reinigung des Badezimmers. Ich musste grinsen und neckte ihn: “Mit dir teile ich mir gerne wieder ein Zimmer.“ Er konnte sich weniger mit den Gegebenheiten arrangieren, sondern stöhnte über die Bedingungen während der Reise: „Hör mir auf! Hast du dir das Bad angesehen? Also das geht gar nicht! Jetzt hab ich aber genug.“ Der Kommentar reichte und ich brach in lautes Gelächter aus. Er blickte auf mich hinab, wie ich mich auf dem Bett vor Lachen kringelte, und fiel mit ein. Anschließend witzelten wir über die Desinfektionstücher und das feuchte Toilettenpapier, dass wir extra für die „richtig schlimmen Situationen“ aufgespart hatten. Wenn die Toiletten in Bolivien, die oft nur aus einem Loch im Boden oder einem Klosett ohne Spülung bestehen, so dass man sieht und riecht, wer vorher seine Notdurft verrichtet hat, nicht zu „schlimmen Situationen“ zählen, weiß ich es auch nicht. Stephen erging es ebenso. Immer noch lachend durchforstete ich meinen Rucksack nach einer weiteren Notreserve – so viel Tapferkeit verdiente Schokolade!

◇◇◇◇

Die Busfahrkarte nach Sucre erstanden wir für sechzig Bolivianos, das waren etwas mehr als sieben Euro. Für eine Fahrt von ungefähr neun Stunden ein geringer Preis für Europäer. Stephen begleitete mich treu, während ich in den verschiedenen Agenturen das jeweilige Preis-Leistungs-Verhältnis verglich und schließlich eine Entscheidung traf. Im Nachhinein hätte ich mir gewünscht, mich auch einmal entspannt im Hintergrund halten zu können, während ein anderer alles regelte. Aber nein, ganz der lieben alten Gewohnheit folgend, organisierte ich.

Kurz nachdem wir losgefahren waren, stiegen an einer Weggabelung noch ein paar Einheimische mit wettergegerbten Gesichtern zu. Darunter eine Familie mit Kindern, deren Alter nur schwer zu schätzen war. Die drei kleinen Mädchen trugen Hauben und erinnerten mich ein bisschen an die Fernsehserie „Unsere kleine Farm“. Die Mutter hatte in einem bunten Tragetuch, das sie auf dem Rücken trug, noch ein winziges Baby. Es war vor Blicken sicher verborgen und schlummerte friedlich. Nur durch die Aufmerksamkeit der Mutter kam ich auf den Gedanken, dass dort so ein kleines Geschöpf lag.
Die farbenfrohen Tücher werden übrigens „Aguayu“ genannt und ersetzen Maxi-Cosi, Koffer, Rucksack oder Einkaufstasche. Ziemlich praktisch. Nach zwölf langen Stunden erreichten wir endlich Sucre. Vor Erleichterung wäre ich fast in Tränen ausgebrochen.

◇◇◇◇

Das Stadtbild wirkte ernüchternd auf mich. Der Putz blätterte von den meisten Häusern herunter. Stromleitungen waren verwegen von Haus zu Haus und über die Straßen gespannt. Müll lag auf den Gehsteigen und ich konnte nur Einheimische entdecken. Es regnete und wurde mittlerweile schon dunkel. In mir regten sich die ersten Zweifel, ob meine Idee so gut gewesen war. Auch hatte ich Sorge, dass Elena, von der ich das Zimmer bei Airbnb gebucht hatte, wegen der Verspätung nicht mehr auf mich wartete. Da ich noch kein Wifi hatte, konnte ich ihr auch nicht über WhatsApp schreiben. Ich hoffte einfach das Beste. Beim Einsammeln unserer Rucksäcke am Busbahnhof traf Stephen auf Yuna, eine junge Frau, die er aus San Pedro kannte. So kam es, dass wir drei uns keine zehn Minuten später ein Taxi teilten, da unsere Ziele auf derselben Strecke lagen. Stephen entschied sich, mit in das Hostel von Yuna zu gehen und so trennten sich unsere Wege.

An meiner Adresse angekommen, wartete Elena tatsächlich noch auf mich und zeigte mir die angemietete Wohnung. Ich war unglaublich erleichtert. Durch ein hohes, schmales Eisentor folgte ich ihr durch den Innenhof über eine Treppe in den ersten Stock. Das machte schon einmal einen großartigen Eindruck, denn der Hof war gepflegt, es gab einen kleinen schmiedeeisernen Brunnen und Blumen rankten sich um das Geländer. Oben angekommen öffnete Elena eine Tür und gab den Blick frei auf einen großen, langgezogenen Raum mit einer breiten Fensterfront, die zu einem weiteren Innenhof zeigte. Das Fischgrätparkett, ein Bett im Jugendstil und ein Buffet mit Glastüren zeugten von vergangenem Reichtum. Es hätte ein wenig sauberer sein können, aber nichts, was ich nicht mit ein wenig Scheuermilch und einem Schwamm würde regeln können. Das Bad war geräumig und ganz in dezentem Beige und Lindgrün gehalten. Leider konnte ich keine Küche sehen. Also sah ich Elena fragend an und sagte: „Ich kann die Küche gar nicht entdecken." „Oh, ich zeig sie dir!" Mit diesen Worten drehte sie sich auf dem Absatz um und führte mich über den Innenhof zu einem Anbau. Dort befand sich eine winzige Küche, die wohl von mehreren Personen genutzt wurde. Ich war enttäuscht, hatte ich doch eine abgeschlossene Wohnung gebucht und teilte ihr mit: „Aber Elena, ich hatte doch eine Wohnung mit Küche gebucht!" Sie sah mich nur verständnislos an und erwiderte: „Ja, mit Küche!" Mit ihrer rechten Hand zeigte sie auf die Küche.
Nun, das sind wohl klassische Verständigungsprobleme. All meine Argumente halfen nichts, und zu meinem Erstaunen verstand mich Elena auf einmal kaum noch auf Spanisch. Es wurde wirklich Zeit, fließenderes Spanisch sprechen zu können, um auch für solche Situationen gewappnet zu sein. Ich überlegte kurz, ob ich wirklich für zwei Wochen bleiben wollte. Der Mietpreis war trotz allem für mich in Ordnung und so entschied ich mich dafür. Endlich – so hoffte ich – konnte ich ein wenig zur Ruhe kommen und meine Gedanken weiter sortieren. Allein in meinen vier Wänden räumte ich mit Genuss den Rucksack aus und die Sachen in ein leeres Regal hinein. Wie schön, seine Besitztümer so übersichtlich bewundern zu können. Dies mit Bewusstheit zu erleben, war eine angenehme neue Erfahrung. Ich nahm mir vor, mich nach meiner Reise von vielem Überflüssigen zu trennen.

◇◇◇◇

In der Nähe meiner Unterkunft frühstückte ich am nächsten Morgen in einem kleinen Café. Gegenüber davon entdeckte ich ein Elektrogeschäft und kaufte eine SIM-Karte für mein Handy. Endlich wieder Zugriff aufs Internet, freute ich mich und grinste mein Handy an.

Noch im Geschäft googelte ich den Weg zu Fabia, denn in einer Viertelstunde sollte mein erster offizieller Spanischunterricht beginnen. Voller Elan marschierte ich in die angegebene Richtung. Auf keinen Fall wollte ich zu spät kommen. Kurze Zeit später hatte ich mich allerdings im Gewirr der Straßen verloren. Mein Handy wollte ich aus Sicherheitsgründen nicht als Navigation benutzen. Es war sehr groß und hätte mir deshalb leicht aus der Hand gestohlen werden können, da viel Fläche beim Halten unbedeckt blieb. Also ging ich in einen Souvenirladen und schrieb Fabia von dort aus, mir doch bitte den Weg zu beschreiben. Ihre spontane Rückmeldung war zauberhaft: „Oh, mach dir keine Sorgen, ich komme einfach und hole dich ab!"
Innerhalb von sechs Minuten stand sie vor mir. Sie war zierlich und strahlte, als sie mich erblickte. Ihr schwarzes Haar fiel ihr bis auf die Schultern und eine kleine ovale, braune Brille zierte ihr Gesicht. Sie wirkte sehr jung, unterrichtete aber schon, wie ich wusste, viele Jahre.
Wir waren uns gleich sympathisch, und so zeigte sie mir spontan ein wenig von ihrer Stadt. Zuerst kamen wir an einen wunderschön gestalteten Platz, dem „Plaza de Mayo", der weiter in die Altstadt führte. Unweit davon lagen die Markthallen, der Supermarkt und ein Geldautomat, bei dem stets zwei Polizisten Wache hielten. Überraschend und beruhigend zu wissen, dass für Sicherheit gesorgt wurde. Wieder einmal wurde mir bewusst, wie aufgeschmissen ich gewesen wäre, wenn solch eine „Kleinigkeit" wie meine Kreditkarte nicht mehr funktionierte, oder ich tatsächlich bestohlen würde. „In Peru, besonders in Cusco, ist das auch so. Wenn du dorthin fährst, dann pass gut auf deine Wertsachen auf!", warnte mich Fabia. Ich nickte und speicherte die Information für später ab. Nun war ich bereit, mich ganz und gar auf den Unterricht zu konzentrieren. Wir unterhielten uns auf Englisch und Spanisch. Fabia war extrem gut strukturiert und hatte den Bogen raus, mir auf einfache und klare Art den Stoff zu vermitteln. So etwas ist rar und ich war darüber überglücklich und gleichzeitig hoch motiviert. Deshalb büffelte ich täglich zusätzlich zum anderthalbstündigen Unterricht noch fast vier Stunden Vokabeln. Ich merkte kaum, wie schnell die Zeit verflog. Für ein schnelleres Nachschlagen der Vokabeln lud ich mir ein Langenscheidt Wörterbuch auf mein Handy, das ich auch „offline" benutzen konnte, also auch ohne Internet. Wie zeitsparend die moderne Technik doch ist, hatte ich schnell zu schätzen gelernt.
Mein Können erprobte ich täglich in den Markthallen, wo niemand Deutsch oder Englisch sprach. Da ich eine Vorliebe für Obst, besonders für Mangos habe, gefiel mir die große Auswahl, aus der ich dort schöpfen durfte. Aus Neugier nahm ich noch eine einheimische Frucht mit, eine „Chirimoya". Diese wächst nur in einer Höhe von 1500-1900 Metern über dem Meeresspiegel. Die grüne Frucht ähnelt von der Form einer Himbeere, von der Größe jedoch eher einer Orange. Sie schmeckte, wie ich fand, wie eine Mischung aus einer Litchi

und einer Birne. „Mui rico!“ – „Sehr lecker!“ Das ausgewählte Obst wurde in einer Plastiktüte an eine Waage gehängt, die die Marktfrau in den Händen hielt. Anhand des Gewichts legte sie dann den Preis fest. So hatte ich noch nie mein Obst erstanden. Ähnlich wie der Markt auf der Insel Chiloé gab es auch hier unterschiedliche Bereiche.
An die Obstabteilung schloss sich die Fleischabteilung an. Auf einer schmalen gefliesten Ablage lag wild durcheinander undefinierbares Fleisch in unterschiedlichen Größen und Formen. Ein Holzbrett und ein großes Fleischermesser lugten unter einem „Stapel“ hervor. Hygiene war hier ein Fremdwort. Man konnte das Angebot nicht nur sehen, sondern auch riechen. Als die Frau hinter dem Tresen sah, wie ich zu ihr hinüberblickte, winkte sie mir zu und begann, auf Spanisch auf mich einzureden. Ich lächelte und ging näher, der Geruch jedoch ließ mich einen gewissen Abstand halten.
Ich begrüßte sie freundlich und begann kurz zu berichten: „Buenos dias, Senora. Ich komme aus Deutschland, und dort wird das Fleisch ganz anders angeboten.“ Sie nickte bekräftigend und erklärte stolz: „Ja, das weiß ich! In Deutschland ist alles in Plastik abgepackt. Hier darf man aber die Ware anfassen, bevor man sie kauft!“ Ihren Worten ließ sie Taten folgen und hob mit ihren schmutzigen Fingern ein dickes Stück Fleisch in die Höhe. Dort klatschte sie es zwischen ihren Händen hin und her und hielt es mir schließlich zur Begutachtung entgegen. Ich respektierte ihre Einstellung, nickte und stimmte zu, dass so etwas in Deutschland nicht möglich sei. Für mehr fehlten mir die rechten Worte. Dann bedankte ich mich für die Demonstration und verabschiedete mich. Vor den Markthallen musste ich erst einmal tief durchatmen, und war dankbar für die frische Luft, die meine Lungen wieder füllte.

◇◇◇◇

So schön wie San Pedro war Sucre nicht, aber ich lebte mich schnell ein. Die Armut in den Straßen war allgegenwärtig, doch mein Lebensgefühl wurde nicht durch das Stadtbild, sondern durch die Menschen, auf die ich traf, bestimmt. Bisher waren mir auf meiner Reise alle mit einer unglaublichen Freundlichkeit begegnet. Auch waren die Menschen geduldig, bis ich die richtigen Worte auf Spanisch fand. Egal ob bei Zufallsbegegnungen, auf dem Markt, in Geschäften oder bei der Begegnung mit Obdachlosen auf der Straße.
Als ich mir zum Beispiel an einem Nachmittag auf dem „Plaza de Mayo“ mein Mittagessen schmecken lassen wollte, setzte sich eine Obdachlose zu mir auf die Parkbank und bat mich um etwas Geld.
Die gegensätzlichsten Gefühle und Gedanken sprudelten in mir durcheinander:

Unsicherheit, Offenheit einer fremden Person gegenüber, Angst vor Bedrängnis und Beschimpfung, wenn ich ihr nicht genug Pesos geben würde – und ich erinnerte mich an die Großzügigkeit meiner Mutter. Eine wundervolle Eigenschaft von ihr, die ich stets bewundert habe. Das Leben konnte sich so schnell verändern. Das hatte ich selbst erlebt und langsam bekam ich ein Gespür dafür, dass es viel mehr gab, als schwarz und weiß. Da ich leider nur noch ein paar Pesos dabeihatte, bot ich ihr an, meinen Lunch mit ihr zu teilen. Sie nahm zu meiner Überraschung an und wir unterhielten uns dabei. Als ich sie fragte, ob sie aus Sucre käme, erzählte sie mir, dass sie von einer Farm außerhalb der Stadt stamme und diese nicht genug für „alle" abwerfen würde. Ich vermutete, dass sie dort mit Verwandten gewohnt hatte, denn sie erzählte weiter, dass ihr Mann und ihr Sohn bei einem Unfall zu Tode gekommen waren. Deshalb hätte sie sich entschlossen, ihre wenigen Habseligkeiten zu nehmen und in die Stadt zu ziehen. Arbeit war schwer zu finden, aber irgendwie würde es schon gehen, meinte sie. Ihre Lebenseinstellung, die mir auch durch die ruhige und einfache Art, in der sie über ihre Situation sprach, deutlich wurde, beeindruckte mich. Es machte mir auch noch einmal klar, dass andere ebenfalls mit ihrem Leben haderten. Meine Schicksalsschläge empfand ich plötzlich als überwindbar. Ich litt nicht unter einer finanziellen Not, und hoffte, dass die Zeit – als meine Verbündete – meine Wunden heilen würde. Nach unserem Lunch sagten wir uns Lebewohl und ich wünschte ihr eine sichere Zukunft, die auch mit viel Lachen gefüllt sein sollte.

◇◇◇◇

Nach meinem Spanisch-Unterricht gab mir Fabia noch einen besonderen Tipp: Vom Dach des nahegelegenen Klosters „San Philippe" gibt es einen traumhaften Rund-um-Blick über Sucre. Das wollte ich mir nicht entgehen lassen und klopfte dort kurz nach meinem Unterricht an die Tür. Ein solches Begehren war wohl bekannt, denn die Nonne, die mich begrüßte, winkte mich routiniert zu einem Podest, auf dem ein großes in Leder gebundenes Gästebuch lag. Wie im Film – sehr klassisch. Während ich mich eintrug, teilte sie mir mit, dass ein Eintrittspreis von fünfzehn Bolivianos erhoben wird. Natürlich bekam sie das Geld, aber von einem Geheimtipp kann man da wohl nicht mehr sprechen. Im Inneren des Klosters herrschte eine entspannte Atmosphäre und von dem Aussichtspunkt aus konnte ich nachvollziehen, weshalb Sucre die „weiße Stadt" genannt wird. Was mir besonders gefiel, waren die Kacheln, aus denen das Flachdach bestand. Sie schimmerten in der Sonne in unterschiedlichen matten Grün- und Blautönen. Mittlerweile habe ich diese als Hintergrundbild auf meinem Handy, denn ich kann mich nicht sattsehen an dem wunderschönen Farbenspiel.

◇◇◇◇

Ich hatte das Gefühl, dass meine Zeit wie bei einer Sanduhr dahin rinnt: Man kann beobachten, wie tausende klitzekleine Körner von einem Oval ins andere fließen, und kann nichts tun, um sie aufzuhalten. Auch wenn ich versuchte, mich bewusst auf den jetzigen Moment zu konzentrieren, musste ich weitere Reisevorbereitungen treffen. Da ich ja vorhatte, weiter nach La Paz zu reisen, buchte ich einen Flug. Ich wollte die „La carretera de la muerte" – die „Straße des Todes" mit dem Mountainbike hinunterfahren. Auf YouTube fand ich sie unter: „Death Road". Natürlich zog ich Erkundigungen ein, welche Agentur gut gewartete Fahrräder und geschultes Personal hatte. Letztendlich entschied ich mich für die Empfehlung eines deutschen Reisebüros, das seinen Standort in La Paz hatte. Buchen würde ich allerdings erst vor Ort. Besorgt überprüfte ich die Wetterlage in Peru. Leider zeigte sich diese unverändert. Es regnete immer noch. Der Machu Picchu würde also noch eine Weile länger auf meiner Wunschliste stehen, denn bei erneuten Regenfällen und Erdrutschen würden die Menschen auf die wenigen verschonten Regionen ausweichen, und so wäre der Rückweg nach Bolivien unsicher.

Als Frau allein und mit dürftigen Spanischkenntnissen wollte ich mich nicht einer solchen Gefahr aussetzten. Müde von meinen Recherchen widmete ich mich trotz allem noch den WhatsApp-Nachrichten. Anja aus Bariloche hatte mir geschrieben, dass sie zur selben Zeit wie ich in La Paz sei. So fassten wir schon einmal zwei mögliche Tage für ein Treffen ins Auge. Ich freute mich schon, sie wiederzusehen!

◇◇◇◇

Zum krönenden Abschluss meiner Zeit in Sucre ging ich am letzten Tag ins Kino. Es lief der Walt-Disney-Film „La Bella y la Bestia“ – „Die Schöne und das Biest“ mit Emma Watson in der Hauptrolle. Genau das Richtige, um meine Sprachkenntnisse zu testen. Leider verstand ich nicht ganz so viel, wie ich mir erhofft hatte, doch im Großen und Ganzen wertete ich es als Erfolg. Gut Ding will eben Weile haben.

Da der Bus zum Flughafen fast eine Stunde fuhr, fragte ich in einem Luxushotel, das neben meiner Mietwohnung lag, nach einem Shuttle-Service. Ich erhielt die freundliche Antwort, für den Fall, dass ich bereit wäre mir den Wagen mit einem weiteren Fahrgast zu teilen, würde dieser zum gewünschten Zeitpunkt zur Verfügung stehen. Hierfür würden sie einen Preis in Höhe von fünfzig Bolivianos, das waren circa fünf Euro erheben. Ich hoffte, meine Begeisterung war nicht allzu offensichtlich, als ich sofort zusagte. Am nächsten Tag ließ ich mich also mit einem wunderbar gefederten Van mit Klimaanlage von Tür zu Tür kutschieren. Was für ein Komfort. Außerdem ersparte ich mir, meinen schweren Rucksack bis zur Bushaltestelle tragen zu müssen sowie den Stress, eventuell keinen Sitzplatz zu ergattern.

◇◇◇◇

Nach meiner Landung fuhr ich mit einem Taxi nach La Paz. Die Stadt schien aus unzähligen hellbraunen Häusern zu bestehen, die in einem wilden Durcheinander ihren Platz wie zufällig gefunden hatten. Da es häufig zu Staus auf den schmalen Straßen kommt, wurden sieben Seilbahnlinien, ähnlich der S-Bahn, gebaut. Übersichtlich nach Farben sortiert, sorgen die Verbindungen für einen relativ schnellen und entspannten Transport. Glücklich darüber, mich weder durch das Wirrwarr der Straßen noch mit dem Seilbahnsystems bis zu meinem kleinen Hotel kämpfen zu müssen, lehnte ich mich gegen die Polster und beobachtete das vorüberziehende Stadtbild.

Im Herzen der Altstadt wartete ein Zimmer auf mich, dessen Fenster zur Straße zeigte. So konnte ich dem bunten Treiben zusehen, denn aufgrund der bevorstehenden Ostertage waren die Straßen gesäumt von Menschen, die ihre Ware feilboten.

Auf meinem Zimmer entdeckte ich etwas Wunderbares: Ein Künstler hatte die Wandfläche gegenüber dem Bett genutzt, um die Umgebung der Stadt in bunten Farben aufleben zu lassen. Ich war begeistert von dieser schönen Idee. Dadurch wurde meine Neugierde auf die nahegelegen Yungas geschürt. So wird die Region benannt, die das Hochland der Anden mit dem tropischen Tiefland des Amazonas-Regenwaldes verbindet. Ein wenig Geduld musste ich jedoch noch aufbringen.
Auf der anderen Seite des Zimmers befand sich eine Garderobe mit Kleiderbügeln. Fast ehrfürchtig hängte ich meine Jacke dort an den Haken und nicht wie bisher an einen Pfosten des Hochbettes. Da ich auch einen Fernseher hatte, leistete ich mir den Luxus und sah vom Bett aus fern – eine spanische Romanze. Die Darsteller waren in ihrem sprachlichen und körperlichen Ausdruck äußerst leidenschaftlich. Das liebte ich an der Sprache. Sie ist so direkt und voller Intensität. Danach fiel ich in einen wunderbaren und erholsamen Schlaf.

◇◇◇◇

Beim Frühstück traf ich auf die einundzwanzigjährige Elisabeth aus New York. Ihre Freundin lag mit einer Magen-Darm-Erkrankung im Bett und sie wirkte auf mich ein wenig verloren. So lud ich sie spontan ein, mich auf meinem geplanten Ausflug zum Markt in El Alto zu begleiten. Rückblickend war ich während des Ausflugs häufig damit beschäftigt, Elisabeth zu unterhalten, was mich Kraft kostete. Diese Feststellung zeigte mir, dass ich immer allzu eifrig die Verantwortung für missliche Situationen anderer übernahm und bemüht war, diese zu verbessern. In Zukunft wollte ich deshalb sensibler mit solchen Angelegenheiten umgehen. Für den Augenblick war es gut so, wie es war. Immer ein Schritt nach dem anderen. Im Reiseführer hatte ich gelesen, dass El Alto eine selbstständige Stadt sei und man mit der roten Linie der Seilbahn „Teleferica" in zehn bis fünfzehn Minuten dorthin käme. Der Markt sei einen Besuch wert. Die Fahrt mit einer kleinen roten Gondel endete auf einer Höhe von 4150 Meter. Aufgrund meiner Reise durch die Uyuni war ich bereits an die Höhe gewöhnt und konnte mich so auf meine Umgebung konzentrieren. Es war ein kühler Tag und dunkle Wolken zogen über den Himmel. Es war nur eine Frage der Zeit, bis es beginnen würde zu regnen. Der angepriesene Markt wirkte ernüchternd auf mich. Hinter einfachen Backsteinbauten erstreckten sich zwei schier endlos erscheinende Reihen mit Waren aller Art. Diese wurden teils auf Tischen und teils auf blauen Plastikplanen auf dem Boden feilgeboten. Von Kleidung über Spielzeug, Essen und Autoreifen gab es eine enorme Auswahl. Das überwiegend einheimische Publikum drängte sich durch die schmalen Gänge. Ich gewann den Eindruck, dass die Menschen hier einfach überrollt worden waren von modernem Fortschritt und neuen Technologien. Sie versuchten, sich damit zurecht zu finden. So ähnlich wie die Indianer mit der Eisenbahn, dem Feuerwasser und den Gewehren. Die Gesichter, in die ich blickte, vermittelten mir das Bild eines entbehrungsreichen Lebens. Die Haut schon in jungen Jahren faltig, die Zähne oft schief und gelblich, die Kleidung abgetragen. Die Armut, die ich hier sah, führte mir noch stärker vor Augen, wie groß der Wohlstand war, in dem ich lebte. Elisabeth erging es ähnlich und so verweilten wir nur kurz in El Alto.

◇◇◇◇

Unsere Wege trennten sich gegen Mittag wieder, denn sie wollte sich um ihre Freundin kümmern und ich die Altstadt erkunden. Schließlich war mein Hotel so zentral gelegen, dass ich diese in Fußnähe erreichen konnte. Das kleine

touristische Viertel um die Sagarnaga Straße herum zeigte sich in all seiner bunten Vielfalt. Die kleinen Gassen mit ihrem Kopfsteinpflaster waren gesäumt von Läden, die ihre Ware bereits an den Eingangstüren und Fensterläden zur Schau stellten. Überall leuchteten mir Taschen und Kleider in bunten Farben entgegen, und Straßenverkäufer boten ihre selbst hergestellten Souvenirs an. Ich genoss es, die Waren zu bewundern, und so lernte ich Francesca kennen. Mit ihren langen Dreadlocks und den leuchtenden grünen Augen wirkte sie selbst, als sei sie im Urlaub. Sie verdiente sich ihren Lebensunterhalt mit dem Verkauf von Armbändern und Halskettchen. Sie flocht wundervolle Muster in bunte Lederbänder. Mir gefiel ein Armband in Türkis und Gelb besonders gut.
Ursprünglich stammte Francesca aus Valparaiso in Chile. Da ich den Ort ja vor kurzem besucht hatte, waren wir schnell in ein Gespräch vertieft. Sie verriet mir auch, dass das Leben einfach zu kurz sei, um es allein zu vergeuden, und so sei sie ihrer großen Liebe nach La Paz gefolgt. Der Verkauf des Schmucks und ein kleiner Nebenjob, den ihr Partner ausübte, würde ihnen reichen, um ein bescheidenes und zufriedenes Leben mit viel Zeit füreinander zu führen. Es erstaunte mich, dass das Wort „Zufriedenheit“ so unterschiedlich ausgelegt und gelebt wurde. Jeder setzt seine Prioritäten eben anders. Mir stellte sich die Frage, wie ich meine Prioritäten von nun an setzen wollte. Könnte und wollte ich mich zum Beispiel mit einer kleineren Wohnung arrangieren, um Kosten zu minimieren und mehr reisen zu können? Doch bevor ich eine solch gewichtige Entscheidung treffen würde, wollte ich das tun, weshalb ich gekommen war.

◇◇◇◇

Die Firma „Madness“, die ich für die Tour auf der „Carretera de la muerte“ buchen wollte, befand sich ganz in der Nähe. Ich musste grinsen, als ich an den passenden Namen für mein Vorhaben dachte, und vereinbarte gleich für den nächsten Tag meine Teilnahme. Die Guides sprachen Spanisch und ein wenig Englisch, also sollte sich die Kommunikation einfach gestalten. Um kurz vor sieben war ich am nächsten Morgen pünktlich an unserem Treffpunkt. Voller Begeisterung für das, was der Tag bringen würde. Die erste Hürde war schnell überwunden: Das EC-Gerät im Geschäft war defekt, also wurde ich gebeten, am nächsten Tag zu bezahlen. Ich war erstaunt und ziemlich erleichtert über ihre entspannte Art und Weise mit der Situation umzugehen. Sie hätten mir ja auch die Teilnahme verweigern können … Ihr vertrauensvolles Verhalten mir gegenüber war im Nachhinein gesehen doch ungewöhnlich. Glück für mich. Ich wurde in den Innenhof geführt, wo schon eine Truppe von sechs jungen Männern, alle um die Zwanzig, wartete.

Zu meiner Überraschung und – ich muss gestehen – zu meiner Enttäuschung waren sie aus Deutschland. Da war ich nun ans andere Ende der Welt gereist und traf hier auf meine Landsleute. Da ich es nicht ändern konnte, entschloss ich mich, das Beste daraus zu machen. Es stellte sich schnell heraus, dass sie eher ein ruhiges und zurückhaltendes Naturell besaßen. Derartige Charaktere hätte ich nie als Teilnehmer an einer solchen Unternehmung erwartet. So viel also zum guten alten Schubladendenken.
Als wir alle unsere Helme, Schutzjacken, Hosen und Handschuhe bekommen hatten, ging es los. Wir fuhren mit einem Van fast eine Stunde in Richtung Nordwesten durch La Paz hindurch und dann hinein in die Yungas. Bereits das war eine kleine Mutprobe bei der kurvenreichen Strecke, in Kombination mit dem Fahrstil des Guides. Die Mountainbikes waren einsatzbereit in einem Anhänger verstaut. Die Spannung stieg, als wir auf dem „La Cumbre Pass", in 4670 Metern Höhe, auf einem Parkplatz hielten. Unser Ausgangspunkt, um zum Anfang der „Carretera de la muerte" zu gelangen. Der Sauerstoffgehalt war niedriger als gewohnt. Ich spürte und roch die Luftveränderung. So früh am Morgen war es kalt, und wir zogen unsere Jacken eng um uns. Der Nebel war so dicht, dass unser Blick knapp vier Schritte weit reichte. Trotzdem wurden die Räder verteilt und die letzten Einstellungen vorgenommen.
Nach fast zwanzig Minuten lichtete sich dann der Nebel und wir konnten starten. Aufgrund der Gefahren, die das Unterfangen mit sich brachte, war es üblich, dass der Van uns auf der schmalen und kurvenreichen Strecke folgen würde. Zuerst fuhren wir in Serpentinen über eine asphaltierte Straße. Bis auf den Abgrund an der Seite und dem Fehlen einer Leitplanke ähnelte die Straße dem Weg zu einem Bergsee in meiner Heimat. Also schlug mein Puls bis jetzt noch normal. Das änderte sich allerdings schnell, als wir kurz vor einer Mautstelle, darauf hingewiesen wurden, dass nun die kommende Strecke, rechts der Straße, ein Vorgeschmack auf die „Death Road" sein würde. Es gab keinen Asphalt, sondern nur noch Schotter und Schlaglöcher. Panik überfiel mich. Das Wort „bodenlos" kam mir in den Sinn, als ich mit dem Mountainbike zu schlittern begann, da durch die Unebenheit des Bodens nur noch ein Reifen Bodenhaftung hatte, und ich in den Abgrund blickte. Die Steine waren groß, der Weg sehr schmal. Dort abzustürzen, hätte den Tod bedeutet. Das war mir klar. Die „Jungs" waren alle schon aus meinem Sichtfeld verschwunden. Da ich kaum Erfahrung hatte, im Gelände Fahrrad zu fahren, war ich tatsächlich überrascht, wie schwierig es sich gestaltete, nicht ins Rutschen zu kommen. Ich folgte hoch konzentriert dem Guide und fuhr mit fließender Geschwindigkeit um die nächste Kurve. Es gelang, und nun erblickte ich die anderen, die bereits am Treffpunkt auf mich warteten.
Etwas zittrig stieg ich ab und beobachtete irritiert, wie die Jungs in den Van einstiegen. Sie erklärten mir, dass wir zehn Minuten bis zum Beginn der „Death

Road“ fahren würden, da auf diesem restlichen, kurzen Stück erstaunlicherweise das Fahrradfahren untersagt war. Endlich angelangt, blickte ich auf ein Meer aus leuchtendem schillernden Grün: die Yungas.

64 Kilometer bis nach Yolosa, wo die Fahrt endete. Das bedeutete eine stetige Bergabfahrt. Der totale Kick für Adrenalinjunkies – so steht es zumindest im Reiseführer. Ich ließ meinen Blick schweifen …

… hinüber auf die sich windende Schotterpiste. Ich sah, dass sie sich eng an eine Felswand schmiegte, wie eine Schlange, die Schutz sucht, auf der anderen Seite steil abfallend war, bis ins noch nebelverhangene Tal. Wir nutzten diesen Stopp, um zu frühstücken, und während ich in meine Banane biss, stellte ich mir die Frage, ob ich es tatsächlich wagen sollte, denn der kurze Exkurs von eben war erst der Vorgeschmack auf das, was noch kommen sollte. Die Alternative war, mich in den Van zu setzten. In Gedanken ging ich mein Wissen über die „Death Road" noch einmal durch: Es handelt sich um eine öffentlich genutzte Straße, auf der Busse, Autos und sogar LKWs fahren. An manchen Stellen ist sie gerade breit genug für ein Fahrzeug, Unfälle waren und sind keine Seltenheit. Seit 2007 gab es allerdings eine neue, asphaltierte Umgehungsstraße, doch trotz allem musste ich mit Fahrzeugen, die mich überholen würden, rechnen. Für eine bessere Übersichtlichkeit herrschte Linksverkehr, was eine weitere Herausforderung auf der ohnehin so schmalen Straße darstellte. Denn es bedeutete, noch näher am Abgrund zu fahren. Der Ausblick sollte auf jeden Fall atemberaubend sein und fast alle Klimazonen Südamerikas konnten in nur wenigen Stunden durchquert werden. Meine Entscheidung war schnell getroffen. Ich würde mein Leben nicht einem Autofahrer anvertrauen, dessen Fahrkünste ich bereits erleben durfte. Auf keinen Fall auf einer so außergewöhnlichen Strecke wie dieser. Dann wollte ich schon selbst für mich verantwortlich sein. Außerdem konnte ich das Klima, die Luft und die Atmosphäre nicht erleben, wenn ich nicht selbst aktiv werden würde. „Alea iacta est" – „Die Würfel sind gefallen".
Um mich besser entspannen zu können, vereinbarte ich mit den Jungs und dem Guide, dass sie ruhig vorfahren sollten. Ich würde in meinem Tempo folgen. Sie stimmten zu und so waren wir alle zufrieden, die unterschiedlichen Bedürfnissen unter einen Hut zu bekommen. Nach einem kurzen, sehr zaghaften und vorsichtigen Ausprobieren fand ich sehr schnell Gefallen an dem Nervenkitzel. Ich fühlte mich lebendig und leicht. Ich schlitterte noch einige Male und wurde ziemlich nass, als der Weg mich unter einem Wasserfall hindurchführte. Durch meinen Körper floss ungeahnte Energie und ich fühlte mich trunken vor Glück. Die nasse Kleidung nahm ich bald gar nicht mehr wahr. Als ich einige Minuten später um eine Kurve fuhr, sah ich nicht nur meine Truppe, sondern auch noch eine weitere. Alle standen mit betretenen Gesichtern neben ihren Rädern und blickten entweder auf den Boden oder schielten in den Abgrund.
An einem Auto war ein Seil befestigt und ein Guide war gerade dabei, über die Böschung zu klettern. Mir war sofort klar, dass sich hier etwas Entsetzliches abgespielt haben musste. Wie ich erfuhr, war eine junge Frau aus einer anderen Gruppe mit dem Rad geschlittert und in der Kurve einfach geradeaus in den Abgrund gestürzt. Nun wurde nachgesehen, ob die orangefarbene Sicherheitsweste, die durch die Büsche leuchtete, einen weiteren Hinweis liefern würde. Da ich nichts tun konnte, begann ich für die Verunglückte zu beten. Es vergingen

lange Minuten des Abwartens und der Ungewissheit, bis uns mitgeteilt wurde: Die junge Frau lebte. Sie war sechs Meter tief in ein Geflecht aus Büschen und Gestrüpp gefallen. So konnte sie mit leichten Verletzungen geborgen werden. Sie war extrem blass, das Fahrrad fort, vom grünen Nichts verschluckt, doch sie war mit einem Schrecken davongekommen.

Zu meinem Erstaunen wurde sie ohne Umschweife ins Auto gehoben, und die Truppe auf den Mountainbikes fuhr keine fünf Minuten später weiter. Unser Tourguide forderte uns ebenfalls zur Weiterfahrt auf und bis ich mich versah, stand ich allein an der Stelle, wo einige Minuten zuvor noch eine kleine Menschenmenge versammelt gewesen war. Tatsächlich war ich nicht ganz allein: Ein Guide unserer Truppe blieb stets hinter mir. Sein Auftrag lautete, das Schlusslicht zu bilden. Darüber war ich erleichtert und auch froh, dass ich mich nicht hetzen musste, um mitzuhalten. Ich hatte keine weichen Knie wegen des Zwischenfalls, sondern war dankbar und glücklich, dass ich mein Fahrrad so gut „beherrschte“.

Nach ungefähr viereinhalb Stunden kreuzten wir eine Teerstraße, wo wir unsere Fahrräder auf den Van luden und zu einem grandiosen Abschluss in ein Hotel im fünf Minuten entfernten Coroico gebracht wurden. Dort konnten wir uns in einem großen Luxuspool erholen und am Buffet stärken. Während ich auf dem Rückweg mit dem Guide in ein Gespräch vertieft war, lagen die Jungs kreuz und quer über die Rückbänke verteilt und waren von der Anstrengung des Tages in einen tiefen Schlaf gesunken.

◇◇◇◇

Der nächste Abend brachte ein Wiedersehen mit Anja aus Bariloche. Da ich mir am Vortag ein Bier in einem Irish Pub genehmigt hatte, schlug ich diesen als Treffpunkt vor. Er lag ungefähr in der Mitte unserer Unterkünfte und war so für uns beide gut zu erreichen. Anja wurde von einer gleichaltrigen Freundin begleitet, und unser kurzes Intermezzo machte mir deutlich, was für eine schöne Nutzgemeinschaft wir in Bariloche gebildet hatten. Unsere Persönlichkeiten waren jedoch zu unterschiedlich, um eine langfristige Freundschaft aufrecht zu erhalten. Aber genau das war eine wichtige Erkenntnis, deshalb war auch das Treffen unbeschwert und unverfänglich. Leider hatte ich nur eine Stunde Zeit, denn ich wollte weiter mit dem Bus zur Copacabana. Zwei Nächte wollte ich dort am Titicacasee verbringen und dann mit dem Schiff auf die Isla del Sol reisen, wo ein Zimmer mit Aussicht bereits auf mich wartete. Das nennt man wohl Freizeitstress. Wie wunderbar, dass wir es trotzdem geschafft hatten, uns noch kurz zu sehen.

Peru

Der Zauber der Vergangenheit

◇◇◇◇

Die dreieinhalbstündige Busfahrt von La Paz bis zum Titicacasee bot mir genügend Gelegenheit, meinen Sitznachbarn besser kennenzulernen. Neben mir saß ein junger Mann, der sich mir auf Englisch vorstellte: „Hi, I am Jonathan.“ Wie es schien, befanden wir uns auf einer Wellenlänge, denn die nächsten Stunden waren wir in ein Gespräch vertieft. Währenddessen fragte er mich nach meinem Grund für die Reise, und wie ich diese als Alleinreisende erleben würde. Ich umschiffte die tiefgründige Frage, gab einige Reiseanekdoten zum Besten und freute mich an der angenehmen Stimmung, die zwischen uns bestand. Nach einer Weile lachte er herzlich und teilte mir offen und ehrlich mit, dass ihn meine Lebensfreude und Begeisterung für die Umgebung faszinierte. Ich war überrascht, wusste nicht so recht, was ich darauf erwidern sollte, freute mich aber über seine Aussage. Tatsächlich hatte ich im Augenblick einzig und allein die Kraft, mich auf das Hier und Jetzt zu konzentrieren.

Zu der anregenden Unterhaltung kam noch der spektakuläre Blick aus dem Fenster, auf den See, der sich in einem wunderbaren tiefen Blau präsentierte. Vor Überraschung verlor ich für einen Augenblick den Faden unseres Gesprächs, was seine Beobachtung untermauerte und mich zum Schmunzeln brachte.

Plötzlich hielt der Bus aus für uns unerfindlichen Gründen an, und zu unserer Überraschung stiegen alle Passagiere aus. Wir folgten und sahen mit verwundertem Blick, dass wir an einem kleinen Hafen standen und es nun „umsteigen“ in kleine Boote hieß. Diese würden uns für zwei Bolivianos über den See bringen. Ich ergatterte einen Platz neben dem Bootsmann, der das Ruder hielt und konnte meine Füße auf zwei Holzbrettern abstellen, die am Ende des Bootes behelfsmäßig über ein Loch platziert worden waren. Der Bus wurde auf abenteuerliche Weise auf eine Art Floß gefahren und separat übergesetzt.

Ich staunte nicht schlecht, als ich vom anderen Ufer aus beobachtete, wie ein Angestellter während der Überfahrt mit einem Eimer das überschüssige Wasser zurück in den See kippte. Diese verrückte Aktion verstärkte meine gute Laune nur noch. Wieder im Bus konnte es weiter gehen.

Jonathan erzählte mir von seinen Reiseplänen. Er würde direkt nach unserer Ankunft an der Copacabana in den Nachtbus nach Cusco steigen. Sein Ziel war die Inkastadt Machu Picchu. Ich spitzte die Ohren. Nach meinen Recherchen auf diversen Wetterportalen waren weitere Niederschläge vorausgesagt, also hatte ich meine Pläne so gut wie ad acta gelegt.

„Weißt du", erklärte er mir, „mit der Nachtfahrt spar ich das Geld für ein Hotel." Das klang logisch. Allerdings warnte jeder Reiseführer davor, da man im Schlaf leicht seiner Habe beraubt werden konnte. Deshalb hatte ich diese Möglichkeit zu reisen bisher nicht als Option betrachtet. Jonathan bereitete dies allerdings kein Kopfzerbrechen, da er nicht viel besaß, wie er mir mitteilte. Ich hing an seinen Lippen und vertraute ihm schließlich meine Sorge wegen der katastrophalen Auswirkungen der Unwetter in Peru, wie zum Beispiel der mangelnden Trinkwasserversorgung in Lima, an. Jonathan hörte mir aufmerksam zu und stellte mir nur eine Frage: „Du hast deine Reise nach Südamerika doch geplant, weil du auch unbedingt Machu Picchu sehen wolltest, oder?"

Ich sah ihn an und musste lachen. Er hatte ja so recht. Ich war bis hier gekommen und wollte mich von der Sorge, dass etwas passieren könnte, zurückhalten lassen? Die vielen Stätten, die ich in Peru nicht bereisen konnte, waren genug Verluste wie ich fand, und so kaufte ich nach unserer Ankunft kurzentschlossen eine Fahrkarte für den Nachtbus nach Cusco.
Ich hatte noch genau fünf Minuten Zeit, um meinen Rucksack zu schnappen und umzusteigen. Alles lief „wie am Schnürchen“ und ich bekam den letzten freien Platz im Bereich „Cama Suite“, der sich im unteren Bereich des Busses befand. Das bedeutete, einen breiten Sitz, den ich als Liegesitz ausklappen konnte, einen Vorhang für mehr Privatsphäre und eine Klimaanlage, die in der Kälte der Nacht allerdings nicht gebraucht wurde. Jonathan hatte sich schon im Vorfeld eine Platzkarte für das obere Abteil gekauft und saß nun eingequetscht zwischen Fremden auf einem normalen Bussitzplatz. Ich hingegen kuschelte mich nun in meine Jacken und konnte den Komfort genießen. Als sich meine Gedanken wieder von meinem Ziel dem Jetzt zuwendeten, fiel mir meine Hotelreservierung auf der Isla del Sol, wo ich eigentlich in drei Tagen sein wollte, ein. Nach ein paar Schrecksekunden dachte ich an mein Handy. Ich entspannte mich, schrieb eine Mail an das Hotel und stornierte meine Buchung. Was wäre meine Reise langweilig, ohne ein wenig Improvisation, neckte ich mich. Mein kleiner Schlenker nach Peru verdeutlichte mir nochmal, wie schön das Gefühl der ultimativen Entscheidungsfreiheit ist. Mit diesem wunderbaren Gedanken fiel ich in einen tiefen Schlaf. Natürlich hatte ich vor dem „Regenerationsmodus“ alle mir möglichen Vorsichtsmaßnahmen ergriffen und trug meinen schwarzen Reisegürtel mit einem Fach für Pass, Kreditkarten und Geld unter meinem Pullover. Mein Handy und den iPod hatte ich sicher in meiner Jackentasche verstaut, die ich unter meiner Regenjacke trug. Also, hätte mich schon jemand ausziehen müssen, um im Schlaf an meinen Besitz zu kommen. In der Kälte der Nacht halfen mir die vielen Schichten der Kleidung sogar, anstatt zu stören.
Um 5:50 Uhr in der Früh erreichten wir Cusco. Ich traf Jonathan beim Einsammeln meines Rucksacks wieder. Wir umarmten uns und ich konnte mich noch einmal bei ihm bedanken. Dann verabschiedete ich mich von ihm, was er mit einem verdutzten Blick zur Kenntnis nahm. Ich vermutete, dass er damit gerechnet hatte, ich würde ihn begleiten, doch ich hatte mich bereits entschieden, einem jungen Pärchen aus England zu folgen. Milla hatte ich in der Nacht um drei Uhr in der Schlange vor der Toilette kennengelernt und während unseres kurzen Austauschs hatte sie mich kurzerhand dazu eingeladen, sie und ihren Mann zu ihrem Hostel zu begleiten. Das war nicht einfach nur nett, sondern die Rettung! Denn nach dem Grenzübertritt hatte ich keinen Zugang mehr zum Internet, also auch keine Möglichkeit, mir eine Unterkunft zu besorgen. So früh am Morgen waren die meisten Hotels außerdem noch geschlossen. Auch erinnerte ich mich an die mahnenden Worte von Fabia, wie gefährlich Cusco sei.

Als Frau wollte ich auf keinen Fall allein unterwegs sein, ganz zu schweigen in der Dunkelheit, um in irgendwelchen Gassen eine Unterkunft zu suchen. Hinzu kam, dass ich weder Landkarte noch Stadtplan von Cusco hatte. Also keine Vorstellung, welches Viertel denn am sichersten wäre oder strategisch günstig. Mit dem hilfsbereiten Angebot von Milla verschwanden all meine Sorgen und mein Schutzengel hatte sich wieder selbst übertroffen. Meine Seele feierte, ließ einen Trommelwirbel erklingen für mein mutiges Herz, das lernte, sich immer mehr für Neues zu öffnen.
Im Hostel angekommen, erfuhr ich, dass es leider kein freies Bett mehr für mich gab. Dennoch konnte ich meinen Rucksack deponieren und für kleines Geld duschen und frühstücken. Auch bekam ich ein Wlan-Passwort und so googelte ich nach Varianten für mein weiteres Vorgehen. Leider hatte es begonnen zu regnen und die Wetterprognose hielt keine Besserung bereit. Eigentlich keine Überraschung und doch hatte ich insgeheim auf Sonnenschein gehofft. Die Möglichkeit, den Zug nach Aquas Caliente zu nehmen, bestand nicht, da dieser bereits ausgebucht war. Da machten sich die ersten Zweifel breit, ob meine Entscheidung dem Bauchgefühl zu vertrauen, wirklich so grandios gewesen war.

◇◇◇◇

Der Mitarbeiter der Rezeption wirkte mit seinen vielleicht achtzehn Jahren, den grün gefärbten Haaren, hängenden, viel zu weiten Hosen, unter denen seine Boxershorts hervor blitzten und diversen Piercings an Nase, Augenbraue und Lippe eher wie das Mitglied einer Skater-Gruppe, der sich hinter den Tresen verirrt hatte. Es fehlten ihm lediglich noch ein Käppi und natürlich das Skateboard, um den Look zu vervollständigen.
Meine Bemühungen, eine Lösung im World Wide Web zu finden, hatte er jedoch interessiert verfolgt und als ich etwas ratlos von meiner Holzbank ihm gegenüber aufblickte, lächelte er mich charmant an und fragte: „Darf ich dir einen Vorschlag machen?“ Ich nickte. „Ein Freund arbeitet bei einer Agentur, die um 7:30 Uhr Richtung Machu Picchu aufbricht. Wenn du möchtest, mache ich das für dich klar.“ Ich traute meinen Ohren kaum. Was für ein Angebot! Das bedeutete allerdings: Aufbruch in zwanzig Minuten. Ich sah ihn an und zu meiner Überraschung hörte ich mich antworten: „Ja, das wäre ganz wunderbar!“ Da ich umsichtiger Weise an der Grenze Geld gewechselt hatte, konnte ich die Tour inklusive Eintritt zum Machu Picchu und eine Übernachtung in bar bezahlen. Zum einen war das, was sich da gerade abspielte fantastisch, zum anderen unwirklich. Die Sachlage war einfach: Ich hatte meine Chance genutzt und war so spontan wie noch nie zuvor in meinem Leben.

Den großen Rucksack durfte ich, so wie ich es schon im Nationalpark „Torres del Paine" gemacht hatte, für die Tage im Hostel deponieren und so packte ich nur das Nötigste für den Exkurs ein. Bald darauf saß ich mit vier Unbekannten in einem Auto. Die Straßenverhältnisse waren ähnlich wie bei der „Carretera de la muerte": Das Auto passte gerade auf die von Schlaglöchern durchzogene Schotterpiste, die auf einer Seite steil in den Abgrund führte. Viel erschreckender jedoch war der Fahrstil unseres Guides, der Touristen regelmäßig hinauf- und wieder hinabfuhr. Das Wort „Routine" bedeutete in diesem Fall, dass er in einem rasanten Tempo die Kurven nahm. Aus dem Augenwinkel konnte ich des Öfteren einige Steine sehen, die durch sein Tempo und die schlechte Beschaffenheit der Straße in die Tiefe fielen. Auch entgingen mir nicht die vereinzelten Kreuze, die am Wegesrand stumm zur Vorsicht mahnten. Meine Versuche den Fahrer dazu anzuhalten, langsamer zu fahren, wurden nur mit einem Lächeln quittiert. Ich war starr vor Angst und konnte es gar nicht fassen, dass die anderen Insassen sich miteinander unterhielten. Für mich war die Fahrt eine Nervenprobe und ich dankte Gott, als wir heil die Station „Hidroelectrica" erreichten, an der die Straße endete. Dort gab es in einer Art provisorischer Suppenküche unser Mittagessen. Damit war der Zeitpunkt gekommen, an dem es jedem selbst überlassen war, wann die dreistündige Wanderung nach Aquas Calientes beginnen sollte.
Es stellte sich heraus, dass unser Tempo sehr unterschiedlich war und so trennten sich unsere Wege. Die Information des Fahrers lautete ohnehin, dass am Eingang des Ortes jemand stehen würde, um jeden in Empfang zu nehmen. Mit dieser, nicht allzu detaillierten Aussage musste ich mich zufriedengeben, und so zog ich, noch ein wenig wütend auf den Wettergott, los. Denn der Himmel hatte seine Schleusen noch weiter geöffnet und meine hochfunktionale Regenkleidung hielt mich zwar trocken, doch es war so schwülwarm, dass mir der Schweiß am Leib hinunterlief. Nach kurzem Hin und Her entschied ich mich für den Regen und hängte meine Regenkleidung schützend über meinen Rucksack. Ich hoffte so auf einen trockenen Schlafanzug und T-Shirt für den nächsten Tag. Einmal nass, gab es nichts mehr, über das ich mich ärgern musste, und meine Stimmung änderte sich. Ich fühlte mich tatsächlich beschwingt und konnte wieder die Umgebung um mich herum bewundern. Es offenbarte sich mir die ganze Schönheit des Regenwaldes mit seinen Grün- und Brauntönen. Dicke Regentropfen fielen von großen Palmblättern auf die feuchte Erde, nur um sich in Rinnsalen zusammenzuschließen und sich einen neuen, eigenen Weg zu bahnen. Eine Weile lief ich an einer Bahnlinie entlang und weiter über eine schmale Eisenbahnbrücke, die über die wild erhobenen Wogen des Rio Olibamba führte. Ich erblickte zwei behelfsmäßige, schmale und rutschige Holzplanken, die an einer Seite als Ausweichmöglichkeit dienten. Eine Art Viehgatter war an der Außenseite angebracht. Da es mir gerade bis über die Knie reichte, würde es mich

nicht vor einem Sturz in die Fluten bewahren, sollte ich ausrutschen. Genau in diesem Moment meldete sich meine Abenteuerlust und mit freudiger Aufregung wagte ich den ersten Schritt. Das Glücksgefühl, das folgte, war wie eine Bestätigung, dass meine Entscheidung, den Ausflug zu wagen, richtig gewesen war. Sicher auf der gegenüberliegenden Seite angekommen, richtete ich meinen Blick nach vorn und mir fielen die vielen Schlingpflanzen auf, die die Bäume umrankten. So wie eine Mutter, die schützend ihr Kind umarmte. Ein Gefühl der Freude hier zu sein, erfüllte mich. Nichts konnte jetzt mehr schiefgehen! – Das nahm ich zumindest an, als ich nach ungefähr drei Stunden den Ort erreichte.

◇◇◇◇

Der starke Regen war in ein zögerliches Tröpfeln übergegangen und Nebelschwaden tanzten über dem aufgewühlten Fluss, an dessen Ufer sich unzählige kleine bunte Häuser bis hinauf in die Hügel schmiegten.
Leicht geschwungene Brücken aus dunklem Eisen dienten häufig als Verbindung zu den vielen kleinen Gässchen aus Kopfsteinpflaster. Es schien mir, als sei die Bestimmung des Dorfes einzig und allein, sich dem Wohl der Touristen zu widmen. Auf meinem Weg passierte ich unzählige Restaurants, Geschäfte mit modernen Glasfronten und Hotels.
Ich suchte am Eingang zwar denjenigen, der uns, beziehungsweise mich, in Empfang nehmen sollte, doch ich konnte niemanden entdecken. Also beschloss ich, zum Zentrum des Dorfes, dem alten Marktplatz zu gehen. Eingebettet von Cafés und Restaurants thronte ein Springbrunnen in dessen Mitte. Das Flair erinnerte mich an eine Piazza in Italien, die belebte Atmosphäre wirkte einladend. Meine Eingebung war von Erfolg gekrönt. Auf dem Marktplatz versammelten sich an die fünf Vertreter der unterschiedlichen Reiseanbieter und riefen in regelmäßigen Abständen die Teilnehmer von ihren langen Listen auf, um so die Hotels und die Eintrittskarten für den nächsten Tag zu verteilen. So kurios es auch klingen mag, das war nun mal die Art und Weise, wie es hier gehandhabt wurde. Meinen Namen hatte jedoch niemand auf seiner Liste. Leider hatte ich durch den schnellen Aufbruch und die ereignisreiche Fahrt weder den Namen meiner Agentur noch die des Fahrers präsent. Auch fehlte mir ein Beleg, der mir nun hätte weiterhelfen können. Also entschied ich mich dazu, selbst zu organisieren, statt zu grübeln. Ich entdeckte am Rand des Platzes im Vorraum eines winzigen „Supermercado" einen EC-Automaten. Der Rest sollte kein Problem mehr sein. Mit genügend Geld in der Tasche erfragte ich mir den Weg zum Ticket-Büro für den Machu Picchu. „Die Anzahl der Tickets ist limitiert", schleuderte mir ein alter Mann ungehalten an den Kopf, als ich mich nach dem Preis für ein Ticket erkundigte. Ich ließ mich jedoch nicht entmutigen, sondern berichtete ihm von meiner unglücklichen Situation, meine Reisegruppe und den Veranstalter im Ort nicht wiederfinden zu können. Nach meiner Geschichte wurde der Angestellte viel zugänglicher. Letztendlich ließ er sich erweichen, und als ich erneut bezahlt hatte, schob er mir mein Ticket über den Tresen. Zufrieden mit dem Ergebnis schlenderte ich durch eine schmale Straße, in der mir ein nettes Hotel auffiel. Es gab noch ein einziges freies Zimmer, wie mir der Vermieter mit eher finsterer Miene verriet. Da es ein Einzelzimmer mit eigenem Bad sei, wäre es mir wahrscheinlich zu teuer, fuhr er fort. Mir kam der Gedanke, dass ich wohl ziemlich mitgenommen aussehen musste, mit meiner nassen Kleidung und den klatschnassen Haaren, die mir am Kopf klebten. Zum Glück hatte ich keine

Wimperntusche aufgetragen, die wäre sicherlich verlaufen und wäre erst recht ein Hingucker gewesen, dachte ich belustigt. Das Zimmer war erschwinglich und so checkte ich ein.
Nach einer warmen Dusche machte ich mich auf den Weg zum Abendessen. Ich wollte mich in eines der vielen Restaurants mit Blick auf den Brunnen setzen, als ich an einem Stand, wo Haarbänder verkauft wurden, vorbeikam. Genau das Richtige, um bei Regenwetter immer noch frisiert und gepflegt auszusehen. Ich wählte ein typisch peruanisches Muster mit überwiegend roten, rosafarbenen und grünen Streifen aus. So farbenfroh entsprach es meiner inneren Hochstimmung. Ein paar Schritte weiter traf ich sogar das Pärchen von meiner Tour wieder, und konnte mich noch einmal vergewissern, dass wir uns am nächsten Nachmittag um 16 Uhr wieder an derselben Station wie auf dem Hinweg treffen würden. Guten Mutes fand ich anschließend ein gemütliches Plätzchen in einem Restaurant und bestellte mir eine große Portion Nudeln und ein Gläschen Wein. Ein Genuss und Erholung nach den turbulenten Stunden.

◇◇◇◇

Die Nacht war kurz, aber ich schlief tief und fest. Um 3:40 Uhr klingelte der Wecker meines Handys und keine halbe Stunde später trat ich bereits vor die Tür. Voller Tatendrang und Vorfreude störten mich meine noch feuchten Klamotten nicht. Feucht, da ich meine Regenjacke am Vortag zu spät als Schutz darüber gehängt hatte. Das Wetter hatte auch heute kein Einsehen. Es regnete erneut. Ehrlich gesagt, fühlte es sich an, als ob ich unter einem kleinen Wasserfall spazieren lief. Um für die Besichtigung gewappnet zu sein, hatte ich mich mit einer Flasche Wasser und einer Banane, die ich gestern noch erstanden hatte, ausgerüstet.
Mittlerweile an der letzten Häuserreihe angekommen, zog mich der Duft von frischem Kaffee magisch an. Zu meiner Freude handelte es sich um ein bereits geöffnetes Café. Im Inneren stellte ich fest, dass ich nicht die Einzige war, die zu so unchristlicher Stunde bereits unterwegs war. Ich reihte mich in eine Schlange Wartender ein, um einen großen Becher der wohlriechenden schwarzen Flüssigkeit zu erstehen. Das würde meinen müden Körper wärmen und mir ein wenig Schwung für den Tag geben. Nach einem köstlichen ersten Schluck entdeckte ich in einer Ecke des Ladens einen großen lila Regenschirm, der mit gelben und rosafarbenen Blumen verziert war. Er war verkäuflich und hatte – als Letzter seiner Art – anscheinend nur auf mich gewartet. Ich strahlte die Verkäuferin an und nahm den Schirm glücklich entgegen. Die runzelte nur die Stirn und war ganz irritiert von meiner Begeisterung im Morgengrauen.

Am Vortag hatte ich mich bereits gegen den Aufstieg zu den Ruinen entschieden. Denn aufgrund einer neuen Regelung wurde der Wanderweg zum Machu Picchu leider erst mit der Abfahrt des ersten Busses freigegeben. Also musste mein Wunsch, allein bei Sonnenaufgang den Ausblick zu bewundern, wohl unerfüllt bleiben. Mit diesem Wissen und meiner neuen Errungenschaft gesellte ich mich in die nächste Schlage, die im strömenden Regen auf den Einlass in den bereits geparkten Bus wartete. Im Vergleich zu den anderen konnte ich mich glücklich schätzen, denn ich stand sicher geschützt unter meinen bunten Blumen.
Das frühe Aufstehen hatte sich gelohnt, denn ich fand einen Platz im ersten Bus, der uns bis kurz vor die Tore der Stadt brachte. Dort angekommen, wurden die Tickets kontrolliert und eine Woge der Enttäuschung durchflutete mich, als ich den touristischen Ansturm wahrnahm, der um mich herum wütete. Doch auch ich war Teil davon. Was hatte ich erwartet? Eine unberührte Landschaft, wie auf den Fotos meines Buches? Das war der Unterschied zwischen Wunschdenken und Realität. Der Regen hatte sich mittlerweile in ein sanftes Nieseln verwandelt, als wir auf einen ausgewiesenen Rundweg weitergeleitet wurden. Einer weiteren Menschentraube folgend fiel mein Blick auf einen Pfad, der von der Menge wegführte und sich nach oben schlängelte. Ohne zu überlegen schlug ich diesen ein und gelangte nach einigen Minuten um Luft ringend auf einen Vorsprung mit Blick auf den Machu Picchu.
Die Touristen warteten im unteren Bereich noch auf den Einlass und so wurde ich für diesen kostbaren Augenblick einziger Zeuge dieser verlassenen antiken Welt, deren Ruinen halb im Nebel verborgen lagen. Andächtig und voller Ehrfurcht stand ich da. Regte mich nicht, um jedes Detail in mich aufzunehmen und wirken zu lassen. Keine vier Minuten später polterte ein junger Mann mit asiatischem Aussehen auf den Vorsprung. Er grinste und sprach wohl mehr mit sich selbst, als er auf Englisch ausrief: „Wow, was für eine Aussicht!“ Ich nickte zustimmend und er nutzte die Chance mich zu bitten, diesen Augenblick doch auf seinem Handy festzuhalten. Das Gleiche tat er natürlich für mich, und so habe ich nun ein Foto zusätzlich zu meinen wunderbaren Eindrücken als Andenken.
Wenig später fanden auch andere Besucher den Weg zu uns. Da ich dem Trubel so weit wie möglich entgehen wollte, setzte ich mich in Bewegung und schritt ehrfürchtig durch den ersten Torbogen, der mir Einlass gewährte in diese fast in Vergessenheit geratenen Stadt. Ich war wirklich hier. Und so verbrachte ich den Vormittag damit, einen Teil Geschichte hautnah zu erleben, ja zu inhalieren. Die Zeit verging viel zu schnell, doch ich musste den Rückweg mit einplanen, um pünktlich am Treffpunkt zu sein.
Zurück führte mich mein Weg durch den Textilmarkt von Aquas Calientes. Unzählige Stände reihten sich aneinander, auf denen sich Decken, Pullover, Schals und so ziemlich alles, was sich aus Wolle herstellen lässt, fand. Ich bestaunte die leuchtenden Farben und die gute Qualität der Waren. Zum wieder-

holten Male bedauerte ich, nicht einfach Verschiedenes kaufen zu können. Als mein Blick auf einen wundervoll weichen safranfarbenen Schal fiel, wurde ich jedoch schwach. Der würde mich auf der langen Rückfahrt mit dem Nachtbus bestimmt gut wärmen. Für den Rückweg musste ich pünktlich am vereinbarten Treffpunkt sein. Durch das Bummeln war ich spät dran und so beeilte ich mich. Etwas abgehetzt traf ich ein und entdeckte meine Reisegruppe, die bereits auf mich wartete. Bei ihrem Anblick fiel eine große Anspannung von mir ab. Der Guide kam direkt auf mich zu und verkündete: „Da sind Sie ja! Und es geht Ihnen gut! Bueno! Es tut mir so leid! Ich hab tatsächlich vergessen, Sie auf die Liste zu setzten! Ich hoffe, Sie hatten nicht allzu viele Unannehmlichkeiten! Hier – nehmen Sie!“ Dabei drückte er mir den gesamten Geldbetrag für den Trip in die Hand. Ich war völlig überrascht und gleichzeitig glücklich über diese angenehme Wendung.
Die Rückfahrt behielt ihren Schrecken und ich wünschte mir, ich hätte mir vorher einen oder zwei Schnäpse gegönnt. Den Abgrund fest im Blick übte ich mich darin, den Fahrkünsten des Guides zu vertrauen.
Als wir Stunden später vor dem Hostel hielten, durchflutete mich unsagbare Erleichterung. Wir waren sicher zurück. Hinzu kam die gute Kunde, dass ich mein Backpack wiederbekommen würde. Denn in all dem Trubel hatte ich den Namen des Hotels ebenso vergessen wie den der Reiseagentur. Mittlerweile war es 20:45 Uhr und nur fünfzehn Minuten später bestieg ich den Bus in Richtung Bolivien. Während der Fahrt holte ich ein wenig Schlaf nach und ließ im Traum meine Gedanken noch einmal spazieren gehen, im Garten meiner Erinnerungen.

Bolivien

Überraschungen verleihen meiner Reise Würze

◇◇◇◇

Da zwischen Peru und Bolivien eine Stunde Zeitunterschied besteht, war es fast Mittag bei meiner Ankunft im Ort Copacabana. Von der Haltestelle aus konnte ich einen Blick auf den Titicacasee erhaschen. Er liegt auf einer Höhe von 3812 Metern und ist ungefähr dreizehn Mal größer als der Bodensee. Bei dieser Aussicht stieg pure Freude in mir auf, denn ich dachte bereits an meinen Aufenthalt auf der Isla del Sol. Inständig hoffte ich auf ein gemütliches Zimmer mit Seeblick. Ich würde es in dem Hotel, in dem ich meine Buchung storniert hatte, versuchen. Ich habe eine besondere Vorliebe für sagenumwobene Orte. So heißt es, dass der Sonnengott Inti, nach dem die Isla del Sol benannt ist, seinen Sohn Manco Cápac und seine Tochter Mama Ocllo aus dem Schaum der Wellen des tiefblauen Sees erschaffen habe und sie auf dieses schöne Fleckchen Erde mit dem Auftrag brachte, der Menschheit zu helfen. Für ihre Mission gab er ihnen einen goldenen Stab mit, den sie in fruchtbarem Boden verankern sollten, damit sich um diesen das Zentrum des Inkareiches erstrecken konnte. Dieser Ort ist – laut der Legende – Cusco. Mama Ocllo wurde wegen ihres Verstandes ausgewählt und unterwies die Frauen in der Kunst des Webens. Manko Cápac oblag die Aufgabe, sein Wissen von Ackerbau und Viehzucht weiterzugeben. Die Insel gilt deshalb als die Geburtsstätte der Inka. In dem Dorf Yumani steht ein Inkatempel und weitere historische Stätten sind in zwei benachbarten Dörfern zu finden. Noch heute sprechen die überwiegend indigenen und älteren Bewohner hauptsächlich Quechua oder Aymara. Es würde also eine Reise in geschichtsträchtige Gefilde werden. An einem Kiosk am Ufer kaufte ich mir ein Ticket für die Fähre und wartete nur ein paar Minuten bis ich an Bord durfte. Tatsächlich handelte es sich, der Größe nach zu urteilen, eher um ein Boot als um eine Fähre. An Deck ergatterte ich einen Platz an der Sonne, die mich mit ihrer Wärme gute anderthalb Stunden verwöhnte. Der See wirkte so weit, dass ich auch auf einem Meer hätte sein können. Ich schloss für einen Moment die Augen und atmete die klare Luft ein, die der Wind mit sich trug. Die nächsten Tage würde ich der Erholung und dem Wandern widmen. Bei diesem Gedankengang wurde mir warm ums Herz und Ruhe breitete sich in mir aus. Auf der kleinen Insel erwartete mich die pure Idylle: Sonnenstrahlen ließen sich wie Schmetterlingsflügel sanft auf die grünen Hügel nieder, die sich vor mir erstreckten. Zypressen wiegten sich in einer lauen Brise, die vom See herüberwehte, und verbreiteten ein Flair, das an Griechenland erinnerte.

Die Frauen, die am Ufer warteten, trugen die landestypische Tracht: Weite Röcke in kräftigen Farben, die über die Knie reichten. Eine schlichte Bluse, Sandalen oder Schlappen an den Füßen und zwei lange geflochtene Zöpfe, die ihnen über den Rücken fielen, vervollständigten ihr Erscheinungsbild. Sechs Esel warteten am Steg, um mit den Waren beladen zu werden, die mit der Fähre angeliefert wurden. Auf diese Art wurden immer noch Getränke, Lebensmittel und alle anderen Notwendigkeiten an ihren Bestimmungsort gebracht.

Der Aufstieg zu den unterschiedlichen Unterkünften führte über schmale Steintreppen und Pfade. Ich war völlig erschöpft und spürte, wie das Blut in meinen Ohren pochte, als ich die letzten Stufen zu meinem Hotel erklomm, das direkt oberhalb der Küste lag. Für mich war es eine Reise in eine andere Zeit. Eine Zeit, in der es noch keine Autos und all die technischen Errungenschaften der Moderne gab. Meine Mail mit der Stornierung hatte die Familie, die das Hotel betrieb, nicht einmal gelesen, stattdessen hatten sie einfach angenommen, ich würde eben nicht mehr erscheinen. Ich wunderte mich, da ich ja mit meinem ersten Anschreiben so eine positive Erfahrung gemacht hatte. Diese hatte jedoch der junge Sohn bearbeitet, als er zufällig zu Besuch gewesen war. Zum Glück war das nicht wichtig, denn ich bekam ein Zimmer. Als wir zehn weitere Stufen erklimmen mussten, motivierte mich einzig und allein das sichtbare Ende der Anstrengung. In dieser Höhe und mit dem Gewicht auf dem Rücken kostete solch eine Aktion weit mehr Kraft, als ich erwartete hatte.
Meine Unterbringung war eine kleine Steinhütte. Gerade genug Platz für ein Bett und einen Holzstuhl, bei dem die Farbe bereits abblätterte. Ich freute mich über diesen Rückzugsort und ließ mich frohgemut auf das Bett fallen, von dem aus ich einen direkten Blick auf den See hatte. Einfach atemberaubend schön. Die Tür war mit einem Vorhängeschloss versehen, der Duschkopf war schwenkbar über dem Waschbecken angebracht. Damit konnte ich mich arrangieren. Jetzt hieß es erst einmal ausspannen. Unter der Dusche stellte ich zu meinem Bedauern fest, dass das Wasser eiskalt war. Ich fühlte mich unter dem Wasserstrahl wie in einem Eisbecken nach einem Saunagang.
Wieder dick eingemummelt in meinen blauen Wollpullover, der zu meinem Lieblingsstück auf meiner Reise geworden war, machte ich mich auf die Suche nach der Wirtin. Nachdem sie mein Anliegen gehört hatte, lief sie mit großen Schritten an mir vorbei und winkte ich solle sie begleiten. Zurück in meinem Badezimmer begann sie, mit dem Boiler zu hantieren. Sie drehte das Wasser an, bewegte die Leitungen und Drähte im Inneren und versetzte dem Gerät letztendlich einen heftigen Schlag mit ihrem Schuh. Und – tata – ich hatte heißes Wasser. Abendessen gab es in einem weiteren Steinhaus, das Platz für vielleicht fünfzehn Personen bot. Im hinteren Bereich stand die Wirtin und kochte. Es gab Quinoa-Suppe und anschließend Kartoffeln und Fisch. Das nahm mir die Bürde einer Essensauswahl ab. Mir gegenüber saß Isabella. Der einzige weitere Gast. Wie ich später erfuhr, war sie in den Sechzigern und kam aus Buenos Aires. Mit ihrer schlanken Figur, ihren blonden Haaren, den goldenen Kreolen an den Ohren und ihrem offenen Lächeln war sie mir sofort sympathisch. Als wir uns auf Spanisch begrüßt hatten, beugte sie sich leicht zu mir herüber, um mir mit gedämpfter und vertrauensvoller Stimme zuzuraunen: „Ist es nicht zauberhaft hier? Ich genieße meinen Urlaub. Wissen Sie, ich reise nämlich allein.“ „Dann haben wir schon zwei Dinge gemeinsam“, erwiderte ich munter.

Nun kamen mir meine Spanischkenntnisse zugute sowie die Tatsache, dass Isabella auch ein paar Worte Englisch sprach. Über die neue Wendung des Abends war ich überglücklich. Isabella berichtete mir, dass sie normalerweise die Reise mit ihrer Tochter unternommen hätte. Sie zeigte mir sogar ein Foto, das sie in ihrem Geldbeutel mit sich trug. „Wir machen sonst alles gemeinsam“, fuhr sie fort. „Diese Reise ist eine absolute Ausnahme!“ „Ja, so eine enge Beziehung zwischen Mutter und Tochter ist schon etwas Besonderes“, gab ich zu bedenken, denn anhand der Erzählungen von Isabella nahm ich plötzlich wahr, wie befreiend ich die Veränderungen in meinem Leben empfand! Das stimmte mich froh und ich verriet ihr ein wenig von den Parallelen, die ich zwischen unseren Geschichten zog. Auch konnte ich mir nicht verkneifen, zu bemerken: „Es freut mich für dich und deine Tochter, dass ihr neue Wege ausprobiert! Wenn ihr euch wiedertrefft, habt ihr ziemlich viel zu erzählen!“ Vor dem Einschlafen musste ich noch daran denken, wie spannend es doch war, dass ich ausgerechnet an diesem Ort auf eine Person traf, durch die mir ein neuer Blickwinkel auf meine jetzige Lebenssituation klar wurde. Auch wenn es im ersten Moment erschreckend hart klingen mag: Der Tod meiner Mutter und der meines Vaters hatten einen entscheidenden Anteil daran, dass ich nun reiste und neuen Lebensentwürfen offener gegenüberstand.

◇◇◇◇

Etwas zittrig lenkte ich meine Schritte Richtung Norden der Insel, Richtung der Ruinen der Tempelanlagen, denn diese waren heute mein Ziel. Beim Einatmen füllte nur eine geringe Menge an Sauerstoff meine Lungen. Mir schwindelte und ich musste pausieren. Was war nur los mit mir? Da fiel es mir ein: Obwohl ich bereits in San Pedro und La Paz gewesen war, machte mir die Höhe zu schaffen! Ich machte kehrt und legte mich auf die Sonnenterrasse des Hotels.

Sie lag malerisch mit Blick über den tiefblauen See. An der Nordseite bot ein Fels Schutz vor dem Wind. Als die Sonne meine Haut wärmte, meldete mein Körper mir zurück, wie gut ihm meine Entscheidung zu ruhen gefiel. Das Atmen fiel mir leichter und der Schwindel ließ langsam nach. Als ich kurz die Augen schloss, erschienen Mutter und Tochter des Betriebs.

Sie waren beladen mit Bergen von Bettwäsche und Handtüchern, die sie an einem kleinen Waschbecken, das im Freien vor dem Felsrand angebracht war, ablegten. Mit einem Stück Seife begann Valentina, die Mutter, die Wäsche mit kaltem Wasser zu waschen. Anschließend wrangen sie die Wäsche gemeinsam aus und legten sie zum Trocken auf die Stühle, über die Brüstung und später auf den Betonboden der Terrasse. Welch Mühsal.

Als ich die beiden an meinen Gedanken teilhaben ließ, fragten sie mich, wie ich das denn machen würde. „Ich habe eine Maschine, die das für mich macht. Eine, die für mich wäscht und eine, die für mich trocknet.“ Ihren verwunderten Blicken konnte ich nicht entnehmen, ob mein Spanisch so fehlerhaft war oder ihnen die Vorstellung einer Waschmaschine und eines Trockners so abwegig erschien. Ich denke, Letzteres war der Fall. Ich überlegte, wie ich wohl auf sie wirken musste. Die blonde, schlanke Touristin mit ihrer schicken Funktionskleidung, die genügend Geld hatte, um zu reisen. Die einfach so in den Tag hinein lebte und faul in der Sonne lag. Es ist eben nur ein kleiner Ausschnitt, den man beim Reisen erlebt. Wäre uns die Verständigung besser gelungen, hätten wir sicherlich über die Gedankenwelt des anderen gestaunt.

◇◇◇◇

Zufrieden mit mir und der Welt, trat ich am nächsten Morgen auf die Terrasse hinaus und atmete die frische Luft ein. Eigentlich hatte ich den Tag mit Müßiggang verbringen wollen, doch stattdessen würde ich gleich eineinhalb Stunden mit der Fähre zum Festland fahren, um einen Geldautomaten aufzutun. Ich hatte nicht genügend Bargeld, um meine Zeche zu bezahlen. Von meiner exzessiven Peru-Reise war ich so müde gewesen, dass ich es schlicht vergessen hatte. Unzählige Eindrücke, die ich nicht verarbeiten konnte. Genauso wenig, wie ich es vermochte, tanzende Schneeflocken zu zählen. Die Planänderung nahm ich aber gelassen hin, da die Überfahrt günstig war und ich es mochte, auf dem Schiffsdeck die Sonne auf meinem Gesicht zu spüren und dabei dem Spiel der Wellen zuzusehen. Für weitere Überlegungen blieb keine Zeit. Ich musste zum Bootssteg.

Am Ort angekommen folgte ich der Hauptstraße und erspähte bald darauf eine Bank. Es stellte sich heraus, dass es nur ein Vorraum mit einem Bankautomaten war, was für mich jedoch ohne Belang war. Da dies die einzige Möglichkeit im Ort war, um Geld abzuheben, teilten viele das gleiche Anliegen. Nach fast einer Stunde ermüdenden Wartens in der Hitze des Tages war ich erleichtert, denn vor mir war nur noch ein Pärchen an der Reihe. Sie waren eine gefühlte Ewigkeit im Vorraum, bis sie hinaustraten und mir ebenso wie allen Wartenden mitteilten, dass der Bankautomat nun leer sei. Ich dachte, es sei ein Scherz, bis ich feststellte, dass die Schlange der Wartenden sich auflöste. Als ich jemanden in meiner Nähe darauf ansprach, erhielt ich die Rückmeldung, dass das eben manchmal der Fall sei. Das war so befremdlich, dass ich die Aussage persönlich überprüfte.

Leider kam ich zum selben Ergebnis. Meine Kreditkarte wurde schlicht nicht akzeptiert. Etwas verblüfft nahm ich wahr, dass es mich nicht wirklich stresste. Doch was nun? Hätte ich keine Rechnung zu begleichen, wäre ich kopfschüttelnd und amüsiert von dannen gezogen. Doch mein Problem blieb bestehen und ich hatte keinen Alternativplan. „Der Herr wird‘s schon richten.“ Diesen Rat hätte mir meine Oma wohl gegeben. Ich empfand diesen Ausspruch stets als gute Ausrede, sich aus der Verantwortung stehlen zu können. Jetzt assoziierte ich ein Grundvertrauen damit. In meine Gedanken vertieft, stolperte ich auf meinem Weg zurück zum Ufer und wurde von helfenden Händen aufgefangen. Sie gehörten einem Pärchen aus Deutschland.
Spontan sprach ich sie an und erzählte ihnen von meiner Zwangslage. Ich fragte sie, ob sie mir die benötigte Summe leihen könnten, wenn ich ihnen diese mithilfe von Online-Banking überweisen würde. Sie sahen mich mit großen Augen an, berieten sich kurz ein paar Schritte entfernt, und als sie zurückkehrten, nickten sie schließlich zustimmend. „Wir Reisenden müssen doch zusammenhalten!“, ließ mich Judith aus Karlsruhe wissen. Und so bekam ich sechshundert Bolivanos, umgerechnet 82,16 Euro, und erwischte noch gerade die letzte Fähre zurück zu meinem Feriendomizil.
Nach einer dreißigminütigen Fahrt vernahm ich ein Geräusch, ähnlich einem kaputten Auspuff, dann folgte Stille. Der Motor hatte versagt und wir trieben auf dem See. Als ich in die Gesichter der anderen Fahrgäste blickte, spiegelte sich in den meisten Gleichmut wider. Eine Frau nahm eine Bonbontüte aus ihrer Tasche. Als sie meinen Blick bemerkte, bot sie mir eines an. Wie überaus freundlich von ihr! Ich nahm dankend an, und sie erklärte mir, dass das manchmal passieren würde. Der Motor müsste nur abkühlen, dann würde es weitergehen. Wie vorhergesagt sprang die altersschwache Maschine nach fast einer Stunde wieder an. Hier wurden die Dinge einfach so hingenommen. In Deutschland hätten sich mit Sicherheit einige Gäste extrem über so einen Zustand aufgeregt, aber hier teilte man sich Süßigkeiten.
Als ich meine Rechnung bezahlen wollte, wusste niemand in der Familie, wie viel sie mir denn nun berechnen sollten. Hinzu kam die Frage, wie eine Rechnung geschrieben wird ... Um die Angelegenheit zu beschleunigen, nahm ich mein Handy zur Hand und nutzte die Angaben meiner Bestätigungsmail, um den Zimmerpreis zu belegen, was allgemeine Begeisterung über die moderne Technik auslöste. Das erinnerte mich an meine eigene kindliche Freude, als ich die vielen Funktionen und Möglichkeiten meines Handys entdeckt hatte. Darüber schmunzelnd verzichtete ich auf eine Rechnung. Das war das ungewöhnlichste Auschecken in einem Hotel, das ich je erlebt hatte.

◇◇◇◇

„Wenn jemand eine Reise tut, so kann er was erzählen.“ So heißt es in einem Gedicht von Matthias Claudius (7), das später von Friedrich Zelter vertont wurde. Nun, die Rückfahrt von der Insel zur Copacabana war ein solches Ereignis. An der Anlegestelle wurden von einem Inselbewohner die Tickets direkt am Strand auf einer Steinbank verkauft. Als seine Aufgabe erledigt war, verschwand der Kartenverkäufer und wir – alle, die aufs Festland wollten – warteten am Strand, um an Bord des Schiffes gelassen zu werden, das bereits vor Anker lag. Bereit zum Boarding trugen die meisten, wie ich, einen großen Rucksack auf dem Rücken. Es war eine bunte, sich lang windende Zweierreihe. Wo die vielen Menschen hergekommen waren, wusste ich nicht zu sagen. Ich hoffte nur, dass noch weitere Boote kommen würden, um uns ans Ziel bringen zu können.
Nach einer Weile begann es heftig zu regnen und es gab keinerlei Möglichkeit sich unterzustellen. So blieb uns keine andere Wahl, als zu bleiben, wo wir waren. Dankbar für meinen wunderschönen Regenschirm, den ich ja in Peru erstanden hatte, war ich damit eine Exotin unter den Rucksackreisenden. Mein Rucksack wurde jedoch immer schwerer, und ich fragte mich, wie lange ich das wohl noch durchhalten konnte. Hätte ich den Rucksack abgestellt, wäre all mein Hab und Gut durchnässt worden. Das wollte ich nicht, denn ich hatte noch die Busfahrt bis nach La Paz vor mir. Da das Schiff vor uns verlassen wirkte, und ich niemanden entdecken konnte, beschloss ich kurzerhand, auf ein anderes zu gehen, welches gerade am Nachbarsteg anlegte. Durch Zufall stand ich in der Schlange ziemlich weit vorne, und als ich mich in Bewegung setzte, folgten mir alle. Vielleicht dachten sie, ich würde eine Reisegruppe anführen, da ich als einzige mit einem Regenschirm unterwegs war. Es wäre mir nicht einmal aufgefallen, hätte mich nicht der Käpt‘n am Steg mit einem Augenzwinkern darauf aufmerksam gemacht. Nun gab es wenigstens einen Grund zum Lachen. Die Aktion war von Erfolg gekrönt, denn diese Fähre würde gleich ablegen. Aufgrund des Wetters wurde improvisiert und Plastikstühle dienten als zusätzliche Sitzmöglichkeit. Es herrschte hoher Wellengang, doch wir waren alle froh, dass die Überfahrt überhaupt stattfand.
Angekommen im Ort Copacabana bestieg ich den Bus nach La Paz. Nach einer weiteren Nacht in Bolivien würde ich am nächsten Morgen zurück nach Santiago de Chile fliegen. Ich freute mich auf einen gemütlichen Abend in einem der urigen Restaurants im Altstadtviertel.

Chile

Mit einem lachenden und einem weinenden Auge

◇◇◇◇

Ich hatte mir ein kleines Zimmer über Airbnb in der Nähe meines vorherigen Hotels gebucht. Dadurch kannte ich die Umgebung bereits. Übermorgen plante ich einen weiteren Abstecher in das Küstenstädtchen Valparaiso. Wie das Leben manchmal so spielt, traf ich dort Manuela, eine Freundin aus Deutschland. Sie und ihr Freund besuchten für einige Tage seine Familie und anschließend sollte es noch für zwei Wochen auf die Osterinseln gehen. Wegen der Flugdaten hatten wir zwar nur wenig gemeinsame Zeit, doch waren wir einfach beschwingt, uns überhaupt sehen zu können. Die Zeit verflog in Windeseile, doch die Erinnerung würde bleiben. Da sie in ihren großen Koffern noch Platz hatte, bot sie mir großzügiger Weise an, überflüssige Kleidung von mir mit zurück nach Deutschland zu nehmen. Hurra! Welch Segen! Nun konnte ich mit noch leichterem Gepäck meine Reise fortsetzen.

◇◇◇◇

Am Abend stieg ich gerade aus der Dusche, als die Erde bebte. Im ersten Moment wusste ich dies nicht recht einzuordnen. Dann passierte es noch einmal. Die Wasserflasche fiel mit einem lauten Knall vom Küchentresen und rollte bis zur Wand. Ein richtiges Erdbeben! Ich war im zweiten Stock, wie sollte ich mich nun verhalten? Am besten würde ich nach draußen gehen. Vielleicht in den Park nach nebenan? Ich suchte mein Kleid und zog es mir über. Wo waren nur meine Schuhe? Da vernahm ich ein lautes „Bimm“: eine Nachricht per WhatsApp. Sie kam von Antonio, dem Vermieter. Er versicherte mir, dass diese Baukonstruktion Erdbeben aushalten würde und ich unbesorgt sein könne. Außerdem sei dieses Erdbeben nicht sehr stark. Wie zuvorkommend von ihm, schoss es mir durch den Kopf. Seine Worte verfehlten nicht die beabsichtigte Wirkung, denn ich entspannte mich. Als Einwohner der Stadt kannte er sich schließlich damit aus. So hörte ich auf, nach meinen Schuhen zu suchen, kämmte mir die Haare und setzte mich auf das Bett, um durchzuatmen. Es war ruhig. Durch das offene Fenster hörte ich die Vögel ihre heiteren Lieder singen. Das war ein weiterer Grund, der mir letztlich half, wieder in die Entspannung zurückzufinden.

◇◇◇◇

Einfach herumzutrödeln ist etwas Wunderbares, dachte ich am nächsten Morgen, als ich meinen Rücken in das flauschige Kissen des Bettes drückte, um von dort aus an meiner Tasse Kaffee zu nippen.
Etwas später förderte ich mein Handy zu Tage. Es war unter die Decke gerutscht, doch nun hielt ich es wieder in Händen und begann Flüge für meine nächste Etappe nach Australien zu googeln. Dabei kam heraus, dass der Flug, der am nächsten Abend startete, zweihundertachtzig Euro günstiger war als alle anderen Flüge in den nächsten drei Wochen. Eine schnelle Entscheidung war gefragt. Da ich trotz meiner Flexibilität einen gewissen Zeitplan einhalten wollte, buchte ich den Flug. Aufgrund von Sicherheitsbestimmungen meiner Bank gelang es mir diesmal nicht über mein Handy, also machte ich mich auf zum Einkaufszentrum „Costanera“. Von meinem letzten Besuch kannte ich den Weg und auch noch den Standort des Reisebüros von LATAM-Airlines. Ich buchte also dort meinen Flug. Alles ein wenig knapp, aber es klappte.
Zurück in meiner Wohnung sah ich gerade ein Taxi vorbeifahren. Ich winkte und fragte den Fahrer, ob er mich später am Abend abholen könne. „Ja, ich werde kommen!“, schrie er lauthals zurück, und ich freute mich, so gut organisiert zu sein. Von der Wohnung aus schrieb ich Antonio und übergab dem Hausmeister beim Gehen die Wohnungsschlüssel. Alles lief nach Plan … „Ah, ich kenne mich aus! Ich bringe Sie auf dem schnellsten Weg zum Flughafen!“, kündigte Rudolpho, wie sich der Taxifahrer vorstellte, stolz wie ein Stierkämpfer an. Für einen kleinen Moment wurde es mir ein wenig mulmig, als wir in eine winzige, schmale Gasse abbogen, die wirkte, als sei sie einer Krimiserie entsprungen und ich würde gleich ausgeraubt werden. Er folgte jedoch dem Rechtsknick und drückte dann auf sein Gaspedal, als er bergauf auf das Ende der Straße zusteuerte. Da lichteten sich plötzlich die Häuserreihen und Rudolpho überquerte eine Kreuzung bei Tieforange, und wir gelangten wieder auf die Hauptstraße. Er hielt sein Wort. In Rekordzeit brachte er mich zu meinem Terminal und so nahm ich an einem Mittwoch den Nachtflug nach Australien. Meine Stimmung war ein wenig wehmütig und freudig zugleich.

Teil II

Das Leben ist wie eine Schachtel Pralinen.
Man weiß nie, was man bekommt.

Forrest Gump

Australien

Rote Erde, Hitze, Krabbeltiere und freier Fall

◇◇◇◇

Nach einem ermüdenden Flug erreichte ich endlich den internationalen Flughafen von Sidney. Ich war da. In Australien – Down Under! Ein neuer Kontinent, neue Menschen, andere Luft, andere Farben, die mich hier begrüßten. An der Passkontrolle wurde mein Impfpass zur Einsicht verlangt. Interessant. In Südamerika hatte diesen kein Land sehen wollen. Das australische Englisch ist allerdings gewöhnungsbedürftig. Ich würde es als einen starken Dialekt wie Bayrisch im Vergleich zu Hochdeutsch beschreiben. Als ich merkte, dass es mir dennoch leichtfiel, mich der Ausdrucksweise anzupassen, lächelte ich glücklich und zuversichtlich. Noch am Flughafen zog ich mir Geld an einem Bankautomaten und tauschte die restlichen chilenischen Pesos und Bolivianos in einer Wechselstube um. Ich erhielt viel Kleingeld. Auf der australischen Ein-Dollar-Münze sind Kängurus abgebildet – darüber musste ich einfach schmunzeln. Die naheliegendsten Ideen waren oft die besten. Nicht weit entfernt entdeckte ich ein Schild mit Werbung für eine Prepaid-Karte fürs Handy. Spontan nahm ich das Angebot, das mir das Leben bot, an und kaufte mir diese. Nun war ich für einen ganzen Monat mit einer Internet-Flatrate ausgerüstet. Das klang wie Musik in meinen Ohren. Danach würde ich noch zwei weitere Karten benötigen. Zumindest hatte ich vor, so lange dieses Land, das so voller Gegensätze war, zu erkunden.

Sidney wurde im Jahre 1788 von Arthur Phillip als erste britische Kolonie gegründet. Heute ist es die größte Stadt Australiens. Eine Metropole mit einer eigenen unabhängigen Finanzstadt, der „City of Sidney“, die eine Größe von fünfundzwanzig Quadratkilometern hat, ähnlich wie der Vatikan in Rom. Ziemlich beeindruckend. Wegen Aktiengeschäften war ich jedoch nicht hier, also machte ich mich auf die Suche nach einem Shuttle-Bus. Mein Hostel wartete schon in dem angesagten Vorort Bondi auf mich. Direkt am gleichnamigen Strand, mit Blick auf den Indischen Ozean und dem simplen Namen „Backpacker´s Home“. Während der Fahrt blieb mein Blick förmlich an der Fensterscheibe haften. Die Welt, die sich mir hier bot, war so fremd und doch so vertraut. Hochmoderne Wolkenkratzer, gefolgt von penibel geplanten Grünflächen und dann ein sanftes Hinübergleiten in die vielen, meist weißen Häuser der Vorstadt mit ihren sorgsam gepflegten Gärten. Als ich an der Haltestelle in Bondi Beach ausstieg, erwartete mich ein beschauliches Fleckchen Erde, mit einer bunten Häuserreihe auf der einen und dem wild rauschenden, helltürkisfarbenen Meer auf der anderen Seite. Die salzige Luft der See füllte meine Lungen und eine laue Meeresbrise, wie ein sanftes Streicheln, hieß mich willkommen. Da hab ich wohl alles richtig gemacht, meldete mir mein inneres Kontrollsystem.
Die Unterkunft war schön eingerichtet, in den Tönen Weiß und Blau gehalten und mit jeder Menge Strandaccessoires passend zur Umgebung versehen. Im ersten Stock bot der schmale Aufenthaltsraum, der zugleich als Empfangsbereich diente, einen sagenhaften Ausblick auf den Strand, genau, wie im Profil angekündigt. Doch wirkte die Umgebung irgendwie steril und kalt auf mich. Thereza, eine junge australische Mitarbeiterin begrüßte mich mit einer übertriebenen Freundlichkeit, die mich irritierte, anstatt mich zu begeistern. Ihr Lächeln erreichte ihre Augen nicht und die Sätze bestanden aus vielen aneinandergereihten Floskeln. Besonders fiel mir die Formulierung: „Oh, no worries!“ auf, die als ständige Erwiderung auf jegliche Frage „aufpoppte“ wie eine zuverlässige Erinnerungsnachricht auf dem Computerdisplay.
Ein ähnliches übertriebenes Verhalten war mir beim Kauf meiner Prepaid-Karte schon aufgefallen, ebenso beim Busfahrer, als ich ihn fragte, ob er mir Bescheid geben könne, sobald wir an der richtigen Haltestelle seien. Meine Beobachtungen verglich ich automatisch mit meinem Verhalten während meiner Arbeit im elterlichen Hotel und später im sozialen Bereich.

Stets hatte ich versucht 150 Prozent zu geben. Private Belange sollten da keinen Raum haben. In diesem Punkt war ich d´accord. Wahrscheinlich war die Erklärung dafür, dass mir die scheinbar aufgesetzte Freundlichkeit so deutlich auffiel, dass ich mich auf meiner Reise um ein authentisches Verhalten bemühte. Also versuchte, mein Fühlen durch ein stimmiges Handeln auszudrücken. Höflich, aber so, dass ich mir treu blieb. Vielleicht musste ich mir auch nur ein wenig Zeit geben, mich zu akklimatisieren. Das Zimmer, in dem ich nun für die nächsten Tage wohnen würde, war zweckmäßig eingerichtet. Für den Schlüssel wurde eine Kaution verlangt und die Rechnung war im Voraus zu bezahlen. Augenblicklich vermisste ich die warmherzige Art, die ich in Südamerika erleben durfte. Selbst die Backpacker, auf die ich traf, unterschieden sich in ihrer Art wie die Weite des Ozeans, die zwischen den zwei Kontinenten lag. Im Durchschnitt waren sie viel jünger und fokussiert aufs Feiern. Ausflüge wurden eher als Pflichtprogramm gesehen. Echtes Interesse, das Land zu erkunden, hörte ich aus den Gesprächen kaum heraus. Nach all den vielen Eindrücken war ich wie erschlagen. Es war an der Zeit auszuruhen.

◇◇◇◇

Wie wunderbar ich geschlafen hatte, stellte ich am nächsten Morgen fest. Eine junge Frau in meinem Zimmer begrüßte mich, als ich mich im Bett aufsetzte und munter umsah. Sie erklärte mir, sie habe angenommen, allein im Zimmer zu sein, da ich mich nicht bewegt und auch keinen Laut von mir gegeben hätte. Voller Erstaunen lauschte ich ihrer Rückmeldung. Bisher hatte ich angenommen einen leichten Schlaf zu haben, aber wahrscheinlich lag es einfach am „Jetlag“. In einem Café mit bequemen Lounge-Sesseln direkt am Strand gönnte ich mir ein Frühstück und machte im Anschluss einen Spaziergang durch den schimmernden Sand. Von der Informationstafel erfuhr ich, dass ein Netz im Meer gespannt ist, um Schwimmer und Surfer im Sommer vor Haiangriffen zu schützen. Das Klischee Australiens – aufgrund der Tierwelt äußerst gefährlich zu sein – wurde damit zu hundert Prozent bedient. Ich empfand es ohnehin als zu kalt zum Schwimmen, also kostete ich den süßen Müßiggang voll aus und sonnte mich.
Als Stunden später mein Magen zu knurren begann, zwang er mich, neue Pläne zu machen, und ich begab mich auf die Suche, um meinen Lebensmittelvorrat aufzufüllen. Ein Supermarkt war schnell gefunden. Allerdings wurde daraus ein kleines Shopping Event. So reihten sich zum Beispiel in einem langen Flur ordentlich gestapelte kleine Obst- und Gemüsekisten aneinander. Jeder Apfel, jede Mango, jede Paprika und jede Tomate waren aufs Penibelste eingeräumt. Nein, das trifft es nicht. Jedes Stück Obst und Gemüse war herausgeputzt wie eine Braut auf dem Weg zur Kirche und präsentierte sich in entsprechend prunkvol-

lem Umfeld. Das wollte ich festhalten und zückte mein Handy für ein Beweisfoto. Leicht schwindelig wurde mir, als ich der Preise gewahr wurde. Selbst für deutsche Verhältnisse war das hier ungeheuer teuer. Wie lange würde ich es in diesem Land wohl durchhalten, schoss es mir durch den Kopf. Innerlich kürzte ich schon die Wochen meines Aufenthaltes. Dann bleibe ich eben länger auf Bali, versuchte ich mich direkt zu beruhigen.

◇◇◇◇

Voller Neugier machte ich mich am nächsten Morgen auf den Weg zum Circular Quay. Ich wollte das Opernhaus mit eigenen Augen sehen. Das öffentliche Straßennetz ist gut ausgebaut. Um dort hinzukommen hatte ich gleich mehrere Möglichkeiten und entschied mich letztlich für den Bus, da die Haltestelle nicht weit entfernt war und ich nicht einmal umzusteigen brauchte. Mehr Zeit, die Gegend zu betrachten. Die Weite der prunkvollen Uferpromenade bis hin zum Opernhaus begeisterte mich. Mir war, als ob ich Teil eines Gemäldes wäre, dessen Maler die Aufgabe hatte, einzig und allein die schönen Dinge des Lebens zu zeigen. Meinen Weg säumten das Meer und Restaurants, die zum Verweilen einluden. Das Opernhaus selbst war beeindruckend durch seine eigenwillige und einzigartige Konstruktion, die sich der dänische Architekt Jørn Uzton hatte einfallen lassen.

Spontan kaufte ich mir eine Karte für die morgige Vorstellung. Auf dem Programm stand die Operette: „Zwei Hochzeiten und eine Braut“, ein Lustspiel. Es gab noch sechs Karten für die Vorstellung und ich bekam eine davon. In Feierlaune schlenderte ich zur Anlegestelle verschiedener Fährlinien und studierte den Fahrplan. Eine andere Passantin beobachtete mich und riet: „Die Fähre nach Manly sollten Sie nehmen! Der Ausblick auf die Skyline ist ganz außergewöhnlich schön!“ Ich strahlte sie an und bedankte mich. Acht Minuten später legte die Fähre ab, vorbei an der eleganten Harbour Bridge und weiter gen Horizont. Die freundliche Unbekannte hatte Recht behalten.

◇◇◇◇

Am späten Nachmittag wartete ich in der Nähe des Hafens auf den Bus und verkürzte mir die Wartezeit, indem ich mich mit einem kleinen Eis verwöhnte. „Best vanilla taste ever!“
Als ich genüsslich an meinem Eis leckte, blickte ich zum Steg und sah, wie ein Mann in schwarzem Anzug mit vollem Körpereinsatz zur Anlegestelle der Fähre sprintete, allerdings vergeblich, denn um nur zwei Minuten hatte er das Boarding verpasst. „Oh nein! Jetzt haben Sie sich so beeilt und es hat nicht gereicht“, stimmte ich ihm zu, als ich sein enttäuschtes und abgehetztes Gesicht erblickte. Er sah mich an und begann zu lächeln. „Der normale Wahnsinn. Das ist mein täglicher Nachhauseweg“, erwiderte er. Sein Blick musterte mich kurz und blieb an meinem Eis hängen, das ich in den Händen hielt. „Gute Idee, das Leben ist zu kurz, um sich zu ärgern“, stellte er bestimmend fest und so wurde ich überraschte Zeugin, als er seine Kugel Eis tatsächlich mit der Kreditkarte bezahlte. Die Australier sind schon speziell, fuhr es mir durch den Kopf. Als ich meine Verwunderung kundtun wollte, fuhr mein Bus ein und so warf ich ihm stattdessen ein fast bedauerndes: „Oh, da kommt mein Bus. Ich wünsche Ihnen noch einen schönen Abend!“, zu und winkte zum Abschied.

◇◇◇◇

Im Hostel teilte ich mir das Zimmer nun mit einem Mädchen, das spät ankam und schon gerade wieder im Begriff war, zu gehen, und dem lebenslustigen Paul, der viel Zeit investierte, um seinen Körper in Topform zu halten. Sein Wunsch war es, an irgendeiner Meisterschaft teilzunehmen. Worin habe ich vergessen, ebenso woher er kam. Unsere Unterhaltung am nächsten Morgen jedoch nicht.

Munter begrüßte er mich mit einem: „Morgen, gut geschlafen?" Er hielt seinen Kopf schief und blickte mich erwartungsvoll und mit einem einnehmenden Lächeln an. Ich nickte noch ein wenig verschlafen, grüßte zurück, nahm mein Kosmetiktäschchen und verschwand Richtung Bad. Ich brauchte erst einmal eine Dusche. Mit frisch gewaschenen Haaren, aufgetragener Wimperntusche, meinem engen T-Shirt und den Hotpants betrachtete ich später mein „poliertes" Spiegelbild. „Nicht schlecht", fand ich. Paul dachte wohl Ähnliches, wie mir sein Blick nach einer kurzen Musterung verriet. Er hielt inne und begann ein unverfängliches Gespräch. Das nahm er wohl zumindest an. Er erzählte von seinen abendlichen Plänen, wir tauschten uns über Musik aus und irgendwann fragte er, wie alt ich sei. Als ich schlicht mein Alter nannte, entfuhr Paul ein ungläubiges: „Was? So alt bist du? Aber du bist ja ein Jahr älter als meine Mama!" Zum größten Teil belustigt konterte ich: „Charmant, charmant, Paul." Ich nahm es als Kompliment und am Abend ging es für mich dann in die Operette. Sie war kurzweilig und ein angenehmer Zeitvertreib, doch mein Geschmack hatte sich mit der Reise begonnen zu wandeln. Oder war es gar nicht mein Geschmack gewesen? Eigentlich hatte ich die Opernkarte nur erstanden, weil meine Eltern früher immer betont hatten, dass Kultur zum Pflichtprogramm gehört und es eine Schande ist, eine Chance, die sich einem bietet, nicht zu nutzen. Mir stand der Sinn jedoch vielmehr nach neuen Abenteuern!

◇◇◇◇

Mit einem großen Cappuccino saß ich deshalb am nächsten Morgen wieder in dem Café am Strand und versuchte meine weiteren Schritte zu planen. Da es freies Wifi gab, war ich bewaffnet mit Handy und meiner tragbaren Tastatur und fühlte mich „pretty cool", wie ich lässig meinen Recherchen nachging. Nun wollte ich herausfinden, ob ich all meine Wunschziele auch mit meiner Reiseroute und vor allem mit meinem Budget vereinbaren könnte, ohne dieses über die Maße zu strapazieren. Sollte ich mir wirklich ein Auto mieten und die „Great-Ocean-Road" auf eigene Faust erkunden? Wie käme ich ins Outback? Was tat ich bei einer Reifenpanne und ohne Handy-Empfang? Sollte ich lieber direkt nach Alice Springs fliegen oder eine Tour buchen? Auf jeden Fall wollte ich zum Schnorcheln an das Nigaloo Reef. Das Besondere an diesem Reef war, dass es nicht allzu überlaufen ist und ich direkt vom Strand aus auf das Riff zum Schnorcheln würde schwimmen können. Um Haie brauchte ich mir also keine Gedanken zu machen. Zum krönenden Abschluss wollte ich dann in den „Karijini National Park", bevor ich Australien Lebewohl sagen und nach Bali weiterfliegen würde.

Mit einer Liste an Reisezielen und der Absicht, mir jeglichen Stress zu nehmen, betrat ich eine Stunde später das Reisebüro „Peter Pan“ schräg gegenüber der Bushaltestelle. Josh, mein Ansprechpartner, überflog meine Liste und legte mir innerhalb von zehn Minuten eine ausgetüftelte Reiseroute vor, die „mir so gut gefallen müsste“. Ein wenig überrumpelt, aber ziemlich angetan von solch strukturierter Umsetzung meiner Wünsche studierte ich diese. Allerdings riet er mir stark davon ab, die „Great Ocean Road“ mit einem Mietwagen zu fahren. „Zu schmal, zu kurvig und vor allem zu viel Verkehr. Dann noch auf der anderen Straßenseite zu fahren, kann ziemlich tückisch sein“, erklärte er fachmännisch. Das waren überzeugende Argumente. Stattdessen würde er die Strecke an der Westküste, von Perth zum Nigaloo Reef und zurück über den Nationalpark und eine Straße, die lange Zeit quer durchs Outback führte, empfehlen. „Da ist das Fahren entspannt und du bekommst dein Abenteuerfeeling“, sagte er und zwinkerte mir zu. Mich begeisterte die Idee, auch wenn ich mir im Klaren darüber war, dass er als Verkäufer taktisch alles geschickt eingefädelt und präsentiert hatte. Da er von der Westküste stammte, hatte er sofort weitere fantastische und hilfreiche Anregungen für die Strecke. Es gäbe eine Bucht, in der jeden Morgen Delfine zu sehen wären und er kenne einige Hostels auf dem Weg, bei denen ich auch lediglich die Duschen für kleines Geld nutzen könnte. Weiter standen auf der Liste eine einwöchige Rundreise durch Tasmanien, eine Drei-Tages-Tour entlang der „Great-Ocean-Road“, der wiederum eine Woche Australisches Outback folgte. Sogar mit Übernachtungen unter dem Sternenhimmel. Er hatte wirklich an alles gedacht, oder nicht? „Soll ich alles für die Buchung vorbereiten?“, fragte Josh und störte meine Überlegungen. „Noch nicht“, gab ich zurück. Ich wollte mir ein wenig Bedenkzeit nehmen und Preise vergleichen.

Doch jetzt würde ich erst mal an den Strand gehen. Das Rauschen der Wellen war beruhigend, lullte mich ein und meine Gedanken kamen zur Ruhe.
Am folgenden Tag war meine Entscheidung gefallen: Ich wollte die Tour so buchen. Nun hatte ich einen Überblick über meine Finanzen und eine gute Mischung aus organisierten Touren und Abenteuern. Weiterhin hatte ich mir überlegt, mir keinen Mietwagen, sondern einen kleinen Camper zu mieten. Dreieinhalb Wochen ein winziges Eigenheim auf Rädern, mit Bett und Küche. Ich – allein unterwegs. Das war nach meinem Geschmack und obendrein eine gute Übung für Neuseeland, wo ich ähnliches für drei Monate plante. Ich begann, mir die Fahrt in schillernden Farben auszumalen. An meinem Geburtstag würde ich im „Karijini National Park“ aufwachen und durch die faszinierende Felsenwelt des Weano und Hancock Gorge klettern. Zum Abschluss noch in das kühle, blauschimmernde Wasser eintauchen und mit jeder Zelle meines Körpers das Leben feiern. Bis es soweit war, wollte ich unbedingt zum Wandern in die Blue Mountains. Laut Google war die Gebirgskette nur 84,52 Kilometer entfernt von Sidney. Gleich morgen wollte ich losfahren.

◇◇◇◇

So saß ich am nächsten Tag ausgeruht im Zug. Dieser ratterte langsam von Ort zu Ort bis ich endlich in Katoomba einfuhr. Welch außergewöhnlicher Name. Er ist abgeleitet von dem Aborigini-Wort „Kedumba“ und bedeutet glänzendes fallendes Wasser und bezieht sich auf die vielen Wasserfälle in der Region. Schon auf der Straße, die vom einzigen Bahnhof Richtung Innenstadt führte, spürte ich die angenehme Atmosphäre einer Kleinstadt. Die Luft war klar und ich hatte das Gefühl, die einzigartige Duftnote des Eukalyptus bereits riechen zu können. Die Menschen, denen ich begegnete, wirkten gelassen und nahmen sich gerne ein wenig Zeit für einen Plausch. Ohne meinen Rucksack hätte ich das gerne vertieft. So fasste ich mich kurz und machte mich weiter auf den Weg zu meinem Hostel. Dem „YHA“. Wie ich noch lernen sollte, handelt es sich um eine Kette von Jugendherbergen, die einen guten Standard in ganz Australien garantieren. Nachdem ich mich eingerichtet hatte, schrieb ich Freunden und Freundinnen per WhatsApp einige Zeilen. Herzlich lachen musste ich bei einer Antwort, die lautete: „Was machst du denn in Afrika?“ Die Frage führte mir noch einmal vor Augen, wie fremd die Namensgebung für einen Ort in Australien klang, wenn man mit der Bedeutung des Ursprungswortes nicht vertraut war. Meine erste Wanderung führte mich zu den „Three Sisters“. Die wohl bekannteste Felsformation in der Nähe, die den Blick freigibt auf eine riesige Fläche der Blue Mountains, der Gebirgsregion in New South Wales. „Die blauen Berge“ – so wurden sie getauft wegen der unzähligen Eukalyptusbäume in ihrer Umgebung. Durch die Wärme des Tages verdunstet das ätherische Öl der Blätter und legt sich wie ein feiner Schleier über die Berge. Bei Tageslicht schimmern die Berge dann in einem sanften Blau. Es wirkt geheimnisvoll und reizt, mehr von dieser Schönheit zu entdecken.

◇◇◇◇

Beim Kochen lernte ich Joline und Anna kennen. Mit der zarten Statur einer Elfe, den kurzen zimtbraunen Haaren und großen grünen Augen war es schwer vorstellbar, welch eine taffe Frau Joline war. Sie wollte unabhängig sein und das Land erkunden. Deshalb wohnte sie in ihrem Auto. All ihr irdischer Besitz passte tatsächlich in ihren alten Chevrolet. „Zurzeit brauche ich allerdings eine kleine Verschnaufpause von meinem Nomadendasein“, gestand sie.
Im Gegenzug für das Putzen der Küche durfte sie umsonst im Hostel wohnen. Bei den kalten Nächten eine willkommene Gelegenheit. Gerade hatte sie ihren dreißigsten Geburtstag gefeiert.

„Ganz allein mit mir … eine neue und schöne Erfahrung“, kommentierte sie unsere Neugier mit einer Ruhe, wie die Moderatorin eines Seminars mit dem Titel: „Die Kunst, das Leben zu genießen“. Ich staunte, da ich in ihr, genau wie bei meiner Begegnung mit Christopher in Bariloche, einen Menschen vor mir hatte, der ebenfalls eine Aura von Gleichmut besaß. Vielleicht war es genau diese Ausstrahlung, die mich unvorbereitet traf, und mich abrupt in eine andere Zeit katapultierte.

Eine Zeit, in der Hektik dominierte und ich mit großem Aufwand unsere Familienfeiern plante. Geburtstage belegten bei uns, gleich nach Weihnachten, Rang zwei. Nicht selten bog sich unser Tisch an solch einem Tag unter dem Gewicht der Geschenke. Das war in unserer Familie überaus wichtig. Was nicht mit Worten ausgedrückt wurde, fand sich in der Fülle der größeren und kleineren bunten Päckchen wieder.

Das Lachen von Anna und Joline holte mich aus meinen Gedanken zurück.Als ich Joline so tiefenentspannt neben der quirligen Anna mit dem blonden Lockenkopf stehen sah, wurde mir eins klar: Welch eine Chance bot sich mir durch den Vergleich dieser Lebensentwürfe! Ich grinste und fühlte mich auf einmal wie ein Bär, der einen Topf voller Honig gefunden hat! Plötzlich rief Anna: „Oh, das muss ich euch unbedingt zeigen!“ Damit riss sie ihre rote Strickjacke auf und präsentierte stolz ihr T-shirt mit der Aufschrift: „Ich hab mein Abi geschafft. Und jetzt bin ich bereit für Abenteuer – oder für ein Date!“ Ihre Augen funkelten vor Schalk, als Joline Anna lachend warnte: „Sei vorsichtig mit deinen Wünschen! Du weißt nie, ob sie sich erfüllen, und wie sie sich dann entpuppen!“ Wir prusteten alle drauflos und schließlich legten wir unsere Einkäufe zusammen und kochten gemeinsam. Während wir unser Festmahl verspeisten, verabredeten wir uns zu einer Wanderung in die Rocky Mountains. Eine zufällige Namengleichheit mit den „großen Geschwistern“ in den Vereinigten Staaten und Kanada.
Da ein Auto uns erheblich schneller und näher zum Beginn des Trails bringen würde, zwängten wir uns am nächsten Morgen in das vollbeladene grüne Auto von Joline. Anna und ich teilten uns den Vordersitz und balancierten dabei meisterlich Kleidungsstücke, zwei Bücher und ein paar Winterstiefel, für die wir keine entsprechende Lücke mehr fanden, mit unseren Händen. Es folgte eine vierstündige Wanderung mit endlosen Stufen. Die beiden schienen mir, als ob sie ihre benötigte Energie direkt aus den umliegenden Pflanzen und Bäumen aufsaugten, solch ein unglaubliches Tempo legten sie vor. Als ich das Offensichtliche benannte, mussten wir lachen, es drängte uns ja niemand. So nahmen wir uns mehr Zeit, unsere Umgebung zu bestaunen. Der Weg führte durch den Regenwald, war jedoch häufig mit einem Stahlzaun begrenzt. So ganz anders als

in Südamerika. Waren das tatsächlich Schutzmaßnahmen für die Wanderer oder doch vielleicht für den Wald? Nach einer Biegung erreichten wir eine Lichtung mit einem Wasserfall. Die Sonne reflektierte die Billionen kleiner Wassertropfen und ließ einen schillernden Regenbogen vor unseren Augen tanzen. Genau der richtige Ort für ein Picknick. Randvoll mit neuen Eindrücken kehrten wir glücklich und erschöpft nach der Wanderung zurück ins Hostel. Von den vielen Stufen spürte ich bereits einen beginnenden Muskelkater in Beinen und Po, und beschloss deshalb, am darauffolgenden Tag eine langsamere Gangart einzulegen und allein einen Ausflug zu machen. Anhand einer Wanderkarte wählte ich eine Tour zu den Wentworth-Wasserfällen aus, deren Aussicht mir schier den Atem raubte. Ein im Wind wehender, weißer Schleier ergoss sich in endlose Tiefe. Ein kleiner Schwenker führte mich über handgemeißelte Steinquader zu einem Vorsprung, der mit Schlingpflanzen umrankt war. Ein Teil war unter einer Decke aus Stein und Gras bedeckt. Der Blick öffnete sich in die unberührten Wälder und ermutigte die Fantasie, von längst vergessenen Schätzen und verborgenen Tempeln zu träumen. Das versöhnte mich ein wenig mit dem Land, das so groß war und dessen Wanderwege so begrenzt wurden.

◇◇◇◇

Nach der vielen Bewegung hatte ich Lust auf eine heiße Schokolade. Milch hatte ich mir auf dem Rückweg vom Supermarkt bereits mitgenommen. Kakaopulver stand im Hostel zur freien Verfügung. Vorherige Gäste hatten ihre „Reste" dagelassen. Schön für mich. Da ich noch ein wenig Milch übrighatte, bot ich Greg, der an der Rezeption arbeitete, eine Tasse heißer Schokolade an. Er war begeistert und wir glitten hinüber in eine interessante Unterhaltung. Er war vor einigen Jahren nach Katoomba gezogen, da er die Landschaft und den Ort liebte. Welch wunderschöne Sache, einfach das zu tun, wonach einem ist, dachte ich bei mir. In seinem Fall ging es ja nicht um einen Urlaub, sondern um das „wahre Leben".

„Weißt du, die Menschen haben einfach Angst vor Veränderung. Angst, sie würden die Kontrolle verlieren, deshalb arbeiten sie oft ohne Unterlass und merken kaum, wie sie Opfer ihrer eigenen Realität werden", erläuterte er mir. Es schien ein Thema zu sein, mit dem er sich genauestens auseinandergesetzt hatte.

Bei seinen Ausführungen hatte ich das Bild von rennenden Windhunden vor Augen. Diese hager wirkenden Tiere mit ihrem leidenden Gesichtsausdruck jagen bei Hunderennen einem künstlichen Hasen hinterher. Sie spannen ihre ganzen Muskeln und Sehnen in ihren dürren Körpern an und verlangen sich eine immense Leistung ab, um an ihr Ziel zu gelangen. Windhunde jagen nach

Sicht. Deshalb merken sie erst, wenn sie ihre Beute erreicht haben, dass es sich lediglich um einen Dummy handelt.
„Das Verlangen nach der totalen Kontrolle wird oft missverstanden", fuhr Greg fort. Um den Alltag zu bewältigen, würden Zeitpläne und Listen erstellt. Alles in dem Versuch, sich den Alltag erträglicher zu machen. Das sei jedoch alles nur eine Illusion. Bei seinen Worten verglich ich automatisch seine Aussage mit meinem „alten Leben" und meiner damaligen Affinität zu Listen. Und wie war es um meine bisherigen Arbeitsstellen bestellt gewesen? Meine Gedanken rasten ... Plötzlich musste ich an den Ausspruch denken, dass das Leben keine Zufälle kennt. Ausgehend von dieser These waren meine bis dato gemachten Erfahrungen in der Arbeitswelt notwendig gewesen, um den Leidensdruck so zu erhöhen, dass ich mich für so eine radikale Veränderung, wie nun meine Reise, entschieden hatte. „Die Kontrolle hat man, wenn man im Jetzt lebt und Dinge verändert, und zwar nach dem eigenen Wohlbefinden." Mit diesen Worten schloss er seinen kleinen Monolog. Ich musste ihm zustimmen, ein weiser Mann, der Greg, und das, obwohl ich ihn ein paar Jährchen jünger schätzte als mich selbst.

◇◇◇◇

Greg wies mich auf eine Ausstellung in der Nähe des Echo Point hin. Er erklärte mir, ich könne mit dem „Skytrain" erst ein Stückchen über den Regenwald dahingleiten. Anschließend würde ich dann bis hinunter in die Tiefen gebracht, um dort auf höher gebauten Holzstegen durch die verschiedenen Werke der Künstler zu schreiten. Von seiner Erzählung begeistert, machte ich mich auf den Weg zur „Scenic World". Das Event begann schon mit der Fahrt im Skytrain. Man könnte ihn auch als gläserne Gondel bezeichnen.
Über einen elektrischen Schalter öffnete der Schaffner die Abdeckung des Bodens und legte in der Mitte eine große Fläche aus Panzerglas frei. Mir war, als würde ich über den Wipfeln der Bäume auf magische Weise schweben. Fantastisch schauderhaft. Unten angekommen gab es verschiedene Möglichkeiten für Rundgänge, wobei ich den wählte, der mir am einsamsten erschien. So konnte ich mich völlig auf den Moment konzentrieren. Die Luft roch erdig und feucht. Es war kühl, denn durch das Blätterdach wurde die Sonne abgehalten. Zu meiner großen Überraschung war es leise. Es knackte und raschelte ab und an im Gebüsch, doch Vögel hörte ich nicht. Vielleicht war ich auch zu fokussiert auf die Ausstellung. In regelmäßigen Abständen fanden sich die unterschiedlichsten Ideen der Künstler wieder. Da war zum Beispiel ein drei Meter hohes Känguru aus rostigem Metall, das ein Gewehr auf den Zuschauer richtete. Mein

Weg führte vorbei an gruseligen, gigantisch großen Spinnennetzen aus weit gespannten Seilen und gab letztlich den Blick frei auf eine erschreckende Monster-Tarantel aus Metall. Nach einem kurzen Abschütteln des Schauders, der mich befallen hatte, setze ich meinen Weg fort und stieß auf eine Fantasiewelt von wundersamer Pracht. Inmitten des satten Grüns der Bäume und den vielen weiteren Braun-Grün-Schattierungen brachen sich ein paar Sonnenstrahlen Bahn und reflektierten ihr Licht in hundert schwebenden Glaskugeln, die wie Seifenblasen glitzerten. Zart und verzaubernd wie ein Blick in die sonst unsichtbare Welt der Feen. In Wirklichkeit streckte ich meine Arme aus und versuchte eine oder vermessener Weise gleich zwei der schillernden Gebilde zu berühren. In meinen Gedanken nahm ich bereits Platz in jener zu meiner Rechten, um davon zu fliegen – schwerelos – umhüllt von nichts als Stille.

Ein seltsam anmutender Moment, den ich tief in mich aufnahm, um zu einer anderen Zeit noch einmal wiederkehren zu können. Zurück ging es jetzt erstmal in einem modernen, kleinen Waggon auf Schienen. Nichts für schwache Nerven, denn beim Hochfahren wurde der Wagen fast senkrecht nach oben gezogen. Durch eine riesige Glasfront fiel der Blick zwangsläufig direkt in den gähnenden Abgrund. Greg musste herzlich lachen, als ich ihm von meinem „flauen Magen" bei dieser Fahrt berichtete. Viel zu schnell verging die Zeit und mahnte mich, nach Sidney zurückzukehren, denn bald würde meine Rundreise quer durch das wilde und ursprüngliche Tasmanien beginnen.
Für eine Nacht schlief ich in einem Zugwaggon, der auf einem stillgelegten Gleis stand. Dieser gehörte zu einem Hostel und die Idee hatte mich einfach begeistert. Tatsächlich überrascht war ich dann doch über den lauten Schienenverkehr und vor allem über die ständigen Durchsagen auf den Bahnsteigen, die nur ein Gleis entfernt waren. Zumindest hatte ich es am nächsten Tag nicht weit, um den Flughafen zu erreichen. Bei dem Gedanken wurde ich ganz kribbelig. Zu gern säße ich bereits im Flugzeug nach Hobart.

◇◇◇◇

Ein paar Stunden später war es soweit. Ich war auf „Tassi", wie die englischsprachigen Bewohner ihre Insel liebevoll nannten. Andere kennen sie unter dem Namen: „Tasmanien" oder „Van Diemen's Land". Der kleinste Bundesstaat Australiens hat so viele Namen. Letztlich gehen sie alle zurück auf die Entdeckung des Fleckchens Erde im Jahre 1642, als der Seefahrer Abel Tasmann im Auftrag des Generalgouverneurs der niederländischen Ostindien-Kompanie, Toni van Diemen, an der Küste anlegte. Ich war hier, da ich mich von den Fotografien der so rauen und urtümlichen Eleganz der Landschaft hatte betören lassen. Allein ein Fünftel der Insel besteht aus Nationalparks und Naturschutzgebieten. Eine Freude also für Liebhaber von Flora und Fauna.
Das schon fast historische Hostel wirkte auf den ersten Blick verlebt, doch in einem breiten Kamin in der Eingangshalle züngelte ein einladendes Feuer und die Mitarbeiterin war entspannt und freundlich. Hier würde ich also vor und nach der Rundreise Quartier beziehen. Das Vier-Bett-Zimmer, das sie mir anbot, war lächerlich klein. Tatsächlich müssten, sollte eine Person im Raum stehen, die anderen auf die Betten ausweichen. Ich weigerte mich, dort einzuziehen, und erhielt das Angebot, ein anderes, vergleichbares Kabuff mit nur einer anderen Person zu teilen. Erleichtert nahm ich das Angebot an und teilte mir das Räumchen mit Brendon aus Wales. Ein netter unkomplizierter junger Mann, der als Maurer seit einem Jahr in Hobart arbeitete. Jeden Morgen stand er um 5:30 Uhr

auf und trat beständig seinen Dienst an. Dafür zollte ich ihm Respekt und gleichzeitig verspürte ich unsägliche Dankbarkeit reisen zu dürfen. Die Zimmer im Hostel hatten eine Besonderheit. Ein automatischer Schließmechanismus sorgte dafür, dass es notwendig war, stets den Schlüssel bei sich zu haben. Vor allem, wenn man nachts einmal ins Bad musste. Anscheinend schien ich mich so wohl zu fühlen, dass ich bei der nächsten Gelegenheit keinen Gedanken mehr daran verschwendete und mich direkt aussperrte. Leicht genervt, da meine Versuche, Brendon dazu zu bewegen, mir die Tür zu öffnen, nicht fruchteten, sah ich mich hilfesuchend in den Fluren um. Ich nahm den Gang zu meiner Linken und traf auf einen anderen Nachtschwärmer. Er verriet mir die Uhrzeit: 7:15 Uhr. Da konnte ich lange klopfen! Brendon war schon außer Haus. Die Rezeption machte um acht auf, also hieß es warten. Zum Glück musste ich nur eine kurze Zeit überbrücken. Wieder einmal war ich froh über meinen schicken Schlafanzug, als ich mich auf den Weg zur Küche machte. Vielleicht war schon irgendjemand wach und spendierte mir eine Tasse Tee. Im Gemeinschaftsraum lernte ich Mathilda kennen. Anteilnehmend bot sie mir die erhoffte Tasse Tee an und wir unterhielten uns. So schnell, wie sich die vermeintliche „schlimme Situation" zum Guten gewendet hatte, verbuchte ich es als „gutes Omen" für den Tag.
Ich hatte es nicht eilig, um Hilfe bei der Rezeption zu bitten, sondern erfreute mich noch eine Weile an der Unterhaltung mit Mathilda. Sie berichtete mir, was mich auf meiner Rundreise erwarten würde. Ich war gespannt.

◇◇◇◇

Noch ein Tag stand mir zur freien Verfügung, bis es losgehen würde. So machte ich mich auf zum Hafen, um ins Museum „Mona" zu gelangen. Allein die Schiffsfahrt zu der Halbinsel Berriedale war schon ein wundervolles Erlebnis, das Museum selbst ein Genuss, wie ein Buffet, bestehend aus den verschiedensten kulinarischen Köstlichkeiten der ganzen Insel. Eine Mischung zwischen Happening und Ausstellung. Der Millionär David Walsh hat einen Hang zum Außergewöhnlichen und so befand sich ein Großteil der Ausstellung im Untergeschoß des Gebäudes. Es kam mir vor wie ein Abtauchen in eine bunte Welt der Alten, Neuen und Zeitgenössischen Kunst, ein Eintauchen in die einzelnen Werke und damit in die Gedankenwelt, die das eigene Bewusstsein kreierte. Eine Einladung unterschiedlicher Natur: ein Raum randvoll mit Büchern – alle weiß, unbedruckt, dadurch die Frage provozierend: Was wäre, wenn …? Ein Bild von John Perceval, auf dem ein kleiner Junge seinen Teddybären in den Armen hält und ihn anlächelt, obwohl dieser ihm mit seinen Krallen das Gesicht zerkratzt. Welche liebgewonnene Angewohnheit halte ich fest, obwohl sie mir schadet, überlegte ich.

Dann ein Raum mit steinernen grauen Wänden, der gefüllt war mit Wasser. Das Echo der seichten Wellenbewegungen suggerierte ein Gefühl der Beklemmung. Aneinandergereihte Steinblöcke führten zu zwei nebeneinanderstehenden Sarkophagen aus grauem Stein. Einen Flur weiter zierte ein Ölgemälde die Wand. Daneben ein Duplikat, wie es auf den ersten Blick schien. Auf den zweiten Blick erklärte sich das Prinzip: Wer findet die zehn Fehler? Auch gab es Mumien, die von Vergänglichkeit und Dauer erzählten.
An einem Tag war die Fülle der Möglichkeiten nicht zu fassen. Ein guter Grund wiederzukommen, formte sich der Gedanke in mir, als ich mich aufmachte, um das letzte Schiff Richtung Hobart zu erreichen. Auf dem Weg dorthin, wo es vor Anker lag, entdeckte ich ein großes verlassenes Trampolin. Es stand direkt an der Mauerböschung zum Meer. Ich blickte mich um, konnte jedoch niemanden in der Nähe erblicken. Wieso eigentlich nicht, dachte ich bei mir und machte mich daran, meine Slipper von den Füßen zu streifen.
Einen Zuschauer hatte ich doch. Aus dem Schatten entfernter Bäume trat Hugo, wie er sich kurz vorstellte. Groß, mit einer athletischen Figur, einem braunen Lockenkopf und grau melierten Schläfen. Er trat verschwörerisch näher und teilte mir flüsternd das Offensichtliche mit: „Aber wir dürfen das nicht. Wir sind erwachsen!“ Ich blickte in seine großen, fragenden blauen Augen und lächelte ihn verschmitzt an: „Who cares? Nobody will check our passports.“ – „Wen kümmert's? Niemand wird unsere Pässe kontrollieren.“ Damit zog ich an meinem letzten Schuh und stellte mich auf die Sprungfläche. Wie eine Feder hüpfte ich auf und ab. Blickte bei jedem Schweben in der Luft auf die endlose Weite des Meeres. Begleitet durch ein stetiges Lachen, das in mir unkontrolliert emporstrudelte. Als ich später wieder in meine Schuhe schlüpfte, kam Hugo näher. „Ich will auch“, vertraute er mir an. „Nur zu“, ermutigte ich ihn und fügte ein „Ich verspreche, ich werde auch nicht gucken“, hinzu. Aus irgendeinem Grund hatte ich das Gefühl, er könnte es so besser genießen. Mit ernster, hochkonzentrierter Miene, als würde er gleich in die Schlacht ziehen, machte er sich daran, seine Schuhe aufzuschnüren. Ich hielt mein Wort und sah nur noch aus den Augenwinkeln einen Schatten aufblitzen, als ich in Richtung Schiff lief, um zurück zum Hotel zu gelangen.

◇◇◇◇

Auf dem Rückweg von der Anlegestelle passierte ich ein Schaufenster, in dem eine nachtblaue Thermoskanne ausgestellt war. Genau so eine könnte ich auf meiner Fahrt mit dem Camper gut gebrauchen, und außerdem wäre es ein schönes Andenken, entschied ich. Leider war bereits geschlossen und so machte ich spontan ein Foto von der Kanne inklusive der Öffnungszeiten des Ladens. Vielleicht würde ich es noch am letzten Tag schaffen. Im Hotel gönnte ich mir einen Schokoriegel und tauschte mich mit Meika von der Rezeption aus. Als ich ihr von der Thermoskanne berichtete, bot sie mir spontan ihre Hilfe an: „Weißt du, das Geschäft liegt sowieso auf meinem täglichen Weg zur Arbeit. Wenn du willst, kauf ich sie dir und du kannst sie dann vor deinem Rückflug mitnehmen." Ich war perplex und nahm natürlich das großzügige Angebot an. Mit dem Foto und dem nötigen Geldbetrag war schnell alles Weitere geregelt. Als ich die Stufen zu meinem Zimmer hinaufstieg, war ich fasziniert von der Fülle an Freundlichkeit und Glück, die mir in letzter Zeit begegnet war.

◇◇◇◇

Unsere Reisetruppe würde ich als durchgängig heiter beschreiben. Ein Kleinbus voll mit achtzehn Mädels, die Reiseleitung, Gemma aus Italien, eingeschlossen. Mit ihren neunundvierzig Jahren ein anstrengender Job, wie ich fand. Vom Alter her war ich ihr bedeutend näher als den Teilnehmern der Tour, und wir hatten einige Gemeinsamkeiten. Wir mochten dieselbe Musik und teilten Erinnerungen an Fernsehsendungen der Jugendzeit und das Wichtigste – wir hatte den gleichen Humor. So erhielt ich vorne den Platz an ihrer Seite. Ein gelungener Einstieg. Gleich zu Beginn tauchten wir ein in eine uns unwirklich erscheinende Landschaft. Leuchtend grüne Farne, die so groß waren, dass wir uns in einem Land voller Riesen wähnten, und fremde Geräusche des Busches zogen uns in ihren Bann. Unser Ziel nach einer zweieinhalbstündigen Wanderung waren die „Russel Falls". Sie ergossen sich zart wie Schmetterlingflügel über terrassenförmige Felsen. Im Bruchteil einer Sekunde erlaubten sie dem Beobachter, einen Blick auf das dahinter verborgenen Schwarz der Steine und das grüne Moos, das tollkühn diese Stelle seine Heimat nannte, zu werfen. Das Ganze wirkte auf mich wie ein bewusst geschaffener Naturpark, so wundersam eindrucksvoll bot sich die Natur uns dar.

Doch das sollte nur der Auftakt sein. Gegen Nachmittag hielten wir am Lake St. Clair. Ruhig und klar mit einer intensiven Farbe von Blaubeeren im Spätsommer leuchtete er uns entgegen. Die Luft barg einen Hauch von Feuchtigkeit in sich. Die tausend glitzernden Steine am Ufer knirschten unter unseren Schuhsohlen. So hieß uns die Insel an jenem Tag willkommen. Nach einer Stärkung im dortigen Restaurant nahmen wir unseren Weg auf, und als es bereits dunkel wurde, erreichten wir unsere Herberge.
Für die fünf Übernachtungen hatte ich mir den Luxus eines Einzelzimmers gegönnt. Was mir nun für die nächsten zwei Nächte offeriert wurde, traf mich unvorbereitet: Eine kleine Hütte, nur für mich, mit Blick auf das grüne Dickicht. Fern ab des Haupthauses mit Küche und den Schlafräumen der anderen. Um zu dem Waschraum zu gelangen, musste ich einen schmalen Pfad nehmen, der mich nach ein paar Minuten an mein Ziel bringen würde. Im Dunkeln wahrscheinlich ein wenig schneller. Der dortige Ranger zeigte mit stoischer Ruhe auf das Fliegengitter, das vor dem Fenster angebracht war und erklärte mir: „Ich habe alles auf Spinnen und Schlangen kontrolliert. Sie müssen lediglich die Tür nach dem Ein- oder Austreten schließen, also - no worries!" Ich schluckte und versuchte heldenhaft die gleiche entspannte Haltung einzunehmen wie mein „Crocodile Dundee" mir gegenüber und nickte. Er merkte wohl, wie schockiert ich über seine Aussage war, denn er setzte hinzu: „Ach und übrigens, das ist eigentlich unsere Honey-Moon-Suite. Die Matratze ist gut. Da werden sie's be-

quem haben.“ Damit ließ er mich allein vor der Tür zurück. Jetzt wusste ich wenigstens, weshalb die Hütte so weit ab vom Schuss lag, lenkte ich mich von dem Gedanken ab, er könne eine Giftspinne übersehen haben und trat mutig ein. Auf dem Bett erwarteten mich saubere Handtücher und Seife. Das Bettzeug roch frisch. Da mir die Situation dennoch nicht ganz geheuer war, schleppte ich einen schweren Eisenkochtopf aus der Küche in die Hütte, dazu einen Kochlöffel. Da man hier nur auf die Großküche ausgerichtet war, gab es keine kleinen zur Auswahl. Auf jeden Fall konnte ich nun getrost Alarm schlagen und mir sicher sein, auch gehört zu werden, sollte es vonnöten sein. Damit fühlte ich mich besser. Nachdem ich meinen schweren Rucksack in der Ecke abgestellt hatte, ließ ich meinen Blick noch einmal durch den Raum schweifen.
Da war das Doppelbett mit einer rosa-blau gemusterten Tagesdecke, mit einem großen Stern bestickt, die Wände waren weiß gestrichen und die spitz zulaufende Decke war aus einem weichen honigfarbenen Holz gezimmert. Lange Vorhänge, in demselben sanften rosa-blauen Muster der Tagesdecke, rahmten das große Fenster ein. An der Wand hingen zu beiden Seiten des Fensters kleine Blumenbilder. Zu meiner Freude stand auch ein grauer Heizkörper neben meinem Bett und eine Lampe auf dem Nachttisch. Mein Fazit: sehr behaglich und beschaulich. Was wollte ich mehr? Vor dem Einschlafen schüttelte ich trotz der beruhigenden Worte des Rangers die Bettdecke noch einmal aus und kontrollierte die Laken. Was einen eventuellen Ausflug in den Waschraum heute Nacht betraf, dachte ich an die Jurte in El Bolson. Dort war ich auch des nachts durch den Garten gewandert und war entspannt gewesen. Weshalb sollte es sich hier anders verhalten? Anscheinend erinnerte sich mein Körper an jenes gute Gefühl, denn in den kommenden Nächten schlief ich wie auf Wolken.

◇◇◇◇

Acht Kilometer waren es bis zu den Montesuma-Wasserfällen im Westen der Insel. An diesem Tag hatte ich keine Kraft für Gespräche und die Landschaft um mich herum. Deshalb hatte ich beschlossen, ein Stück Abstand zur Gruppe zu halten. Der einsame Weg führte mich durch dichten Regenwald. Es regnete, doch geschützt durch die Regenjacke und -hose war es für mich ohne Belang. Die Stimmung war dadurch völlig verändert. Die Musik der Regentropfen vermischte sich mit dem Rhythmus meiner Schritte. Nur atmen und genießen, sonst nichts. Ich vergaß die Zeit. Irgendwann stieß ich dann auf die anderen. Sie standen versammelt vor einer kleinen Höhle, die links am Weg mit ihrem verführerisch dämmrigen Eingang lockte. Es wurde Kriegsrat gehalten: Wer traute sich das Innere zu erkunden? Zwei aus der Gruppe wollten es unbedingt.

Ich hatte Sorge vor den Spinnen, die im Dunkeln lauern könnten, und wartete lieber draußen. Keine Minute verging, als die zwei kreischend wieder im Eingang erschienen und lauthals berichteten: „Die Höhle ist nicht groß und in der Ecke sitzt eine riesige Spinne mit Haaren auf den Beinen." – Danke, die Beschreibung reicht mir schon, stellte ich für mich fest und setzte meinen Weg fort. Das Getöse der Wassermassen, die aus 104 Metern in die Tiefe stürzten, kündigten mir meine baldige Ankunft an. Und tatsächlich – das spektakuläre Bild zog meine ganze Aufmerksamkeit auf sich. „Einen viel besseren Blick hast du von da", meinte Gemma, als sie mich anstieß und auf eine lange, gefährlich wackelnde Hängebrücke aus Metall deutete. Meine Augen weiteten sich vor Überraschung. Wollte ich es wagen, fragte ich mich. Noch während ich überlegte, bewegten sich meine Füße wie ferngesteuert auf die Brücke zu. Der Boden wirkte wenig vertrauenerweckend mit seinem dünnen Gitter, das mich an solche im schlammigen Gelände von Jahrmärkten erinnerte. Es war nur einen Fuß breit. Es galt also, seine Schritte mit Bedacht zu wählen.
Mutig setzte ich einen Fuß vor den andern. Das Geländer bestand aus einem Drahtgeflecht und reichte mir bis zur Brust. Schon durch meine achtsamen Bewegungen geriet die Brücke ins Wanken. Trotzdem wagte ich mich weiter hinaus. Ich ging bis zur Mitte, um den Blick auf die ganze Wildheit der Szenerie werfen zu können. Glücklich und stolz, es riskiert zu haben, kehrte ich zurück und gab den Platz frei für andere Abenteurer. Erneut hatte ich meinen Ängsten getrotzt. Genauso wie mit den Hotpants, die ich seit Buenos Aires stolz trug, wenn es das Wetter erlaubte. Dadurch waren die Grenzen meiner kleinen Welt wieder um ein paar Quadratkilometer weiter geworden.

◇◇◇◇

Ein trauriges Kapitel in der Geschichte Australiens ist die Deportation von Strafgefangenen, auch ins Van Dieman's Land. Ein Gesetz aus dem Jahr 1718 erlaubte die Verschiffung auch bei Vergehen wie kleinem Diebstahl. Willkürlich wurde nahezu jede Straftat mit gleichem Strafmaß belegt. In einer offiziellen Stellungnahme der australischen Regierung wird eine Zahl von 162.000 Sträflingen auf 806 Schiffen genannt.
Das Freilichttheater von Strahan hatte zu diesem Thema ein Theaterstück auf dem Spielplan. „The ship that never was" handelt von der wahren Geschichte von zehn Sträflingen, denen es im Jahre 1834 gelang, von der Strahan vorgelagerten Insel „Sarah Island" aus, das Schiff „The Frederik" zu kapern und nach Chile zu entkommen. Das wollte sich niemand aus unserer Truppe entgehen lassen. Bereit, einzutauchen in die Vergangenheit, warteten

wir auf unseren Holzbänken, bis es los ging. Die „Crew“ bestand aus zwei unbeschreiblich begnadeten Schauspielern, die viele Zuschauer als Akteure mit in das Geschehen auf der Bühne einbanden. So wurde dieser Abend zu einem lebendigen Stück Geschichte, das wir auf neue Art erlebten. Mit wenigen Requisiten, aber einem Meer voll an Kreativität und Charisma, hatte die Mission „Liberty or death!“ jeden von uns ergriffen. Mit Inbrunst hoben wir unsere geballten Fäuste und schickten den Schlachtruf wie eine Beschwörungsformel gen Himmel.

◇◇◇◇

Der Höhepunkt unserer Reise lag im Westen der Insel. Der Cradle Mountain mit einer Höhe von 1.545 Metern. Welch Unterschied zu den Höhen in Bolivien! Die Farben waren völlig anders. Es war Herbst. Das satte Ockergelb und Weinrot der Blätter leuchtete mir entgegen und ein immerwährender Schleier der kühleren Jahreszeit lag über den Hügeln, Seen und Pinienwäldern. Ich roch die erdige Note, die der Nebel mit sich trug, und wickelte meinen Schal eng um meinen Hals und die Schultern. Wir hatten eine Zeit festgelegt, zu der wir uns wieder am Treffpunkt einfinden würden. Dieses Arrangement kam mir entgegen, denn ich wollte mit Muße diese mystische Landschaft auf mich wirken lassen. Der Weg führte mich vorbei am Lake Dove, der spielerisch seine leicht bräunlichen Wellen ans Ufer warf. Eine Färbung, die den Buttongräsern und Teebaum-Büschen in Ufernähe geschuldet war.

Der schmale Trampelpfad führte steil bergauf bis zum Crater Lake mit einer faszinierenden spiegelglatten Oberfläche, die ein tiefes Nachtblau offenbarte. Es übte eine fast hypnotische Wirkung auf mich aus, so als ob unsichtbare Funken von Magie aus dem Gewässer emporstiegen und mich durchdrangen. Für den Bruchteil einer Sekunde war mir, als würde der Schleier zu einer anderen Welt, deren Existenz ich nur erahnte, durchlässiger.

Mittlerweile hatten sich alle Gruppenmitglieder eingefunden. Fast alle wollten den weiteren Aufstieg wagen. Der Weg war felsig und steil. Drahtseile boten Halt beim Erklimmen der letzten Meter zum Gipfel. Dann war es geschafft und das ganze Panorama der Berg- und Seenlandschaft entfaltete seinen Liebreiz. Wir setzten uns, um die Stille dieser Szenerie auf uns wirken zu lassen.
Auf dem Weg zum Treffpunkt lief ich über einen ellenlangen Holzsteg, der quer durch das sumpfige Gebiet von Buttongräsern führte, als ich eine Bewegung wahrnahm. Ein Wombat, ein Beuteltier, das mich an ein Bärenjunges erinnerte, trabte gemächlich in Richtung einiger Palmen davon, die einen Flusslauf säumten. Wie tapsig und niedlich es doch wirkt, freute ich mich an seinem Anblick.

◇◇◇◇

Ein wahrer Augenschmaus war die „Wineglass Bay“ im „Freycinet-National-Park“. Ein Ort von größter Anmut und Präzision. Wie die akribische Arbeit eines Künstlers, der mit jedem Pinselstrich an seinem Werk gefeilt hatte, um es in Perfektion zu präsentieren. In der Form eines Weinkelches war das leuchtende Türkis des Wassers eingebettet in elfenbeinfarbenen Sand. Die Wellen rollten weich dahin.
Ich war fasziniert und konnte nicht widerstehen, ein kurzes Video per WhatsApp an Freunde zu verschicken, wollte sie teilhaben lassen an dieser energiespendenden Naturgewalt.
Als ich kurz darauf meine Begeisterung mit Gemma teilte, berichtete sie von der wahren Geschichte der Namensgebung. In damaligen Zeiten trieben die Seefahrer Wale in diese Bucht. Nachdem sie sie mit Harpunen zur Strecke gebracht hatten, färbte das Blut der Tiere das Wasser der Bucht rot. Wie Wein in einem Glas. Bei dem Bild, das sich mir durch die Erzählung aufdrängte, wurde mir fast übel. Erleichtert nahm ich wahr, wie sich dieses langsam wandelte und durch einfühlsame Gedanken ersetzt wurde: Wie verzweifelt mussten doch die Walfänger gewesen sein, um gegen diese Riesen anzutreten?

◇◇◇◇

Ein Besuch des „Bonorong-Wildlife-Parks“ war ein echtes Highlight. Ich durfte einen Koalabären streicheln und Kängurus füttern, die frei auf dem gesamten Gelände herumsprangen. Ihr Fell war weich, ihre Augen sanft, ihre Krallen jedoch scharf und das Einfordern des Futters energisch.

Bei einer kleinen Führung wurde uns auch der „tasmanische Teufel“ gezeigt: ein kleines schwarzes Geschöpf, das mich eher an einen Marder mit zu kurz geratenem Schwanz erinnerte. Seine Laute klangen in der Tat dämonisch bizarr. So konnte ich die Namensgebung durch die ersten Einwanderer gut nachvollziehen, deren mitgebrachter Aberglaube sich mit ihrer Fantasie vermischte, als sie diese Geräusche im Dunkel der Nacht vernahmen.
Wieder zurück in meinem ursprünglichen Hostel „Picklet Frog“ wurde ich von Meika begrüßt. Sie drückte mir direkt die nachtblaue Thermoskanne in die Hand. „Oh, my gosh! Die hatte ich total vergessen!“, rief ich glücklich aus. Das Leben meinte es gut mit mir und so war ich frohen Mutes, was den morgigen Reisetag betraf. Ein gelungener Abschluss für eine wundervolle Reise.

◇◇◇◇

Auf dem Nachbarsitz im Flieger zurück aufs Festland, um genau zu sein, nach Melbourne, saß Marie. Ein paar Jahre jünger als ich, mit langen rotblonden Haaren hielt sie stolz ihre drei Monate alte Tochter Amelie auf dem Schoß. Als ich mit der Kleinen flirtete, wurde ich von Marie als vertrauenswürdig eingestuft und sie begann, mir Details aus ihrem Leben zu erzählen. „Also Jerry, meinen Mann, habe ich beim Reisen kennengelernt“, begann sie ihre beeindruckende Geschichte.

Abends in einem Hostel hätten sie sich das erste Mal gesehen und sich stundenlang unterhalten. Nach einigen Tagen des gemeinsamen Wanderns waren sie jedoch wieder ihrer Wege gegangen. Nicht einmal ihre Telefonnummern hatten sie ausgetauscht. Marie wollte sich keine Hoffnung auf etwas machen, was unmöglich war, denn er war auf einem anderen Kontinent zu Hause. Wie es der Zufall wollte, trafen sie sich nach einigen Monaten in einem Hostel auf einem anderen Kontinent wieder. Von diesem Augenblick an wussten sie, dass sie füreinander bestimmt waren. „Das Resultat kennst du ja!“, sagte sie lachend und hob Amelie kurz hoch. An Maries Finger konnte ich den goldenen Ehering funkeln sehen. „Wie im Märchen!“, entfuhr es mir mit einem tiefen Seufzer, der – wie ich gestehen muss – einen winzigen Hauch von Neid in sich barg.

◇◇◇◇

Kraftlos ließ ich den schweren Rucksack an der Rezeption des Hotels auf den Boden sinken. Es war ein ereignisreicher Tag gewesen und nun war ich froh, mich ausruhen zu dürfen. Allerdings fiel mir ein, dass ich noch meine Tour der „Great Ocean Road“ für übermorgen bestätigen musste. Mit dem Handy schrieb ich schnell eine Mail. Innerhalb der nächsten drei Minuten wurde mir zugesagt, dass ich zum angegebenen Termin abgeholt werde. Das wäre erledigt, nahm ich zufrieden zur Kenntnis. Das Zimmer teilte ich mir mit Juliette und Camille. Beide stammten aus Frankreich. Camille vertraute mir an, dass sie mit Table-Dance ihre Reise finanzierten. „Für fünfzehn Minuten gibt`s fünfzig Dollar. Wir kriegen jeden Abend die Hälfte cash auf die Hand. Nicht so viel wie in Sidney, aber es reicht.“ Ich war verblüfft. Die beiden wirkten ganz anders auf mich. Fast schon bieder. Sie trugen kein Make up, die Haare zu strengen Zöpfen geflochten und ihre Körper verschwanden in übergroßen Jogging-Anzügen. Unglaublich – ihr Aussehen veränderte sich, als sie begannen, sich für die Arbeit zurechtzumachen. In ihren Koffern türmen sich heiße Dessous, enge Kleider, High Heels und Kosmetika aller Art und ihre Verwandlung begann. Währenddessen suchte ich meinen iPod. Nachdem ich fast mein ganzes Hab und Gut um mich herum verteilt hatte, fiel mir plötzlich ein, dass ich ihn das letzte Mal im Flieger neben mich auf den Sitz gelegt hatte, bevor ich dann der fantastischen Geschichte von Marie lauschte. „So ein Mist!“, entfuhr es mir. Nun konnte ich ihn wohl abschreiben. Keiner wäre so ehrlich und würde einen iPod zur Fundstelle bringen. Als die beiden das mitbekamen, nahmen sie Anteil an meinem Frust. Juliette kam zu mir herüber und ermutigte mich, eine Mail an das Fundbüro zu schreiben. „Man kann nie wissen“, bekräftigte sie mit einem zuversichtlichen Kopfnicken. „Bevor wir losmüssen, haben wir noch ein wenig Zeit. Was hälst du von einer Tasse Tee?“ Diese freundliche Geste überraschte mich, denn bisher war die umsorgende Rolle eher die meine gewesen. Indes wartete Juliette meine Antwort gar nicht erst ab, sondern hatte sich postwendend umgedreht und war bereits auf dem Weg zur Küche, um kurz darauf mit dampfendem Kräutertee zurückzukehren. Sonderbar – wunderbar, dachte ich mir, als ich die beiden eine halbe Stunde später verabschiedet hatte. Der Tee und die Fürsorge hatten mir gutgetan und ich betrachtete den Verlust optimistischer. Ihren Rat befolgend schrieb ich eine Mail an die Fluggesellschaft. Ich war bereit, mich von der Ehrlichkeit der Menschheit überzeugen zu lassen.

◇◇◇◇

Heute Morgen war ich aufgewacht und hatte beschlossen, mich einfach noch mal „umzudrehen“. Als die Sonne dann schon weit oben am Himmel stand, begab ich mich zum Frühstück. „Welch Lotterleben!“, witzelte ich über mich selbst, als ich in mein Croissant mit Marmelade biss. Danach machte ich mich auf nach Fitzroy, ein gerade angesagtes Stadtviertel, wie mich der Concierge von der Rezeption wissen ließ. Ich bummelte durch viele kleine, exklusive Geschäftchen. Sie schienen sich in einem Wettbewerb über die innovativste Gestaltung des Raumkonzeptes zu befinden. Nach den Eindrücken in Südamerika war dies eher absurd als ansprechend. Ich fühlte mich in meinen Backpacker-Klamotten ein wenig deplatziert. Ein paar Schritte entfernt fand ich eine Bar und setzte mich. Entspannt lehnte ich mich zurück. Als ich die Umgebung etwas genauer in Augenschein nahm, hätte ich fast laut losgelacht. Aus all den Möglichkeiten hatte ich ausgerechnet eine spanische Bar gewählt. Die Wände waren in einem wunderschön leuchtenden Granatrot getüncht, die Fenster und Türrahmen in einem fröhlichen Grünton. Mein Tisch war umgeben von bunten Blumentöpfen mit Grünpflanzen und im Hintergrund spielte die unverwechselbare Salsamusik des südamerikanischen Kontinentes – mitreißend und leicht. Wie sich herausstellte, kam die Inhaberin der Bar aus Buenos Aires und wir unterhielten uns direkt auf Spanisch. Gut gelaunt machte ich mich danach wieder auf den Rückweg. Bevor es auf die Tour nach Adelaide ging, legte ich noch einen Tag am St. Kalida Beach ein. Ein wirklich besonders Fleckchen - Die Strandpromenade war unglaublich lang und der Sand gelb glänzend, wie im Malbuch eines Kindergartenkindes. Zum Abschluss gönnte ich mir ein Eis am Pier und schlenderte noch gemütlich durch den angrenzenden Ort zur Haltestelle meiner S-Bahn.
Wie versprochen wurde ich früh um Sieben zum Start der Drei-Tages-Tour entlang der „Great Ocean Road“ abgeholt. Wir bildeten einen netten kleinen Trupp von acht lebenslustigen Vagabunden plus Bea.

Sie lenkte nicht nur unseren Bus, sondern managte als Multitalent die gesamte Tour, über den Einkauf der Verpflegung bis hin zur Wanderführerin bei unseren Ausflügen. Für unsere Wünsche bezüglich der Tagesgestaltung hatte sie ein offenes Ohr. So kam es vor, dass wir einvernehmlich länger an einem Strand verweilten, da wir uns nicht sattsehen konnten an der Magie, wenn die Schaumkronen der Wellen an den Strand eilten, als wollten sie uns grüßen, doch – kaum, dass wir ihrer gewahr wurden – sich bereits schützend zurückzogen ins glitzernde Azur ihrer Heimat. Die Straße hielt, was die Reisemagazine versprachen: die felsige Küste, das weite Meer, das wie eine türkisfarbene Kristallkugel immerfort funkelte und uns mit ihrem Farbenspiel erfreute, verschlungene Pfade, die uns zu verborgenen Buchten führten.

Da ich nun selbst erlebte, wie kurvenreich die Strecke war, dachte ich dankbar an die Empfehlung von Josh zurück, meine Fahrkünste nicht auf dieser Straße zum ersten Mal zu testen. Bei einem Picknick am Kennt River lernten wir uns ein wenig besser kennen. Da war Pam aus Neuseeland. Klein, spritzig und immer zum Scherzen bereit. Patrick aus Kanada, der in einigen Wochen in Darwin auf einem Fischkutter anheuern würde. Die Zwillinge Irene und Dorothy aus England, die sich jeden Morgen und Abend gegenseitig die Haare frisierten und Joy, Stephanie und Johannes aus der Schweiz. Unsere Sehstärke und Kontaktfreudigkeit konnten wir später prüfen, als wir durch die Grünanlagen streiften und Rosellas, die rotgrünen Papageien, sich auf unsere Arme und sogar Köpfe niederließen. Bea hatte für Vogelfutter gesorgt, denn die bunten Geschöpfe der Luft hatten ihren Lebensraum bereits auf diese Nahrungsquelle ausgerichtet. In den Bäumen waren die Koalabären gut getarnt, kaum auszumachen. Mit Geduld gelang es jedoch jedem von uns, zwei der knuddeligen und mittlerweile selten gewordenen Tiere zu erspähen. Sie bedachten uns mit besonnenen Blicken aus ihren dunklen Knopfaugen. Im „Outway Nationalpark“ schritten wir fast ehrfürchtig durch die Eukalyptus-Bäume, die „Giants of the forest“, die über hundert Meter hoch gewachsen sind. Das konnte ich nicht einmal mit einem Panoramafoto festhalten.

Als der Tag zur Neige ging, versammelten wir uns für den Sonnenuntergang an der Steilküste, an deren Verlauf die „Zwölf Apostel“ stehen. Unter diesem Namen ist eine Reihe von Felsen aus Kalkstein bekannt, die stetig vom Meer umspült werden. Tatsächlich sind es nur noch acht, was der Schönheit und der Perfektion jedoch keinen Abbruch tut. Als die Sonne im rot-goldenen Licht am Horizont versank, wurde bei mir als Betrachterin eine neue Erinnerung geboren: eindrücklich, betörend und wunderschön.

Unsere nächste Unterkunft bestand aus einem Bungalow mit drei Schlafräumen. Ein Zimmer war für Bea reserviert. Der nächste Raum war für drei Personen ausgelegt, der noch verbleibende mit genügend Stockbetten ausgerüstet, so dass wir alle bequem unser Quartier beziehen konnten. Das war alles ziemlich entspannt. Wir hatten tatsächlich zwei Bäder zur Verfügung, eines sogar mit einer luxuriösen Badewanne. Bei diesem Anblick packte mich die Sehnsucht nach

einem langen, erholsamen Schaumbad. Ich hatte genug vom Reisen mit dem schweren Rucksack. Ich wollte in die Badewanne. Eigentlich müsste das doch machbar sein, oder etwa nicht, fragte ich mich. Zumindest wollte ich es versuchen. Als ich Bea um ihr Einverständnis bat, zuckte sie gleichgültig mit den Achseln. „Du musst dich nur mit den anderen einigen." Solch eine Antwort hatte ich mir erhofft.
Um die anderen zu überzeugen, hatte ich mir schon einen Schlachtplan zurechtgelegt. Ich folgte Bea zu unserer allabendlichen Besprechung für die weitere Tagesplanung in die Küche und als sie mit ihren Ausführungen geendet hatte, wussten wir, dass wir im Morgengrauen aufstehen würden, um unsere Wanderung im „Grampians Nationalpark" zu starten. Bevor sich unser Grüppchen auflöste, platzte ich energiegeladen mit meiner Frage heraus: „Von euch hat doch bestimmt niemand etwas dagegen, wenn ich eine Runde in der Badewanne schwimme, oder? Die Mädels können gerne zeitgleich die Dusche benutzen und ich biete euch im Gegenzug an, den kompletten Abwasch zu übernehmen." Letzteres war dann wohl das überzeugende Element, denn von allen Seiten kam ein: „Klar" oder „Von mir aus". Pam meldete gleich an: „Toll, und wenn du abspülst, bin ich gleich nach dem Essen mit der Dusche dran." Damit wurde im Nullkommanichts die Reihenfolge festgelegt, aber auch beschlossen, dass ich nicht gestört werden würde. Wunderbar. Ich hatte nun eine Stunde Zeit nur für mich.
Sogar ein wenig Duschschaum von Joy hatte ich bekommen „Für das volle Verwöhnprogramm", feixte sie, als sie mir davon in das Badewasser gab.
Wer sagt, dass man nicht alles kriegen kann, was man will, dachte ich und lächelte in mich hinein, als das warme Wasser meinen Körper umspielte. Wie zur eigenen Bestätigung pustete ich eine Handvoll weißen, wohlriechenden, fluffigen Schaum von meiner Hand und ließ ihn schweben.
Als ich nach dem Essen damit begann, abzuspülen, gesellten sich die anderen zu mir. Auf keinen Fall wollten sie mir den Berg an Geschirr überlassen. Freundlichkeit und Großzügigkeit sind also nicht grundsätzlich an eine Gegenleistung gekoppelt! Das wusste ich natürlich, doch es dort am „eigenen Leibe" zu erfahren, war genauso, wie den wohlriechenden Badeschaum auf meiner Haut zu spüren – einfach herrlich!
Anschließend setzten wir uns zu der restlichen Truppe ins Wohnzimmer, vor den Kamin. Bea öffnete einen großen, grünen Karton und es präsentierten sich Karten für das Spiel „Tabu". Dabei bildet man zwei Gruppen. Stets eine Person zieht eine Karte mit einem Begriff, den es zu erklären gilt und ein Mitglied der Gegenmannschaft kontrolliert währenddessen, dass keines der Worte, die ebenfalls auf der Karte aufgeführt sind, für die Erklärung verwendet werden.
Dadurch entstehen ziemlich verwirrende und lustige Situationen. Es war ein fröhlicher Abend, der lange dauerte und einen starken Kaffee am Morgen verlangte.

◇◇◇◇

Während ich nach einer ziemlich kurzen Nacht meinen dampfenden Kaffeebecher noch etwas schläfrig in Händen hielt, erreichte mich eine Mail vom Airport, dass sie meinen iPod gefunden hatten! Ich revidierte all meine geäußerten und gedachten Zweifel an der Menschheit. Welch wunderbare Nachricht, um in den Tag zu starten! Der Ausflug in den „Grampians Nationalpark“ führte uns zu dem spektakulären „Boroka-Aussichtspunkt“. Von dort sollte der Blick preisgegeben werden auf Halls Gap und die unendliche Weite der Wälder, was uns jedoch leider verwehrt wurde, da der Nebel so dicht war, dass ich das Gefühl hatte, im Olymp umher zu spazieren. Auf dem Rückweg brach sich dann die wärmende Sonne Bahn und die Umgebung verwandelte sich in ein pulsierendes grünes Paradies. Ein wenig später erreichten wir das „Bambus Cultural Centre“. Hier hatte ich den ersten Berührungspunkt mit der 60.000 Jahre alten Kultur der Aborigines. Ein Rundgang vermittelte einen kleinen Einblick von deren Lebenswelt. Eigene Nachforschungen verrieten mir noch mehr. Archäologen und Historiker nehmen an, dass die Ureinwohner zu Fuß von Papua-Neuguinea auf den roten Kontinent gelangt sind, als der Meeresspiegel noch deutlich niedriger gewesen war. Der Name „Aborigines“ etablierte sich durch die ersten Siedler und stammt, wie so oft, aus dem Lateinischen und bedeutet: „Von Anfang an“. Noch heute geben die Aborigines ihre eigene Geschichte mündlich oder durch Gemälde weiter. Angrenzend an das Kulturzentrum erstreckte sich ein weites Parkgelände. Putzige Kängurus zeigten sich in ihrem hellbraunen Fell in zwei großen Herden und zupften friedlich das frische Gras. Darauf bedacht, sie nicht aufzuscheuchen hielten wir Abstand. Dieser schien ihnen angenehm, denn sie belohnten uns damit, sich weiter bewundern zu lassen. Es war wie ein Überraschungsgeschenk am Geburtstag, von dem man annahm, es könne nicht übertroffen werden. Es folgte jedoch die Wanderung zu den McKenzie-Wasserfällen.
Die vielen Eindrücke, der erdige Geruch des Regenwaldes, die hohen Farne und das mächtige Rauschen des Wassers trafen bei mir bereits auf wohl getränkten Boden und so benötigte ich noch eine ganze Weile, um auch diese Fülle an Sinneswahrnehmungen zu verarbeiten.

◇◇◇◇

Am frühen Abend erreichten wir Adelaide. Bea war so lieb und setzte mich direkt an meinem gebuchten Hostel ab. Es zeigte ein völlig anderes Bild als die Fotos der Webseite, über die ich gebucht hatte. Das Zimmer war nicht nur dreckig, sondern roch nach ungewaschenen Decken und in dem Waschbecken des Zimmers lagen Bartstoppeln verstreut. Also checkte ich gar nicht erst ein, sondern teilte dem Mitarbeiter freundlich, aber bestimmt mit, dass dieses und auch kein anderes Zimmer in ihrem Etablissement für mich in Frage käme, und zog um. Zum Glück war mir auf der gegenüberliegenden Straßenseite ein YHA-Hostel aufgefallen. Ähnlich wie das Hostel in den Blue Mountains war das Zimmer hier geräumig und sauber. In Gedanken notierte ich mir, für meinen Aufenthalt in Perth auch eine Übernachtung in einem YHA zu buchen.

Im Zimmer stellte ich mich als die „Neue“ vor. Ich lernte Daniela aus Thailand und Patricia aus Deutschland kennen. Just in diesem Augenblick erhielt ich eine Mail des Fundbüros aus Melbourne. Meinen iPod wiederzubekommen, gestaltete sich komplizierter als erwartet. Er konnte nur persönlich abgeholt werden. Da halfen auch meine diversen Mails mit der Darlegung meiner Reiseroute nichts. Schließlich bot der Mitarbeiter des Fundbüros am Flughafen an, mir das Gerät ins Hostel nach Perth zu senden. Es müsse jedoch ein Versandunternehmen beauftragt werden, damit der Transport versichert sei und natürlich bräuchte er dann die genaue Adresse. So weit, so gut. Dann wurde mir mitgeteilt, dass sich die Gebühren auf eine Höhe von 144 Bucks belaufen würden, das entsprach ungefähr neunzig Euro. Welch absurder Preis für den Transport eines Briefumschlags. War der iPod Nano doch federleicht und hauchdünn. Vielleicht sollte es eben doch nicht sein. Da ich mitten im Raum stand und die Nachricht las, erzählte ich den Mädels davon. Patricia versuchte, mir Mut zuzusprechen und ihre Stimme war gefärbt von Wärme und Überzeugung: „Du hattest aber Massel, dass er wiederaufgetaucht ist! Jetzt ist es nur eine Frage der Zeit, bis sich eine Lösung findet. Du wirst schon sehen!“ Ich lächelte halbherzig und erwiderte: „Dein Wort in Gottes Ohr!“ Damit verbannte ich die Gedanken aus meinem Kopf und wir verbrachten die nächsten Stunden mit einem typischen Mädelsabend – wir teilten Süßigkeiten, hörten Musik, tratschten und lachten.

◇◇◇◇

Als die Sonne aufging, war ich bereits wach und voller Vorfreude. Heute begann die sechstägige Tour von Adelaide quer durchs Outback nach Alice Springs. Als absolutes Highlight galt der Ausflug zu Uluru – oder wie die Australier es nennen: Ayers Rock. Wenn wir die Strecke mit dem Flugzeug zurückgelegt hätten, wäre unsere Reise „nur" 1300 Kilometer lang gewesen. Mit dem Wagen und den vielen eingeplanten Ausflügen in die Umgebung würden sich noch viele weitere Kilometer hinzuaddieren.
Die Gruppe bestand aus vierzehn Teilnehmern aus den unterschiedlichsten Nationalitäten: England, Kanada, Holland, der Schweiz, Neuseeland und Deutschland. Was mich besonders freute, war die Tatsache, dass Patrick und Pam von dem vorherigen Trip, genau wie ich mit von der Partie waren. Pam stammte ja aus Neuseeland. Mit ihrem fröhlichen Gemüt sorgte sie direkt für gute Laune, als sie scherzte: „Na, bei dem errechneten Durchschnittsalter von fünfundzwanzig Jahren versaust du uns, gemeinsam mit unserem Guide Stephen, die Quote!" Da konnte ich nichts dagegenhalten, außer der Tatsache, dass wir dafür reich an Erfahrung seien. Unseren Guide taufte ich „Ranger", denn ich fand, es passte einfach zu dieser Gegend und Stephen sah tatsächlich aus wie das Abbild eines Rangers: Cowboyhut, sandfarbene Hose und Hemd mit den obligatorischen Taschen, um sich einen Rucksack zu sparen und beweglicher zu sein. An den Füßen die üblichen Wanderboots. Seine Oberarme und das Gesicht gebräunt von der Sonne. Die braunen Augen immer leicht zusammengekniffen, entweder, um der Sonne auszuweichen oder um die Umgebung besser sondieren zu können, zudem trug er eine Lederkette mit dem Zahn eines Raubtieres um den Hals.

Flinders Ranges ist mit einer Länge von 430 Kilometern der längste Gebirgszug Australiens und liegt im Bundesstaat South Australia. Wieder einmal war ich von den Dimensionen der einzelnen Gegenden überrascht. Welch großes, weites Land – und doch hatten die britischen Siedler entschieden, dass es nicht genügend Platz für sie und die Aborigines gab. Welch verpasste Chance, voneinander zu lernen, ging es mir durch den Kopf. Bevor wir mit unserer Wanderung starteten, bekamen wir noch ein paar Anweisungen von unserem Ranger. Er warnte uns, dass in dieser Gegend – neben anderen Tieren – die hochgiftige Braunschlange zu Hause sei. Würde er rufen, sollten wir uns genau an seine Anweisungen halten und erst später Fragen stellen. Diese Regel hätte schon manch einen vor dem Biss einer Schlage bewahrt. Das kam mir doch bekannt vor … mit sehr ähnlichen Worten hatte der Guide bei der Vulkanbesteigung des Villarrica uns in den Tag geleitet. Ich schmunzelte, als ich daran dachte, welche Verantwortung solch ein Job mit sich brachte und wie gut es sich anfühlte, nur auf mich achten zu müssen.

Dann folgte die Regel, stets einen Hut zu tragen. Zum einen als Sonnenschutz und zum anderen zur Abwehr einiger Krabbeltiere. Diese Erklärung steigerte meine Abenteuerlust, die Expedition endlich zu beginnen. Der Weg führte uns durch eine Schlucht, deren Felswände viele Schichten roter Ablagerungen zeigten. Das Farbenspiel, das durch die flirrende Sonne zum Leben erweckt wird, erschafft die Illusion vom Schuppenkleid eines Krokodils, das auf Beute lauert. Deshalb trägt sie tatsächlich den Beinamen „Alligator Gorge". Es war eine fremde Welt, die sich hier vor meinen Augen präsentierte. Ein raues Land, dessen Bewohner gut daran taten, ständig auf der Hut zu sein.
Wir liefen durch ein fast gänzlich ausgetrocknetes Flussbett, kletterten über umgefallene Baumstämme und Felsen, während uns die hohen Mauern des Canyons zu beiden Seiten flankierten. Würde hier in der Regenzeit das Wasser steigen, gäbe es kein Entkommen.

◇◇◇◇

Auf der Rückfahrt war ich gedanklich noch bei der Wanderung, als ich durch die Fensterscheibe einige Kängurus sah. Ich rief aufgeregt und zeigte auf die kleine Herde, während die anderen im Bus ebenfalls ihre Gesichter an die Fensterscheiben drückten.
Die gute Laune im Bus schürte meine Lust auf Süßigkeiten und so kramte ich eine Tüte Fruchtgummis aus den Tiefen meiner Tasche hervor. Der Geschmack von Orange und Johannisbeere explodierte in meinem Mund. Ich beschloss, dass alle in diesen Genuss kommen sollten und reichte deshalb die Tüte weiter. Hinter mir saß Kendra. Wir unterhielten uns eine Weile und genau wie es Patrica vorhergesagt hatte, löste sich mein Problem mit dem iPod wie von Zauberhand. Als Kendra mir ihre Kopfhörer entgegenhielt, damit ich mir ihr Lieblingslied anhören konnte, kamen wir auf mein iPod zu sprechen. Ich traute meinen Ohren kaum, als sie mir anbot, meinen iPod vor Ort abzuholen und mir zuzuschicken. „Weißt du, auf meiner Heimreise fliege ich von Melbourne aus. Da ist das doch eine Kleinigkeit für mich." Natürlich nahm ich ihr fantastisches Angebot an und gab ihr sofort das Geld für ein Kuvert und die Frankierung. Um eine Vollmacht und Mail an die Fundstelle kümmerte ich mich ebenfalls. Das Leben hielt doch immer eine Überraschung bereit.
Es war schon etwas surreal: Zuerst war man einander fremd, dann stellte man sich vor, war sofort per Du und nach einem ungeschriebenen Gesetz teilte man sein Essen, Trinken und bot seine Hilfe an. Ab diesem Moment glitt man fast unbemerkt in den Status „Beste Freunde" hinüber. Herrlich einfach, ließ man sich erst einmal darauf ein.

Lilly erkundigte sich später bei Stephen, ob es denn hier im Outback die Möglichkeit zum Skydiving gäbe. Tatsächlich hatte Stephen Kontakte zu einer Company, die Tandem-Fallschirmsprünge anbot und die er wärmsten empfehlen konnte. Er stellte das Angebot in den Raum, für jeden, der die Lust dazu verspürte, einen Termin zu vereinbaren. Der Startschuss für eine quirlige Unterhaltung. Bei dem Gedanken daran erfüllte ein freudiges Kribbeln meinen Körper, so dass ich mich spontan anmeldete. Zu Lilly und mir gesellten sich Patrick, ein stets gut gelaunter und sensibler junger Mann, und Jim, der eher zurückhaltend, jedoch äußerst humorvoll war. Damit war unser Quartett vollständig. Stephen würde alles Weitere arrangieren und sobald wir Uluru erreichten, wäre es soweit. Vorher war unser nächster Stopp in Coober Pedy geplant. Eine Kleinstadt mit dem weltgrößten Vorkommen an Opalen.

◇◇◇◇

Im Jahre 1915 hatte Jim Hutchinson mit seinem Sohn und zwei weiteren Australiern beschlossen, im heutigen Nothern Territory nach Gold zu suchen. Statt Gold, fanden sie Opale. So wurde dort der Grundstein für die Stadt gelegt. Die Bezeichnung der Aborigines „kupa-piti", was so viel bedeutete wie „Loch des weißen Mannes", zeigt, wie pragmatisch die Namensgebung der Ureinwohner in diesem Falle ist. Da die Temperaturen in diesem Teil Australiens im Sommer auf über fünfzig Grad Celcius steigen, leben die Menschen deshalb unter der Erde, da dort eine angenehme Temperatur um die zweiundzwanzig Grad Celcius herrscht. Es klingt unwirklich, doch es ist wahr. Die Schornsteine, die an der Oberfläche zu sehen sind, sind der einzige Hinweis auf Lebenszeichen in dieser ungastlichen Region.

Damals...

Heute...

Doch wagt man sich erst einmal in diese „Unterwelt“ gibt es außer Wohnungen und Hotels auch eine beeindruckende Kirche. Wir übernachteten natürlich auch in einer Unterkunft unter der Erde. Für mich wäre die stickige Luft dort ein wirkliches Problem. Auf Dauer wäre mir das ein zu hoher Preis, um dort einen festen Wohnsitz zu haben. Für eine Nacht war es witzig und einfach aufregend.
Natürlich durfte ein Besuch im Opal-Museum nicht fehlen. Wir konnten staunend verfolgen, wie ein unbehandelter Stein geschliffen und anschließend fertig zum Verkauf funkelnd auf einem Kissen vor uns lag. Im Anschluss folgte eine private Führung durch das Tunnelsystem unter dem Museum. Dadurch wurde deutlich, unter welch bescheidenen Umständen die Bergleute früher hier gelebt hatten. „Wer auf Opalsuche geht, muss einen langen Atem haben“, ließ uns der Guide wissen und fuhr mit seinen Ausführungen fort. „Die Lizenz und die Miete für Geräte und Maschinen summieren sich schnell in schwindelerregende Höhen. Wann oder ob man auf eine Miene stößt, ist ungewiss, und Zeit ist Geld. Deshalb nutzen einige das Schlupfloch, das für einen Hausbau keine Lizenz benötigt wird. Sollte der Bauherr in seinen vier Wänden auf eine Mine stoßen, so ist diese sein Besitz. Aus diesem Grund wurden in der Vergangenheit schon häufig Zimmer angebaut. Hierfür ist nur ein Antrag erforderlich sowie ein Gerät, das die Dicke, also die Stabilität der Wände misst, damit es zu keinen Unfällen oder Durchbrüchen zu den Nachbarn kommt. Manch einer fand hier seinen Reichtum. Ob er oder sie damit glücklich geworden ist, steht auf einem anderen Blatt.“

◇◇◇◇

Die Känguru-Auffangstation im Ort war eine Überraschung. Wir wurden von einem Ehepaar, Murren und Wallis, in ihrem Wohnhaus empfangen. Sie haben die Pflege verletzter Kängurus zu ihrer Lebensaufgabe gemacht. Häufig waren es noch Jungtiere, die im Beutel der Mutter überlebt hatten, während das Muttertier von einem Auto am Highway so stark verletzt wurde, dass es verendete. Um sich weitere Erklärungen zu sparen, öffnete Wallis seine Jacke und so konnten wir die kleine Dora sehen, die von ihrem „Ersatzbeutel“ aus munter in die Runde blickte. Wir schmolzen bei diesem Anblick dahin wie Eis in der Sonne und es folgte ein kollektives „Oh“ und „Ah, wie süß!“. Da war es gar nicht mehr verwunderlich, dass das Wohnzimmer als Spielstube für die kleinen Sprösslinge umfunktioniert und der Garten in ein Gehege verwandelt worden war. Bei der Frage nach ihrer Arbeitszeit lachten die beiden nur, handelte es sich hier doch um eine Herzensangelegenheit. Babys richteten sich ohnehin nicht nach Wunschzeiten. Das tierliebe Paar bedauerte nur, nicht mehr Platz zu haben. Die kleine Dora wurde gegen Ende unseres Besuches neugierig, so dass sie auf den Boden wollte und zwischen uns herumsprang.

Sie war klein und zart, hatte aber ein gutes Gespür dafür, wann es ihr zu viel wurde. So kehrte sie nach ein paar Minuten zurück an die schützende Brust von Wallis. In einem Anbau wurde Kunst der Aborigines ausgestellt, deren Erlös in die Finanzierung der Auffangstation floss. Die restlichen benötigen Gelder wurden durch Spenden zusammengetragen und sollte es einmal nicht reichen, so wurde aus eigener Tasche „aufgestockt“. Die Hingabe der beiden berührte mich.
Auf dem Rückweg zu unserer Unterkunft gingen einige von uns noch in einem Supermarkt einkaufen. Ich war neugierig auf das örtliche Angebot und entschied mich für eine große Packung Eis. Ich hatte vor, dieses mit den anderen zu teilen und fragte deshalb einen Mitarbeiter nach Plastiklöffeln. Er drehte sich auf dem Absatz um und verschwand in einem Hinterzimmer. Als ich dachte, er würde nicht mehr zurückkommen, erschien er freudestrahlend mit fünf Gabeln in seiner Hand. Ich bedankte mich für seinen tatkräftigen Einsatz, und so kam es, dass wir fünf mit Blick auf die Schornsteine, die Stadt und die untergehende Sonne im Hintergrund das Eis mit Plastikgabeln naschten und uns köstlich darüber amüsierten. Ich freute mich, hier sein zu können. Das alles hätte ich verpasst, wäre ich meiner ursprünglichen Idee gefolgt und direkt von Adelaide nach Alice Springs geflogen.

◇◇◇◇

Nach einem langen Tag im Bus würden wir unseren „Camp ground“ bald erreichen. Über diese gute Nachricht freuten wir uns natürlich, noch mehr jedoch auf das Lagerfeuer, das wir für den Abend geplant hatten, und unsere erste Nacht unter freiem Himmel im Outback. Für das Feuer brauchten wir Holz. Deshalb steuerte Stephen den Bus an den Straßenrand und wir stiegen aus, um unsere Mission zu erfüllen. Wir bekamen noch Handschuhe, um uns an den Ästen nicht zu verletzten. Unser Ranger wollte mit gutem Beispiel vorangehen und griff nach einem daumenbreiten Ast in Brusthöhe, als er plötzlich laut aufschrie und mit großen Sprüngen zu uns zurückeilte. In trügerischer Idylle hatte eine Redback Spinne ihr Netz genau von diesem Ast zu einem anderen gesponnen. „Damn, she nearly got me!” – „Verdammt, fast hätte sie mich erwischt“, ließ er uns wissen und genau deshalb sollten wir wachsam sein beim Sammeln und auch die Möglichkeit in Betracht ziehen, dass eine Schlange sich im Gehölz verbergen könne. Für uns alle war es ein seltsames Bild gewesen, wie der große, starke Ranger plötzlich voller Panik durch den Busch hüpfte, und so waren wir sehr achtsam beim Sammeln und dankbar, als wir genügend Feuerholz auf dem Dach des Kleinbusses befestigt hatten. Neugierig auf die Spinne nahm ich noch mein Handy zur Hand und suchte mit dem Zoom der Kamera nach ihr. Als ich die Spinne tatsächlich im Visier hatte, beobachtete ich fasziniert, wie der Wind sie in ihrem filigranen Netz leicht tanzen ließ. Da fiel es mir schwer zu glauben, dass solch ein kleines Wesen so gefährlich für den Menschen werden konnte. Schließlich werden sie nur zwei bis drei Zentimeter groß. Die Weibchen erkennt man an ihrer schwarzen Körperfarbe, die Männchen an ihrer braunen. Sie haben lange, dünne Beine und ihr Rücken ziert ein roter Farbtupfer. Giftig ist nur das Weibchen. „Wenn dich so eine beißt, dann kriegst du saumäßige Schmerzen und elendige Krämpfe!“, rieb mir unser Holländer unter die Nase. „Aber seitdem es ein Gegengift gibt, wurde von keinen Todesfällen mehr berichtet“, fügte er an, aber mir war etwas mulmig bei dem Gerede, das sich nicht wirklich nach einer Entwarnung anhörte. Als er bemerkte, wie es um mich stand, kam er so richtig in Fahrt und schürte meinen Ekel: „Sei froh, dass es keine Hutsman war, die sehen aus wie Taranteln und manche werden sogar dreißig Zentimeter groß! Das ist eine Spinne!“ „Oh, hör auf, mir so was zu erzählen! So genau will ich das gar nicht wissen!“, entgegnete ich ihm wütend und eilte davon, bevor er mir noch mehr Details verraten konnte. Ich war einfach nur froh, dass sich mir kein weiteres Exemplar irgendeiner Spezies zeigte. Was die kommenden Nächte unter freiem Himmel betraf, so hatte ich meine Lektion gelernt. Ich würde mich nicht nur damit zufriedengeben, meine Schuhe am Morgen auszuschütteln, bevor ich sie anzog. Nein – ich beschloss, sie über Nacht innen am Boden meines langen Schlafsacks liegen zu lassen. Mit dieser Entscheidung fühlte ich mich eindeutig wohler.

Kurz bevor wir einsteigen wollten, hörten wir es im Gebüsch knacken und dann erklang ein Wiehern. Ungläubig blickte ich in die Richtung, aus der die Geräusche gekommen waren, und da trabte eine kleine Herde von Wildpferden vor uns über die Straße. Ein wunderschöner Falbe mit schwarzer Mähne führte die Gruppe an und geleitete seine Stuten fort von uns, hinein in das Dickicht auf der anderen Seite. Jetzt fehlte mir nur ein Pferd, um mit der Herde in den Sonnenuntergang zu galoppieren …

Mit dem Alternativprogramm konnte ich mich jedoch arrangieren, denn ich freute mich riesig auf das Lagerfeuer. Am Abend lagen wir dann zufrieden und gemütlich eingekuschelt in unseren Schlafsäcken. Es knisterte und knackte. Mein Blick war fest auf die goldgelben tanzenden Flammen gerichtet, die eine fast hypnotische Wirkung auf mich ausübten, begleitet vom markanten Geruch des Feuers und der wohligen Wärme. Es war einfach perfekt. Glücklich schlief ich ein.

◇◇◇◇

Es war noch stockdunkel, als ich geweckt wurde. Leicht desorientiert sah ich mich nach dem Verursacher um, doch konnte ich niemanden entdecken. Dann passierte es wieder – mit einem enormen Druck stieß etwas an meinen Hals. Ich erstarrte. Was war das nur? Eine Hutsman Spider? – Nein, diese würde sich anders anfühlen. Ein Skorpion? – Nein, dafür war die Wucht des Ruhestörers zu groß. Eine Schlange? – Vielleicht. Doch weshalb suchte sie sich nicht einen anderen Weg, oder war sie gerade dabei? Gott sei Dank lag ich in meinem Swag! Ein Sack, ähnlich einer Wachsplane, der Tiere abhalten sollte, in den Schlafsack zu krabbeln, aber auch Tau oder Regen abhielt. Der Swag ging über den Schlafsack hinaus, mündete in eine Art Dreieckstuch, auf dem nun mein Kopf ruhte. Bei Bedarf konnte es sogar um den Kopf gewickelt werden, doch ich wollte ja die Sterne sehen. Tock, tock, tock … wieder spürte ich, dass etwas an meinem Hals und dem Kopfschutz des Swag abprallte.
Mein Herz raste und meine Hand suchte automatisch nach dem innen liegenden Reißverschluss, um mir eine Flucht zu ermöglichen. Bis ich endlich den Mut hatte, meinen Plan in die Tat umzusetzen, fiel mir auf, dass Ruhe eingekehrt war. Um ganz sicher zu gehen, lag ich ganz still und versuchte, mit all meinen Sinnen das kleinste Geräusch, die kleinste Bewegung wahrzunehmen. Aber nichts geschah. Es blieb alles ruhig. Nun durfte ich meinem Körper Entwarnung signalisieren. Vor lauter Aufregung und Angst vor einer möglichen Begegnung der „krabbeligen Art" musste ich auf die Toilette.
Das bedeutete, aufzustehen und fast fünf Minuten in der Dunkelheit bis zum Waschhaus zu laufen. Da ich keine Alternative hatte, zog ich meine Schuhe im Schlafsack an und schälte mich aus meinem Swag. Im Waschraum angekommen blickte ich auf mein Handy. Es war zwei Uhr. Die beste Zeit, wie ich von Stephen wusste, um den Sternenhimmel zu beobachten. Das tat ich auf dem Rückweg und stellte mit Verwunderung fest, dass ich keine Angst mehr im Dunkeln verspürte. Zurück am Schlafplatz fiel mir siedend heiß ein, dass ich vor lauter Schreck vergessen hatte, meinen Schlafsack aufzurollen. War nun der unliebsame Besuch von vorhin näher gerückt und suchte Körperkontakt? Was tun? Ich überlegte, ob ich nicht Pam, die selig neben mir schlummerte, wecken und um Hilfe bitten sollte. Entschied mich dann jedoch dagegen. Ich war müde und glaubte tief in mir nicht an ein Horrorszenario und so öffnete ich den Schlafsack und breitete ihn aus. Dann kamen meine Taschenlampe und mein Handy zum Einsatz, indem ich meine Liegestatt mit grellem Licht systematisch ausleuchtete. So hatte ich die Hoffnung, dass jedes nachtaktive Tier die Flucht ergreifen würde, sofern es überhaupt da gewesen war. Erschöpft von meiner Aktion, schloss ich den Schlafsack wieder, kroch hinein und legte anschließend den

schützenden Swag um mich. Kurz darauf war ich zu meiner eigenen Überraschung in einen tiefen Schlaf gefallen.
Am nächsten Morgen erwachte ich, als Stephen unsere Truppe mit den sanften Klängen eines Cello-Stücks weckte, das er mit seinem Handy abspielte. Wie angenehm! Nachdem ich meine Episode von gestern am Frühstückstisch berichtete, fanden wir ein Mäuseloch, auf dem ich aus Versehen meinen Schlafplatz aufgebaut hatte. An eine so harmlose Erklärung hatte ich in der Nacht in der Wildnis im australischen Busch natürlich nicht gedacht. Als Entschuldigung für diesen „Fauxpas" hinterließ ich ein paar Brotkrumen vor dem Erdloch.

◇◇◇◇

Der nächste Morgen führte in den Kings Canyon des „Watarrka Nationalparks". Unsere Wanderung würde den ganzen Tag einnehmen, weshalb wir schon um fünf aufgestanden waren. Der Canyon erinnerte an den Grand Canyon in den USA – hohe Felswände, tiefe Schluchten und einen Blick über das ungezähmte Land bis zum Horizont. Die Steinwälder der großen Schlucht waren bis zu hundert Meter hoch. Meine Erwartung wurde übertroffen – während der Wanderung zeigte sich zum ersten Mal eine Landschaft, die ich als „typisch" für das australische Outback bezeichnen würde: rote Erde, karger Busch, und sengende Hitze, die auf vereinzelte Eukalyptusbäume niederbrannte. Es was atemberaubend schön und ebenso anstrengend.
Im Jahre 2012 wurde der Canyon und das umliegende Land den Aborigines, in diesem Fall dem Stamm der Luritja, zurückgegeben, jedoch für die nächsten 99 Jahre an die Regierung verpachtet.
Nach unserer langen Wanderung und um viele Eindrücke reicher, machten wir uns auf den Weg zu unserem nächsten „Camping ground". Während der Busfahrt störte plötzlich ein ratterndes Geräusch unsere friedliche Ruhe. Hinter dem Getöse verbarg sich ein Güterzug von gigantischen Ausmaßen. Er wirkte wie ein wutschnaubender, grummelnder Drache, dessen stählerner Körper sich endlos durch das Outback wand. Ein Stoff, aus dem Legenden sind. Heutzutage sind Güterzüge mit über einhundert Waggons nichts Außergewöhnliches mehr. Für uns definitiv beeindruckend.

◇◇◇◇

Mit jedem Kilometer kamen wir dem Herzen des Northern Territory näher. Die nächste Kurve gab schließlich den Blick frei auf die weichen Formen des majestätischen Hügels von Uluru, der in der Ferne sanft schimmerte. Jeder war begeistert von diesem Panorama. Stephen hielt am Straßenrand und wir stiegen aus. „Isn't she beautiful?“ – „Ist sie nicht wunderschön?“, wurden wir mit ehrfürchtiger Stimme von Stephen gefragt. Er erzählte uns mit einem schiefen Lächeln, dass er sich schon vor langer Zeit dafür entschieden hatte, von dieser Naturschönheit in der weiblichen Form zu sprechen. Diese Idee fand ich außerordentlich charmant und wurde deshalb sofort von mir adaptiert. Und schön war sie in der Tat in ihrem roten Kleid aus Arkose-Sandstein.
Der hohe Anteil an Eisen führte zu einer Oxidation, deshalb die eindrucksvolle rote Färbung der Oberfläche. Geologische Forschungen ergaben, dass Uluru circa 550 Millionen Jahre alt ist und, und, und ... Der sonst so wortkarge Ranger erwärmte sich für dieses Thema und war ein wahrer Quell an Informationen, doch ich hörte nicht genau hin. Für mich waren die Atmosphäre und die Umgebung entscheidend. Sie erfüllten mich mit Faszination und Traurigkeit zugleich. Faszination wegen der historischen und religiösen Bedeutung für die Aborigines, Traurigkeit über das gedankenlose Verhalten so vieler Besucher, die den Berg bestiegen. Für die Aborigines ein Affront, handelte es sich doch um ihre heilige Stätte*. Am darauffolgenden Tag würden wir diese genauer in Augenschein nehmen.

◇◇◇◇

Endlich angekommen an unserem neuen Nachtlager entluden wir den Anhänger mit unserm Gepäck und den Boxen für die Küche. Wir waren stolz darauf zu wissen, welche Handgriffe notwendig waren, und es ging uns leicht von der Hand. Es blieb sogar noch ein wenig Zeit, bis wir zusammen kochen würden und deshalb begab ich mich mit ein paar anderen Neugierigen auf Entdeckungstour. Unweit unseres Lagers stießen wir auf eine Kamelfarm. Die Kamele wurden im 19. Jahrhundert für Expeditionen ins Outback nach Australien gebracht. Heute gelten sie fast schon als Plage und werden nach Saudi-Arabien und in die USA verschifft.

* Der jahrzehntelangen Forderung der australischen Ureinwohner nach einem Betretungsverbot wurde im Oktober 2019 von der Verwaltung des Nationalparks entsprochen.

In einem Paddock tummelten sich ein Dutzend Kamele. Sie kamen vertrauensvoll ans Gatter, als wir stehen blieben, um sie zu bewundern. Einem kleineren Exemplar streckte ich meine Hand entgegen, um es zu streicheln. Das Fell war weich, die Zunge, mit der es mich unerwartet ableckte, rau und lang. Lilly kicherte und meinte, so könnte ich mir ja die Dusche sparen.
Ein Mitarbeiter der Farm gesellte sich zu uns und sagte: „Morgen Abend ist hier was los, da könnt ihr auf die Hübschen wetten.“ Es stellte sich heraus, dass auf dieser Farm regelmäßig Kamelrennen stattfinden. Eine Attraktion, die sich großer Beliebtheit erfreut. Wer weiß, vielleicht würde ich ein paar „Bucks“ auf die Kameldame mit dem weichen Fell setzen.

◇◇◇◇

Während der Busfahrt war der einvernehmliche Wunsch nach einem gemeinsamen Abend laut geworden. Ich fühlte mich direkt angesprochen und hatte deshalb an einer Tankstelle zwei große Tüten Chips mitgenommen und schlug nach dem Abendessen vor, am Feuer zu sitzen, Chips zu knabbern und zum Beispiel „Scharade“ zu spielen. Meine Idee wurde gerne aufgegriffen. Wir sammelten Namen von Filmen, berühmten Personen oder Schauspielern, schrieben sie auf Zettel und legten sie in einen Hut. Jeder Spieler versuchte dann, das gezogene Wort pantomimisch darzustellen, bis wir andern es erraten hatten. Es herrschte eine ausgelassene Stimmung und schließlich kam Jonas an die Reihe. Er zog einen Zettel und baute sich dann breitbeinig mit geschwellter Brust vor dem Feuer auf, suchte den Boden ab und nahm sich einen Cowboyhut und setzte diesen mit Bedacht auf. „Indiana Jones!“, „Lucky Luke!“, wurden die ersten Ideen herausposaunt. Jonas schüttelte den Kopf, steckte die Hände in seine Westentasche und streifte uns mit einem grimmigen Blick. Pam warf: „Mufty“ in die Runde – der immer schlecht gelaunte blaue Schlumpf aus Schlumpfhausen. Wir kicherten und witzelten, weshalb sie sich denn bei den Zeichentrickfiguren so gut auskenne. Aber dann wurde die Spannung für Jonas zu groß und er rief: „Na, ich bin Stephen!“ Bei der Auflösung brachen wir alle in lautes Gelächter aus, da das Original der lebensechten Darstellung von Jonas so extrem ähnelte. Stephen saß etwas abseits, da er nicht mitmachen wollte. Er hörte es jedoch und nahm‘s mit Humor – mit anderen über sich selbst zu lachen ist ja bekanntlich die beste Medizin. Als das Feuer zur Neige ging, wurde es Zeit für uns, in unsere Schlafsäcke zu schlüpfen. Es war ziemlich kalt ohne die wärmenden Flammen, doch der Sternenhimmel war dafür umso klarer.

Der Morgen graute, doch wir waren bereits unterwegs, um bei Sonnenaufgang Uluru in ihrem roten Kleid zu bewundern. Es war magisch als sich das dunkle Rotbraun in einen tiefen, schimmernden Kupferton verwandelte, während die Intensität der Sonnenwärme zunahm. Obwohl die Sonne jeden Morgen ihre Bahn zieht, kehrten wir zu unserem Van zurück, in dem Bewusstsein, Zeugen eines einzigartigen Erlebnisses geworden zu sein. Anschließend begaben wir uns auf den Rundweg, um die Uluru in ihrer ganzen Pracht zu bewundern. Der schmale, rote Sandweg führte uns in einigen Metern Abstand um die sanften Rundungen des Berges. An manchen Stellen entdeckten wir Höhlen, Löcher und Furchen im Sandstein, die wundersame Formen hatten, wie zum Beispiel eine, die an einen Schädel erinnerte. Ab und an zogen sich schwarze Streifen über die Uluru, die vom Plateau bis in die Tiefe reichten. In der Regenzeit strömen dort Wasserfälle hinab. Mit diesem Bild vor Augen und zahlreichen Bäumen und Büschen, die Früchte trugen und Tieren, die in dieser fruchtbaren Region leben, war es nachvollziehbar, dass die Aborigines diesen Ort als etwas ganz Besonderes ansahen.
Überaus inspirierend finde ich ihre Lebenseinstellung, ihre Überzeugung, dass nicht das Land den Menschen gehört, sondern dass es genau andersherum ist. Sie sagen, dass das Land die Menschen großzügig versorgt, mit dem, was diese zum Leben brauchen. Im Gegenzug möchte es respektvoll behandelt werden. Ein wenig nachdenklich erreichte ich eine Lichtung, die mich besonders faszinierte. Hier zeigte die Vegetation deutliche Spuren eines Feuers. Die Erde war mit Ruß überzogen und die Stämme der Bäume schwarz von den Feuergewalten und doch blühten die Baumkronen in einem zarten Grün und vereinzelt zeigten sich sogar neue Pflanzentriebe. Wie war das möglich, fragte ich mich. Wie konnten diese Bäume ein Feuer überleben? Ich dachte an meine Lebenssituation und daran, was ich „alles überlebt" hatte. Ja, vieles war möglich, auch wenn man es zuerst nicht für möglich hielt. Und passierten nicht jeden Tag Wunder auf dieser Welt? Zufrieden mit meinen Überlegungen setzte ich meinen Weg fort. Stephen erzählte mir später, dass die Bäume ihren Samen in den Baumkronen in kleinen harten Kapseln speichern. Erst durch die hohen Temperaturen des Feuers platzen diese auf, der Samen verteilt sich und so kann neues Wachstum entstehen. Viele Eukalyptus-Arten seien zusätzlich feuerresistent und würden, sobald die Gefahr gebannt war, schnell neue Triebe bilden. Wie viel Hoffnung dieses Wissen doch schenkte!

Auf dem kleinen Flughafen in der Nähe von Yulara angekommen, stiegen wir aus und folgten dem Fahrer in die Eingangshalle. Dort lernten wir die zwei „Profis“ kennen, die zunächst jeweils mit uns Frauen und dann mit den Männern den Sprung in die Tiefe durchführen würden.

◇◇◇◇

Die Sache wurde konkret, nachdem wir die nötigen Papiere unterzeichnet und die Gurte anlegten hatten. Eine Brille vervollständigte unsere Ausrüstung. Für Lilly war es fast Routine, denn sie sprang zum fünften Mal und so blinzelte sie mir noch einmal zu, bevor sie ihre Brille aufsetzte und rief: „You will love it!" – „Du wirst es lieben!" Daraufhin stieg sie vor mir in das winzige Flugzeug. Ich folgte ihr mit einem Gefühl der Erregung und Vorfreude.
Die kleine Cessna hob elegant vom Boden ab. Wie ein Adler erhoben wir uns stolz in die Lüfte und die Landschaft zerschmolz zu winzigen braunen, roten und grünen Flächen. Als wir eine schnittige Wende nahmen, konnte ich einen Blick auf Uluru und die kleine Schwester Kata Tjuta werfen. Lilly war vor mir dran. In der einen Sekunde saß sie noch mit ihrem Profispringer in der Öffnung des Flugzeugs und in der nächsten Sekunde waren sie verschwunden. Danach durfte ich. Der Sprung ging blitzschnell. Ich saß am Rand und war darauf vorbereitet in die Position „Banana" zu gehen, und schon spürte ich die Kraft des Windes beim freien Fall. Es war wie beim Achterbahnfahren, wenn das psychische Erleben dem Körper gar nicht folgen kann und genau diese Tatsache registriert. Ich nutzte das Gefühl des Adrenalins, das aufgrund des Stresses durch meinen Körper gepumpt wurde, und schrie so laut, wie noch nie zuvor in meinem Leben. Genau das war es, was mich zu dem Sprung motiviert hatte – ein Befreiungsschrei – der mir auf der Erde nicht hatte gelingen wollen. Kurz darauf – ein kleiner Ruck und der Fallschirm öffnete sich.
Ein wohliges Gefühl breitete sich in mir aus, als wir langsam über den Dingen schwebten und in eine wärmere Luftschicht glitten. Ich fühlte mich so entspannt, dass ich es wagte, meine Beine zu bewegen und streckte die Arme nach vorne, als wäre ich Superwoman und nichts könne mir je wieder etwas anhaben. Ein sagenhaftes Gefühl der Schwerelosigkeit.

Bei dem Blick über die Landschaft nahm ich mit Bedauern wahr, dass wir bald landen würden. Allerdings ging der Fall mit einem Mal rasant schnell. Ich wollte irgendetwas tun und schrie meinem „Instructor“ auf Englisch zu: „Wir sind viel zu schnell, oder?“

Seine Antwort wurde vom Wind davongetragen und ich erinnere mich, wie ich beide Füße waagerecht nach vorne gestreckt hielt – in Landeposition. Kurz darauf schlug ich mit exorbitanter Gewalt mit dem unteren Rücken fern ab der Piste auf. Schmerz explodierte in mir. Ich wurde erneut in die Luft gezogen, nur um ein weiteres Mal aufzuschlagen. Diesmal überschlugen wir uns. Von der Kraft des Aufpralls wurde ich hilflos durch das Buschwerk gezerrt. Der Begleitspringer rollte über mich hinweg und dann war Stille.

Der rote Staub lichtete sich und ich nahm wahr, wie ich auf der Erde lag. Meine Hände und Füße spürte ich nicht und unsägliche Pein vernebelte mir für einen Augenblick die Sinne.

◇◇◇◇

Der Sanitäter, der eintraf, musste erst Verstärkung rufen, da er mich nicht allein bewegen konnte. Erinnerungen flimmerten wie Fragmente durch meine Gedanken: die Sonne in der Mittagshitze, die unbarmherzig auf mich niederbrannte, der Instruktor, der neben mir stand und dann aus meinem Blickfeld verschwand. Mein dunkelblauer Wollpullover, der mit Schweiß durchtränkt war und juckte. Tausende kleine Ameisen, die über mein Gesicht und in meinen Halsausschnitt krabbelten, und niemand, der sie trotz meiner Bitten verscheuchte. Ein Zugang, der mir für eine Infusion gelegt wurde … Die Erlösung, als ich endlich auf eine Trage gelegt und in den Krankenwagen geschoben wurde. Von dort brachte man mich ich in einen großen Raum mit einem Schreibtisch. Ich wartete fast fünf Stunden bis mich ein anderes kleines Flugzeug in die Klinik nach Alice Springs transportierte. Ich erinnere mich noch genau, denn eine große Uhr hing mir gegenüber an der Wand. Ich sah den Zeigern zu, wie sie monoton im Kreis wanderten. Das einzige, was die quälende Warterei durchbrach, war ein Mitarbeiter der Skydiving-Company, der mir meine Sachen brachte. „Die haben wir vom Campground mitgenommen, als wir die anderen zurückgebracht haben. Ich leg sie einfach hierhin“, murmelte er und deutete auf einen Platz, der sich außerhalb meines Gesichtsfelds befand. Er verschwand, noch ehe ich Worte fand, um mich zu bedanken, oder gar Fragen stellen konnte.
Im Flugzeug erhielt ich eine Dosis Morphin, die mir half, die Schmerzen zu ertragen, bis die nächste Tortur auf mich wartete. Nach meiner Ankunft standen mehrere Mitarbeiter bereit und schoben mir viele kleine Plastiklatten – ähnlich wie die Lamellen eines Lattenrostes – unter den Körper, um mich so auf eine andere Trage zu verlegen. Danach folgten das MRT und die Verlegung auf die Intensivstation.

◇◇◇◇

Nach einer Zweitmeinung, die im Krankenhaus von Adelaide eingeholt wurde, stand die Diagnose fest: Bruch des vierten Lendenwirbels, die zwei weiteren darüber waren gestaucht. Die Lunge war vom starken Aufprall gequetscht. Vorerst würde ich nicht operiert werden. Das verbuchte ich erst einmal als Pluspunkt, während ich über einen Nasenschlauch mit Sauerstoff versorgt wurde, eine weitere Dosis Morphin in meinen Körper floss und der Monitor neben mir meine Vitalwerte dokumentierte. Noch am selben Abend standen Lilly, Jim, Patrick und Jill an meinem Bett. Sie wollten wissen, wie es mir ging und durften für ein paar Minuten zu mir. Ich war überrascht, sie zu sehen. So froh zu wissen, dass jemand in der Nähe war, der sich sorgte. Patrick berichtete mir, dass der Instruktor, der mit mir gesprungen war, unverletzt blieb und direkt nach unserer „Landung" mit Jim gesprungen sei. Spielte mir die hohe Dosis an Schmerzmitteln etwa einen Streich? Wurde so mit der Sicherheit von Personal und Klienten umgegangen? Ich konnte nur ungläubig abwechselnd in ihre Gesichter blicken, als er mir dies erzählte. Hatte Jim denn keine Angst gehabt, gerade mit diesem Instruktor den Sprung in die Tiefe zu wagen? Ich denke, dass er das Ausmaß der Situation nicht begriffen hatte. Anderes konnte ich es mir nicht erklären. Zu meiner Erleichterung war er unversehrt. Sie fragten, ob ich irgendetwas benötigen würde, denn sie seien bis morgen in der Stadt und wollten noch einmal vorbeikommen. Wie lieb von ihnen!

Die Nacht auf der Intensivstation war anstrengend. Zu viel Morphin und die gequetschte Lunge führten zu Atemaussetzern. In der ersten Sekunde, als ich das schrille Piepen des Alarms hörte, war ich zurückversetzt in eine andere Zeit auf eine andere Intensivstation. Damals war es meine Mutter gewesen, die wegen eines Unfalls dort gelegen hatte. Würde ich nun auch sterben, formte sich die Frage in meinem Kopf. Ich hatte das Bild aus jener Zeit genau vor Augen.

Sie lag bleich auf dem weißen Kissen, schwer atmend, obwohl sie mit Sauerstoff versorgt worden war. Es war nicht wie im Film ein sanftes Einschlafen gewesen. Ich erlebte es als ein letztes Aufbäumen, ein Ringen nach Luft – nach Leben, ein Röcheln und Gurgeln, dann ein kurzes Erweitern der Pupillen. Die Augen starr an einen Fleck hinter mir an der Wand gerichtet. Schweiß lief ihr vom Haaransatz über die Wangen. Ich saß an ihrem Bett und hielt ihre Hand, sah einfach zu, wie sie erstickte. Die Ärzte hatten klar formuliert, dass meine Mutter ohne Beatmungsgerät nicht lebensfähig sei. Die Patientenverfügung war eindeutig. Der Wunsch meiner Mutter war notariell beglaubigt. Ich selbst war mit ihr beim Notar gewesen und hatte die Aufgabe, als Bevollmächtigte, ihren Wunsch zu respektieren. So einfach war das. Und an jenem Tag im Oktober schloss sie für immer ihre Augen.

Genau bei diesem Gedanken wurde ich wieder zu mir zurückgeholt, als die Nachtschwester an meinem Arm rüttelte und mich mit lauter Stimme immer wieder aufforderte zu atmen: „Breathe! Come on, breathe again! Take a deep breath!“

◇◇◇◇

Es folgte ein weiterer qualvoller Tag. Gefühlt wurde ich ununterbrochen wachgehalten, mit Nadeln gepikst und dauernd störte irgendein Alarm. Lilly, Jim und Patrick kamen, um sich zu verabschieden. Im Schlepptau hatten sie Stephen, unseren starken Ranger, der mit betretenem Blick dem meinen auswich und nicht so recht wusste, was er sagen sollte. Patrick lieh sich kurz mein Handy aus, um eine SIM-Karte einzulegen. Die ganze Reisegruppe hatte zusammengelegt, damit ich ein wenig im Netz surfen und mit ihnen in Kontakt bleiben konnte. Sie hatten eine WhatsApp-Gruppe gegründet und mich bereits hinzugefügt. Vor Rührung stiegen mir Tränen in die Augen. Tatsächlich war es Ende des Monats und somit wäre meine Karte in vier Tagen unbrauchbar geworden. Durch ihre Aufmerksamkeit und Fürsorge konnte ich nun meine Versicherung informieren und war auch zukünftig handlungsfähig. Da meine Kräfte schwanden, verabschiedeten sich meine Reisegefährten und ich war allein.

◇◇◇◇

An Tag drei hatten sich meine Schmerzen zu einem Fortissimo gesteigert. Ich erinnere mich an einen Arzt, der mir eine Spritze setzte und an eine Krankenschwester mit dunkler Haut, die eine weiße Haube trug. Sie ermahnte mich, tief zu atmen, schikanierte mich regelrecht mit ihren Aufforderungen. Ich entsinne mich noch gut an den Moment, in dem ich nichts mehr spürte. Keine Schmerzen. Ich fühlte mich umhüllt von unendlichem Frieden. Ein wundervolles Gefühl, das plötzlich von einer lauten und drängenden Stimme gestört wurde, die mich abermals aufforderte, einen tiefen Atemzug zu nehmen. Ich überlegte kurz, ob ich das tatsächlich wollte. Angst zu sterben hatte ich nicht. Ich war überzeugt von einem Leben nach dem Tod. Nur war es bedauerlich, dass so vieles von meiner „Bucket List“ noch nicht abgehakt war. Und dann – holte ich tief Luft.

◇◇◇◇

Ein Mann in einem dunklen Anzug stand am nächsten Tag an meinem Bett. Er drückte mir einen Stift in die Hand und wollte meine Kreditkartennummer haben. Einfach unglaublich! Es stellte sich heraus, dass sich das Krankenhaus doppelt absichern wollte – über meine Versicherung und meine Kreditkarte. Er redete auf mich ein, doch seine Silhouette verschwamm vor meinen Augen.
Das Morphin wurde gegen ein anderes Medikament ausgetauscht. Die Zeit verging, meine Lunge erholte sich und so wurde ich schließlich auf die „normale Station" verlegt. Ein Doppelzimmer. Mein Bett stand gegenüber einem großen Fenster, mit Blick auf Bäume. Welch Wohltat. So konnte ich jeden Abend den Sonnenuntergang beobachten.

◇◇◇◇

Im Krankenhaus arbeiteten überwiegend Ärzte und Schwestern von den Philippinen und aus Indien, was mich überraschte. Da ich mich im Northern Territory befand, waren hier die meisten der Patienten Aborigines. So auch meine Zimmernachbarin Angelique. Wir verstanden uns gut und da ihre Englischkenntnisse begrenzt waren und ich die Sprache der Aborigines nicht sprach, kehrte ein entspanntes Nebeneinander ein.

Über den Sozialdienst im Krankenhaus konnte ich die Angelegenheiten mit meiner Versicherung klären. Mrs. Kolba war so freundlich mir meine Mails auszudrucken und so konnte ich die nötigen Formulare ausfüllen und unterschreiben. Anschließend konnte ich diese mit einer neuen App auf dem Handy einscannen und zurück an die Versicherung schicken. Auch half mir mein Ansprechpartner der Auslandsversicherung, die sich täglich wiederholende Situation mit dem „Herrn im Anzug" zu beenden. Er schickte diesem eine Mail mit höflichen, bestimmten Worten und forderte ihn auf, aufgrund ihrer Zusage der Kostenübernahme nun Abstand davon zu nehmen, mich weiterhin in meinem Genesungsprozess zu stören. Daraufhin sah ich ihn nie wieder. Den Wert, den die Prepaid-Karte, die ich von meiner Reisegruppe geschenkt bekommen hatte, für mich darstellte, konnte ich gar nicht in Worte fassen.

Mein Körper fühlte sich an wie nach Extra-Übungen im Trainingslager der Bundeswehr. Völlig zerschlagen und unfähig, aus eigener Kraft zu stehen. Mein Bauch war aufgedunsen wie ein Ballon und schmerzte ebenfalls.

Ich war bereit, alle Register zu ziehen, doch alternative Behandlungsmethoden, wie ein Fenchel-Anis-Kümmel-Tee, waren den Mitarbeitern im Krankenhaus unbekannt. An einem Morgen, als die Schmerzen besonders tobten, schaute eine Mitarbeiterin des ehrenamtlichen Dienstes vorbei. Da sie mir ihre Hilfe anbot, nahm ich diese dankbar an und fragte sie, ob sie in Sachen Tee eine Lösung habe. Emma war eine rührende Seniorin mit kurzem schlohweißem Haar und einer Perlenkette um den Hals. Sie nickte zuversichtlich und versorgte mich mit der Großpackung einer Kräutermischung. Sogar meine Wäsche nahm sie mit nach Hause und am nächsten Tag duftete sie nach Frühlingsblumen. Sie war ein Segen für mich! Ab diesem Zeitpunkt wurde mir jeden Morgen meine große Thermoskanne, die ich aus Tasmanien mitgebracht hatte, mit kochendem Wasser gefüllt. Der Magen beruhigte sich nicht wirklich, aber das viele Trinken gab mir eine Beschäftigung.

◇◇◇◇

Dann bekam ich Post. Ich konnte mir gar nicht erklären, wer mir etwas schicken sollte. Ich nahm an, die Versicherung brauchte irgendein zusätzliches Formular. Tatsächlich war das Kuvert von Kendra. Sie hatte Wort gehalten und mir den iPod zugeschickt. Hurra! Nun hatte ich meine Lieblingsmusik zur Verfügung, die ich nicht auf dem Handy geladen hatte. Das gab mir Aufschwung. Über Margie, eine andere Frau aus der Gruppe, bekam ich einen Überraschungsbesuch! Sie hatte über Facebook angefragt, wer von ihren Freunden jemanden kannte, der in Alice Springs wohnen und mich besuchen würde. Und so erschien am nächsten Morgen das lächelnde Gesicht von Berrin im Türrahmen. Sie war ein paar Jahre jünger als ich und stammte aus der Gegend. Sie schaute ab da fast jeden dritten Tag vorbei und versuchte, mich von meinen Schmerzen abzulenken. Bei ihrem zweiten Besuch beschenkte sie mich mit einer großen türkisfarbenen Teetasse. Ein kleiner Farbtupfer in der neutralen Zwangsunterkunft. Welch netter Gedanke von ihr. Es sind eben die kleinen Dinge des Lebens, die den Augenblick blitzartig auf so wunderbare Weise verändern können. Der Schmerz war zu meinem ständigen Begleiter geworden, so, wie der Rauch das Feuer begleitet. Und wie Feuer das Holz verzehrt, schrumpfte auch meine Energie mit jedem Tag, der verging.

◇◇◇◇

Vor Erschöpfung war ich in einen traumlosen Schlaf gefallen, der jäh durch das erschreckend laute Geräusch einer eingehenden Nachricht bei WhatsApp unterbrochen wurde. Ich hatte versäumt, mein Handy über Nacht auszustellen und trug sogar noch meine Kopfhörer. Etwas verstört sah ich auf das Display. Es war vier Uhr nachts. „Da-di-da“, kündigte der Dreiklang eine zweite Mitteilung an. Mir wurde es flau im Magen, als ich sah von wem die Botschaften waren. Die Buschtrommeln hatten meine Geschwister wissen lassen, dass ich einen Unfall hatte und nun im Krankenhaus lag. „Oje!“, entfuhr es mir. Wie sollte ich nun reagieren? Ich fühlte mich nicht in der Lage, einen engen Kontakt aufzunehmen, hatte ich doch die Reise angetreten, um Abstand von allem zu bekommen. Dies bezog meine Geschwister mit ein. Das war in der Tat eine angenehme Begleiterscheinung meiner Reise gewesen, die ich nicht verändern wollte. Ähnlich, wie bei einer Schlange, die sich häutet, hatte ich mein altes Verhaltensmuster als Schwester abgestreift und musste mich nun an mein neues Schuppenkleid gewöhnen. Der Augenblick war denkbar ungünstig, um meine neue, von mir gewünschte Rolle im Familiensystem deutlich zu machen und zu festigen. Was ich brauchte war Zeit. Also schrieb ich ihnen kurz, dass es mir soweit gut ginge, ich ihnen für ihre Anteilnahme dankte, und versorgt sei. Zum Schluss fügte ich noch hinzu, dass ich mich melden würde, wenn ich „soweit“ wäre.

◇◇◇◇

Die Tage verschmolzen zu Wochen und ich hangelte mich mit meinen letzten Kraftreserven von Tag zu Tag. Stets darauf konzentriert, dem Tag etwas Positives abringen zu können. Stets versuchend, den Schmerz, der mich fest umklammerte, zu ignorieren. Dabei fühlte ich mich wie ein Fisch, gefangen in einem Netz, das an Land gezogen wurde. Es gab kein Entrinnen und doch versuchte ich durchzuhalten.

◇◇◇◇

Mein einundvierzigster Geburtstag kam und ging und ich konnte nach zwei Wochen zum ersten Mal mit Rollator zum Badezimmer laufen. Langsam wurde mir bewusst, dass ich ohne Hilfe nicht einen Tag über die Runden kommen würde. Ich musste mich also der Tatsache stellen, dass ich nicht, wie scherzhaft geäußert, weiter nach Bali fliegen würde, um dort am Strand völlig zu gesunden. Deshalb begann ich, mit meiner Auslandsversicherung wegen eines Rücktransportes zu verhandeln. Während dieser spannungsreichen Tage, in denen ich auf eine Antwort warten musste, bekam ich eine neue Zimmernachbarin. Da es ihr ziemlich schlecht zu gehen schien, war keine große Unterhaltung möglich und ich war dankbar für den Vorhang, der uns trennte.
Schließlich erhielt ich die erlösende Mail, dass ein Arzt mit seinem medizinischen Assistenten von Deutschland aus nach Australien fliegen würde, um mich persönlich abzuholen und zurück nach Deutschland zu begleiten. Mein Wahlkrankenhaus, das eine Fachabteilung auf dem Gebiet der Wirbelsäulenchirurgie hatte, war das Ziel unserer Reise. Ich würde liegend transportiert werden, mit der Fluggesellschaft Emirates. Genügend Schmerzmittel waren im Gepäck, und so nahm ich Abschied von Australien.
Den Arzt bat ich, am Zoll einen Stempel in meinem Pass machen zu lassen, da dieses Verfahren langsam durch elektronische Verfahren ersetzt wurde. Dieser Wunsch wurde mir jedoch verwehrt. Was soll's, dachte ich mir, hatte ich nicht ein weitaus größeres Andenken an diesen roten Kontinent als einen Druck schwarzer Tinte auf Papier?

Teil III

„Knowlege is a treasure,
but practice is the key to it."

Ibn Khaldoun al Meqaddima

Deutschland

Wackelige Schritte, Rückschritte, mutige Schritte

◇◇◇◇

Nach sagenhaften neununddreißig Stunden landete ich in Düsseldorf am Rhein. Der Krankenwagen wartete schon auf dem Rollfeld. Das hatte ich gewusst. Das hatte ich erwartet. Nicht mit einbezogen hatte ich die tiefe Verzweiflung, die sich in meinem Inneren ausbreitete und mich mit der Wucht eines Tsunami durchflutete. Die Tränen kullerten mir unkontrolliert über die Wangen. Die gute deutsche Reserviertheit – was bedeutete, mein Gemütszustand wurde von den Menschen um mich herum schlicht ignoriert – half mir jedoch, mich auf der fast fünfzigminütigen Fahrt zum Krankenhaus wieder zu sammeln. Willkommen zurück im „alten Muster", dachte ich voller Selbstironie. Nur keine Schwäche zeigen, das macht angreifbar und außerdem kann ich meine Bedürfnisse und Interessen dann noch weniger durchsetzen. Ich wurde in die Notaufnahme gebracht, denn als Erstes musste eine Eingangsdiagnostik durchgeführt werden. Es war 21 Uhr. Da ich trotz des langen Fluges kein absoluter Notfall war, hieß es warten. Ich versuchte verschiedene Male, ein Zimmer und Ruhe einzufordern. Mein Wunsch wurde jedoch geflissentlich überhört. Was dachten sich die Mitarbeiter dabei? Ich war zwar hart im Nehmen, aber zu diesem Zeitpunkt war meine Belastungsgrenze schon bei weitem überschritten.

Ich war allein und hätte nun viel darum gegeben, ein wenig Verständnis für meine Situation oder auch nur ein freundliches Wort zu hören. Stattdessen wurde ich in einem winzigen Untersuchungszimmer mir selbst überlassen. Jede Minute hoffte ich darauf, abgeholt zu werden. Letzten Endes wurde ich irgendwann nach Mitternacht geröntgt und um ein Uhr nachts auf mein Zimmer gebracht. Ich war entsetzt, als ich erfuhr, kein Zimmer für mich allein zu haben. Ich war wegen meiner privaten Zusatzversicherung fest davon ausgegangen. Verdammt, wann werde ich endlich einmal meine Ruhe haben, um unbeobachtet zu weinen, schrie es in mir. Die Schmerzen, meine Erschöpfung und die Ausweglosigkeit meiner Situation nahmen mir letztendlich die Entscheidung ab. Während ich meinen geschundenen Körper im Beisein des Krankenpflegers ins Bett hievte, konnte ich weitere Tränen nicht aufhalten.

Eine harte Landung – in vielerlei Hinsicht! Eine weitere Schmerztablette half mir schließlich, dem Alptraum, in dem ich mich befand, für kurze Zeit zu entfliehen.

◇◇◇◇

Visite um sieben Uhr. Ich erhielt die Mitteilung vom „Professor Dr. Dr." und seinem Team, dass eine Spondylodese gemacht werden müsse. Als ich nicht verstand, holte er zu einer Erklärung aus: Es handele sich hierbei um eine Operation mit einer Rückenversteifung. In meinem Fall um die Versteifung der Lendenwirbel LWS 3 bis LWS 5. Dabei würde Metall eingesetzt, um dem Rücken die Stabilität zu geben, aufrecht gehen zu können. Um genau zu sein, geschehe dies mit vier Schrauben, zwei längeren Metallstäben und einer Stange als Querverbindung, die mit an den Metallstäben und zusätzlich mit einer Art Flügelmutter mittig justiert werde. Als bedeutsamsten Aspekt galt es, das Risiko eines freischwebenden Splitters der Fraktur zu berücksichtigen. Dieser könnte in Richtung Rückenmark wandern. Durch die Spondylodese würde dieser Bereich ruhiggestellt und der Splitter könnte bestenfalls an gleicher Stelle mit dem Gewebe verwachsen. Übermüdet und schmerzerfüllt, wie ich war, hörte ich nur die Wörter „OP", „Splitter" und „Metall". Ich wollte souverän Alternativen besprechen, stattdessen brach ich erneut in Tränen aus. Ich ärgerte mich über meine fehlende Selbstkontrolle, noch dazu vor der kleinen Gruppe so hochkompetenter Fachärzte. So musste es wohl schwangeren Frauen ergehen, wenn die Hormone verrücktspielten. Pädagogische Fähigkeiten kann ich den Medizinern nicht attestieren, denn mir wurde vom Professor Dr. Dr. schlicht mittgeteilt, dass er im Laufe des Tages noch einmal kommen würde, wenn ich aufnahmefähiger für eine Entscheidung wäre. Damit wurde ich allein zurückgelassen. Er kam nicht. Was folgte, war lediglich die Aufklärung und Einverständniserklärung für die Anästhesie und Operation. Als ich der Stationsärztin mitteilte, noch gar nicht zugestimmt zu haben, hieß es, es gäbe keine Alternative, sollte ich weiterhin aufrecht gehen wollen. Das war eine Ansage, und so willigte ich ein. Allerdings machte ich deutlich, dass ich zuerst klären musste, dass meine gesetzliche Krankenversicherung wieder in Kraft trat. Denn die Kostenübernahme wollte ich verlässlich geklärt wissen. Mein Kommunikationstalent und die Erfahrungen meines Krankenhausaufenthaltes in Australien halfen mir, dies auf kurzem Weg zu regeln. Die nötigen Formulare ließ ich mir an das Sekretariat des Krankenhauses per Mail schicken, ausdrucken und später ausgefüllt zurückfaxen. Im Nachhinein bin ich fasziniert von der Tatsache, wie viele Kräfte ich entwickeln konnte, um meine Situation durchzustehen. Bei jeder Operation gibt es Risiken. Das war mir bewusst. Bei dieser jedoch schwebte die Gefahr einer Querschnittslähmung im Raum. Deshalb war ich froh, meine Patientenverfügung bereits schriftlich fixiert und auf dem USB-Stick mit dabeizuhaben. Wäre dieser auf der Reise verloren gegangen, wäre da noch die Kopie, die ich mir per Mail zugeschickt hatte. Die Ärzte waren darüber informiert. Alles war organisiert und ich erhielt die Information, dass ich die erste Person sein würde, die an diesem Morgen operiert werden würde.

◇◇◇◇

Als ich meine Augen aufschlug, brauchte ich ein paar Sekunden, um mich zu orientieren. Ich war wieder auf meinem Zimmer, die OP bereits Geschichte. Die Sonne schien durch die große Fensterfront auf mein Gesicht und ich musste blinzeln. Als ich meinen Arm hob, um mir eine Haarsträhne aus dem Gesicht zu streichen, durchfuhr mich ein stechender Schmerz. Es war wie die Explosion eines Sprengkörpers, die sich in meinem Körper ausbreitete und mich innerlich zerriss. Bei dem Versuch, meinen Oberkörper zu bewegen, scheiterte ich kläglich. Auch meine Beine wollten sich nicht zur Mitarbeit motivieren lassen und so lag ich für den Bruchteil einer Sekunde in meinem Bett mit dem erschreckenden Gedanken: War bei der Operation etwas schiefgelaufen? War ich nun querschnittsgelähmt? Ich weigerte mich, fast augenblicklich nachdem der Gedanke sich in meinem Geist geformt hatte, dies als Wahrheit zu akzeptieren. Quälende weitere Versuche, bei denen mir vor Schmerzen der Schweiß ausbrach und ich zugleich fröstelte, brachten die Erleichterung. Ich konnte meine Zehen auf und ab bewegen. Ein Krankenpfleger trat kurz darauf an mein Bett und erklärte mir mit ruhiger und tiefer Stimme, dass die OP gut verlaufen sei. Auf meine panische Aussage, ich könne mich nicht bewegen, meinen Oberkörper nicht drehen, beruhigte er mich. „Es war ein schwerer Eingriff, da ist das normal. Versuchen Sie, noch ein wenig zu schlafen.“ Das musste mir vorerst genügen. Nach einem kräftezehrenden Kampf zwischen Schmerz, Übelkeit und Verzweiflung umfing mich wohltuende Dunkelheit.

◇◇◇◇

Am nächsten Morgen bei der Visite bat ich um ein Foto der Narbe auf meinem Rücken. Ich war geschockt, hatte nicht mit einer dicken Wulst von dreizehn Zentimetern gerechnet, die mir hellrot auf dem Display entgegenleuchtete. Fragen nach dem „Warum“ oder einem tieferen Sinn hinter der Verletzung konnte ich zu diesem Zeitpunkt nicht zulassen. Zu tief war das Entsetzen. Zu übermächtig der Schmerz, die Gegenwart. Für die Kühnheit, an Gottes Güte zu zweifeln, reichte meine Energie erst recht nicht aus. Meine Seele war erschöpft. Sie zog sich erneut weit in mein Innerstes zurück, und ich konzentrierte mich darauf, die nächste Minute durchzustehen und die nächste und so weiter. Nachdem ich von einer Physiotherapeutin mobilisiert wurde und den Versuch startete, ins Bad zu gelangen, kollabierte mein Köper. Ich war viel zu geschwächt für das Unterfangen. Also ertrug ich das demütigende Ritual der

Bettpfanne, begleitet von purer Agonie druch die Anhebung des Rückens. Weitere Schmerzmittel halfen mir schließlich in einen erlösenden Schlaf zu fallen. Am späten Nachmittag bekam ich Besuch von meiner Freundin Sophie. Ich freute mich, sie zu sehen, war aber noch so kraftlos, dass ich mich nicht einmal im Bett aufrichten konnte. Im Schlepptau hatte sie meinen Koffer, den ich vor meiner Reise bei ihr deponiert hatte. Sie öffnete ihn für mich und mein Blick fiel auf die schicken Hosen, Blusen und zahlreichen eleganten Kleider mit den dazu farblich passenden Stöckelschuhen. Weiter unten entdeckte ich meine verführerischen Dessous, meine Reithose mit Lederbesatz und die glänzenden Tanzschuhe. Was als Aufmunterung gedacht war, verfehlte seine Wirkung um Längen. Der Inhalt spiegelte das Bild meines Traums wider, der zerplatzt war wie eine schillernde Seifenblase im Wind.
Diese Erkenntnis registrierte mein Verstand. Ich starrte einfach nur auf den Inhalt und fühlte nichts, außer den Schmerz in meinem Rücken. Der Unfall hatte mir buchstäblich den Boden unter den Füßen weggerissen.

◇◇◇◇

Nach über einer Woche wurde mir bei der Visite vom Chefarzt mitgeteilt, dass ihre Arbeit nun getan sei und ich bald entlassen werden könne. In einem Abstand von sechs Wochen würde routinemäßig ein Röntgenbild zur Kontrolle gemacht werden. Ob eine Entfernung des Metalls in Betracht gezogen werden könne, würde sich frühestens in ein bis eineinhalb Jahren sagen lassen. Er fuhr fort, zu erläutern, dass die Organisation für die anschließende Reha das Krankenhaus übernehmen werde. Mit dieser unsicheren Aussage wurde ich verabschiedet. Zu erschöpft, um mich mit diesem Vorschlag auseinanderzusetzen, akzeptierte ich. Es war ein Samstag als ich erfuhr, dass ich am kommenden Donnerstag die Reha beginnen würde. Für den Transport war bereits gesorgt. Der Krankenwagen würde mich liegend an mein neues Ziel bringen. Nun wusste ich wenigstens erst einmal, wie es weitergehen würde. Ich klammerte mich an den Gedanken, dass sich mit der Reha mein Gesundheitszustand um ein Vielfaches verbessern würde. Nun hieß es packen, besser gesagt, „packen lassen“, denn selbst das Stehen war eine unsichere Angelegenheit, da meine Kräfte nur von kurzer Dauer waren. Vor mir auf dem Tisch im Krankenzimmer lag der geöffnete Koffer. Er wartete diesmal darauf, mit auf Reisen zu gehen. Die ausgewählten Lieblingsstücke waren eher schöner, denn praktischer Natur, für die Reha also unbrauchbar. „Die schönen Kleider werden Sie da wohl nicht tragen können. Turnschuhe brauchen sie, fürs Lauftraining“, teilte mir Krankenschwester Elisabeth mit resoluter Stimme mit, als sie einen Blick auf den Inhalt geworfen hatte. Ich musste schwer schlucken.

Diesmal hatte ich keine heitere Erwiderung parat, um die erschreckende Wahrheit, die sich hinter ihren Worten verbarg, herunterzuspielen. Aufbautraining anstatt Surfen auf Bali.
Ich unterdrückte meine trüben Gedanken und versuchte, praktisch zu denken. Es gab noch einiges zu organisieren: Im Keller meiner Wohnung stapelten sich, gut verstaut in einer Box, Turnschuhe aller Farben. Doch keine meiner Freundinnen hatte Zeit gehabt, mir ein Paar vorbeizubringen. Als Alternative hatte ich meine Wanderstiefel, Sandalen oder meine Flip-Flops. Vielleicht könnte ich mir Turnschuhe bei Zalando bestellen …

◇◇◇◇

Der Krankentransport brachte mich zur Mittagsstunde in die Reha. Es war ein nüchterner Empfang mit einer Erwartungshaltung an mich als Patientin, die ich allein aus physischer Sicht nicht erfüllen konnte. Ich erhielt einen Plan, wann ich wo zu erscheinen hatte. Neben dem Termin für die Eingangsdiagnostik zählten dazu auch die Zeiten für das Fitness-Studio und vielfältige Vorträge unterschiedlichster Thematik. Dass ich noch nicht einmal während meiner Mahlzeiten durchgängig am Tisch sitzen konnte, da die Schmerzen einen häufigen Positionswechsel erforderten, interessierte niemanden.
Ein ganzheitliches Betrachten des Patienten und individuell abgestimmte Pläne gehörten zu meiner Wunschvorstellung. Das Konzept war funktional, die Einrichtung des Hauses minimalistisch. Ich musste eben gut auf mich achtgeben und mich bemerkbar machen. Leider traf das ebenfalls auf die Umgestaltung des Zimmers zu. Die Matratze des Bettes war steinhart und es stand kein Topper zur Verfügung. „Tja, das geht vielen so“, kommentierte die Stationsschwester teilnahmslos den Umstand. Man sollte ja annehmen, dass solch eine essenzielle Sache in einer orthopädischen Kurklinik zum Standard gehören würde. Was sollte ich nun tun? Mein Gehirn arbeitete auf Hochtouren. „Dann bringen Sie mir doch bitte zwei Daunendecken als Überbrückung. Vielleicht hab ich Glück und es hilft!“ Sie lenkte ein und nach fünfzehn Minuten breitete sie die Decken über die Matratze. Nach zwei Tagen bekam ich dann endlich einen Topper, der mir Linderung beim Liegen verschaffte.
Das Badezimmer stammte aus den Siebzigern und entsprach mitnichten den Anforderungen von Menschen mit einer Beeinträchtigung. Die Toilette im Badezimmer war so niedrig, dass ich um einen Aufsatz bitten musste. Die Halterung des Toilettenpapiers war schräg hinter der Toilette angebracht, so dass ich meinen Oberkörper hätte drehen müssen, was ich nicht konnte. So improvisierte ich, und nun thronte auf einem umgedrehten Schirmständer mein Toilettenpapier.

Um mir das Gesicht zu waschen, hätte ich mich weit zum Wasserhahn des Waschbeckens vorbeugen müssen, das war ebenfalls utopisch. So entdeckte ich die Verwendung eines Waschlappens ganz neu. Der Waschlappen war rosa. Die Lieblingsfarbe meiner Mutter, schloss es mir durch den Kopf. Und wie von selbst, tauchte ein Bild von ihr auf.

Sie stand nach der Hüftoperation in der Küche und blickte zu mir herüber. Perfekt gestylt. Ihre geliebten Stöckelschuhe machten sie noch größer. Und ich wusste, dass ihr Gang dadurch elegant wirkte. Auf ihrem Gesicht lag das wohlvertraute Lächeln.

Doch auf einmal sah ich die Situation mit anderen Augen. Erkannte die Anspannung darin und verstand – das Festklammern an dieser alten Gewohnheit sollte das Gefühl heraufbeschwören, wie es vor dem Unfall gewesen war! Ja, genau diese Taktik würde ich auch gerne anwenden, gestand ich mir ein. Angefangen mit dem Lackieren meiner Fußnägel. Doch mir brach schon der Schweiß aus, wenn ich mich nach dem Toilettenpapier reckte. Verzweifelt krallte ich meine rechte Hand um den Waschlappen und drückte fest zu. Wasser tropfte auf den Boden und mein Blick heftete sich auf die kleine Pfütze zu meinen Füßen. Das, was ich mir wünschte, war unmöglich, traf mich die Realität. Doch ich wollte es nicht hinnehmen und suchte fieberhaft nach einem Ausweg. Da fiel mir wieder die Sache mit den Turnschuhen ein. Um mir zu beweisen, dass ich durchaus noch handlungsfähig war, ging ich zum Nachtkästchen und griff nach meinem Handy. Mit wenigen Klicks bestellte ich mir tatsächlich drei Paar Turnschuhe bei Zalando. Ich ließ sie mir zur Auswahl in die Reha schicken und wählte dann ein Paar aus. Der Postbote war so freundlich und nahm mir – ausnahmsweise – die Retoure mit zur Post.

◇◇◇◇

Der Schmerz beherrschte meine Tage. Jeder Muskel und Nerv in meinem Körper schien wie unter Strom zu stehen, um bei der kleinsten Bewegung Alarm zu schlagen. Wenn ich es nicht mehr ertragen konnte, hielt ich den Atem an, nur, um dem Toben der Schmerzen für ein paar Sekunden Einhalt zu gebieten. Der Organismus war dann so beschäftigt, den Sauerstoffgehalt im Körper zu kompensieren, dass ich für ein paar herrliche Sekunden Erleichterung verspürte. Leider keine Lösung auf Dauer. Mein Nervenkostüm war völlig überreizt. Mit lauter Musik versuchte ich, meine Gedanken und Empfindungen zu übertönen. So sah man mich stets mit einem Umhängetäschchen, das mir quer über der Schulter hing. Ein modisches filigranes Ding, dass eher für den Theaterbesuch gedacht war.

Nun leistete es mir treue Dienste, denn darin verbargen sich mein Handy oder iPod, von denen die Musik direkt an meine Kopfhörer geleitet wurde. Während der Mahlzeiten hatte ich mich an einem festen Platz an einem Vierer-Tisch einzufinden. Ein Rundblick verriet mir ein Durchschnittsalter von mindestens sechzig Jahren. Die meisten erholten sich hier nach einer Hüft- oder Knie-OP. Leidende Gesichter, wohin ich blickte, und jede Bewegung der anderen Patienten schien von einem Stöhnen begleitet. Möglichst laut, damit auch jeder mitbekam, wie schlecht es dem anderen ging. Einige trugen als Handtaschenersatz den dunkelblauen Stoffbeutel der Klinik quer über der Brust. Er war gefüllt mit ihrem Schlüssel, dem Behandlungsplan und anderen unverzichtbaren Notwendigkeiten, wie zum Beispiel ihren Zigaretten, da sie ihre Hände für die Krücken brauchten. Auf mich wirkten die Beutel wie ein Brandmal, das schrie: „Ich bin vom Schicksal gezeichnet!"

Getränke und Besteck waren eingedeckt. Wenn jemand, so wie ich, sich das Essen jedoch nicht selbst am Buffet holen konnte, wurde es an den Tisch gebracht. Ich fühlte mich in einem absurden Film gefangen. Bei näherer Betrachtung wohl einer Parodie, bei der die Witze auf meine Kosten gingen! Ich konnte und wollte nicht begreifen, dass ich im Augenblick genauso schwach und wackelig unterwegs war, wie die Menschen in meinem Umfeld.

Meinem Tisch näherte sich ein älterer Herr mit wirrem Haar, das ihm zu Berge stand, wie einem zerstreuten Professor. Er lehnte sich ein wenig schwerer auf seine Krücken, als es notwendig war. So kam es mir zumindest vor. Umständlich, mit theatralischer Gestik, drückte er die Gehhilfen in die Halterung am Tisch, bevor er sich schließlich mit einem tiefen Seufzer auf seinem Platz niederplumpsen ließ. Auch der Griff zum Wasserglas wurde wieder begleitet von einem tiefen Seufzer. Mit jedem Blick, jeder Bewegung buhlte er um Aufmerksamkeit.

Zum ersten Mal in meinem Leben spürte ich bewusst eine starke Abwehr, höflich Konversation zu betreiben. Ich wollte mich nicht um andere kümmern. Wollte nicht ihre sorgenvollen Mienen wahrnehmen und sie durch einfühlsame Worte aufbauen. Gegenüber am Tisch saßen zwei Frauen mit blondiertem Haar. Beide trugen einen grellen Lippenstift und viel zu viel Rouge. Ich taufte sie Hanni und Nanni, da sie sich äußerlich so sehr ähnelten. An ihren Händen, Ohren und Hälsen funkelten Unmengen an unechtem Schmuck. Es schien sie nicht zu stören, dass kein Stück zum anderen passte oder ihre Pullover mit dem Leopardenmuster sich viel zu eng um ihre Leiber schmiegten. „Also, hast du schon gehört, die Ellie von der Wassergymnastik …", hob Nanni gerade an und beugte sich mit rollenden Augen zu Hanni hinüber. Ich hörte nicht weiter hin. Es war mir egal. Ich hatte mit mir genug zu tun und konnte mich um die Belange anderer nicht kümmern. Ich wollte einfach meine Ruhe! Also drückte ich auf den Knopf des Kopfhörers und schaltete die Lautstärke höher.

Ich legte sogar provokant meinen iPod oder mein Handy neben mich auf den Tisch, um deutlich zu signalisieren, dass ich keine Unterhaltung wünschte. Den Augenkontakt vermied ich. Noch vor ein paar Wochen hätte ich mir nicht vorstellen können, ein solch unhöfliches und rüdes Benehmen an den Tag zu legen. Ich kam mir vor, als würde ich ein Verbrechen verüben. Doch es war meine Überlebensstrategie. „Willkommen auf der dunklen Seite …“, meldete sich ein Hauch von Humor, der noch in mir steckte, keck zu Wort.

◇◇◇◇

Es war ein ungewöhnlich heißer Sommer und es gab keine Klimaanlage oder einen kühleren Ort, an den ich mich hätte zurückziehen können. In dem Versuch, mir etwas Gutes zu tun, schleppte ich mich mithilfe von Konzentration und starkem Willen bis in den angrenzenden Park, um mich dort unter den Schatten eines Baumes zu legen.

Ich blickte in die Baumkrone und atmete seit langer Zeit wieder einmal tief durch. Das tat gut. Ich spürte, wie mein Körper, trotz der Schmerzen, auf die Umgebung reagierte und ich meine Musik etwas leiser stellen konnte. Augenblicklich wanderten meine Gedanken ... Wann war ich zum letzten Mal auf einen Baum geklettert? Die Erinnerung an ein kleines fünfjähriges Mädchen, das mit Ungeduld an dem Saum ihres blassrosa Kleides zerrte, erschien vor meinem inneren Auge. Ja, das war ich, stellte ich verblüfft fest und folgte ein wenig verwundert dieser Erinnerung.

Mir rutschte das Kleid über die Knie und ich hörte, wie der Stoff riss, als ich mein rechtes Bein weit nach vorn streckte, um von unserem Geräteschuppen aus den unteren Ast des Kirschbaums zu erreichen.
„Geschafft!", jubelte ich. Damals gab ich mich ganz und gar dem Augenblick hin, inhalierte den blumigen Duft des Sommertages. Eine Biene umschwirrte summend meinen Kopf und mein Blick folgte ihrer Flugbahn zur nächsten Astgabel. Mit meinem linken Arm zog ich mich daran weiter nach oben und lachte vor lauter Freude hell auf. Sorgen über etwaige Schelte von meiner Mutter wegen des Risses in meinem Kleid machte ich mir nicht. Ich fürchtete nichts und niemanden. Zu klettern gab mir das Gefühl, mutig zu sein. Außerdem hatte ich eine Mission zu erfüllen ... Die roten Kirschen, die ganz oben am Baum hingen, die wollte ich haben! „Tataa!", rief ich stolz, als ich ein paar Minuten später meine Beute in Händen hielt. Voller Lust zerquetschte ich das dunkelrote Fruchtfleisch der ersten Kirsche in meinem Mund und genoss die Süße, die von ihr ausging. Der kostbare Kern diente mir als Spielzeug. Übermutig spuckte ich ihn bis zum Küchenfenster. Welch ein Spaß!

„Aaaaaaa!", entfuhr es mir. Die Schmerzen drängten sich in mein Bewusstsein und übernahmen wieder die Führung. Das lebenslustige Mädchen von einst löste sich auf. Ich blieb zurück. Gefangen im Grauen des Augenblicks. Ich wollte aufstehen, um den Rückweg anzutreten. Doch mein Versuch, aus der Horizontalen in die Vertikale zu gelangen, wollte mir partout nicht gelingen. Ich konnte es kaum fassen, doch es ging mir wie einem Käfer, der auf dem Rücken liegt. Ohne Hilfe würde ich es nicht schaffen aufzustehen.
Diese Erkenntnis erschreckte mich und konfrontierte mich mit meiner Hilflosigkeit. Ich schluckte, stellte die Musik wieder lauter und suchte meine Umgebung nach Möglichkeiten ab, um mich aus meiner misslichen Lage zu befreien. Nach fünf Minuten, die mir wie eine kleine Ewigkeit erschienen, tauchte eine Joggerin auf. „Hallo! Ich brauche Hilfe!", rief ich ihr zu und winkte. Daraufhin kam sie zu mir und ich versuchte die Situation durch Komik zu überspielen, als sie mir aufhalf. Mir gegenüber stand nun eine durchtrainierte und braungebrannte Frau, die ich um ihren gesunden Körper beneidete. Was hätte ich in diesem

Moment darum gegeben, mit ihr um die Wette rennen zu können. Stattdessen bedankte ich mich und sah zu, wie sie in einem leichten Trab auf die nächste Wegbiegung zulief. Für den Rückweg brauchte ich fast doppelt so lang und war zu müde für das Abendessen. Ich musste mich eben in Geduld üben. Dieses Bedürfnis meines Körpers nach Ruhe und Erholung stand in krassem Gegensatz zu dem eng getakteten Programm der Reha. Das Sportstudio war nun ein fester Bestandteil. Die dortigen Anforderungen allerdings völlig absurd, denn sie verstärkten meine Schmerzen. Nach dem Training wurde mein Rücken hart und heiß, was auf eine Überreizung schließen ließ. Kein Wunder in Anbetracht der Tatsache, dass die Fäden frühestens in einer Woche gezogen werden durften.
Ich glaubte meinen Physiotherapeuten und Fitnesstrainern und achtete nicht auf die Signale meines Körpers, nur, um die Beweglichkeit so schnell wie möglich zurückzugewinnen. Zu diesem Zeitpunkt war der Schmerz mein Feind, den es zu bekämpfen galt. Da ich nicht davonlaufen konnte, versuchte ich, ihn zu ignorieren und auszublenden. Allerdings mit äußerst mäßigem Erfolg.

◇◇◇◇

In dieser Extremsituation griff ich auf ein altes Muster von mir zurück und tat das, was ich konnte: Ich unterdrückte unbewusst alles, was mit meiner Verletzung in Verbindung stand und organisierte, was es zu organisieren gab. Dazu gehörten wichtige Aspekte wie die Wiederaufnahme meiner beruflichen Tätigkeit zum 1. Januar. Da ich die Auflage hatte, mich spätestens sechs Monate im Vorfeld zu melden, kündigte ich meinen Arbeitsantritt an. Parallel dazu wurden mir in der Reha Unterlagen zur Antragstellung beim Amt für Soziales und Integration ausgehändigt. Es ging hierbei um die Festlegung des Grades meiner Behinderung. Dies sei ein Standardprozedere, informierte man mich schlicht und müsse von mir eingereicht werden.
Die Schwere sowie das Ausmaß meiner Verletzung konnte ich zu diesem Zeitpunkt noch gar nicht einschätzen. Ich reagierte mechanisch. Zunächst fuhr ich einfach zweigleisig, konnte mich weder mit der einen noch mit der anderen Vorgehensweise wirklich identifizieren. Meine gequälte Seele war zu weiteren Überlegungen gar nicht fähig. Was mich sehr grämte, war die Tatsache, dass ich mich weiterhin im unbezahlten Urlaub befand. Trotz Kommunikation mit der Arbeitsstelle war keine frühere Aufhebung möglich, was für mich bedeutete, dass ich kein Krankengeld für das Jahr bekommen würde und auch für die Beiträge der Krankenkasse selbst aufkommen musste. Hinzu kam die Frage: Wohin mit mir nach der Reha? Meine Wohnung war noch bis Dezember vermietet und es meldeten sich winzig kleine Zweifel, ob ich ohne einen Beistand zurechtkommen würde.

Drei Monate wollte ich durch Asien reisen, mit wesentlich günstigeren Lebenshaltungskosten als in Deutschland. Diesen finanziellen Aspekt galt es nun ebenfalls zu berücksichtigen. Gänzlich in meine Überlegungen vertieft, kramte ich in einer Handtasche, die mit in meinem Koffer gewesen war. Nanu? Was war denn das, fragte ich mich, als meine Finger etwas Kantiges in einem Seitenfach ertasteten. Es entpuppte sich als Broschüre eines Pärchens, das Ferienwohnungen vermietete. Die beiden hatte ich vor meiner Reise in einem Gottesdienst kennengelernt. Das war bestimmt anderthalb Jahre her, und soweit ich mich erinnerte, hatte unsere Unterhaltung nicht länger als fünf Minuten gedauert. Wie der Flyer die Zeit überdauert hatte und in den Tiefen der Tasche genau zur rechten Zeit auftauchte, bleibt ein Geheimnis. Fakt war, dass ich sie anrief und ihre Ferienwohnung mieten konnte. Es überschnitt sich um ein paar Tage, aber das stellte keine große Hürde mehr da. Ich war erleichtert und betrachtete diese glückliche Wendung als Geschenk. Schließlich würde zu diesem Zeitpunkt der Sonnenmonat August und damit die Urlaubszeit beginnen.

Vor dem Entlassungstermin fand ein Gespräch mit der Ärztin statt. Sie erläuterte kurz das Röntgenbild, das zur Kontrolle nach sechs Wochen gemacht worden war, und klärte mich auf: „Im Idealfall dürfen Sie nach dem Heilungsprozess ein Maximalgewicht von fünf Kilo tragen. Das Autofahren kann ich Ihnen frühestens acht Wochen nach der Operation empfehlen. Und was Ihre Frage bezüglich des Reitens, Salsa-Tanzens oder das Radfahren mit Ihrem Mountainbike betrifft - nun, das Leben hat seine eigenen Regeln.“ Mit dieser kryptischen Formulierung verabschiedete sie sich von mir.

◇◇◇◇

Die Tage, die es zu überbrücken galt, wohnte ich bei meiner Freundin Thea. Die Gespräche mit ihr waren Balsam für meine wunde Seele und doch kostete dieser Alltag ein Vielfaches mehr an Kraft, als ich vermutet hatte. Leider schaffte ich es nicht, mich so häufig zurückzuziehen, wie ich es gebraucht hätte. Eine andere Herausforderung war es, anderen bei ihrer Arbeit, wie zum Beispiel dem Ein- und Ausräumen der Spülmaschine zuzusehen, denn es führte mir meine Unzulänglichkeiten vor Augen. Einfach alles erwies sich als mühsam. Selbst das Schlafen in einem anderen Bett. An einem Morgen fiel mein Blick auf das Fensterbrett in meinem Gästezimmer. Es war bestückt mit vielen Büchern, und neugierig geworden las ich einige Titel. Bei einem Buch verweilte mein Blick etwas länger und ich nahm es heraus. Auf dem Einband stand: „Auf den Schultern des Windes schaukeln“, was mich spontan ansprach [(8)]. Es klang nach Leichtigkeit, nach dem Ziel, weshalb ich doch ursprünglich in die Welt aufgebrochen war. Es beinhaltete Geschichten, die über Entspannungstechniken einen heilenden und harmonisierenden Einfluss auf den Leser ausüben sollten. Ich zückte mein Handy und fotografierte das Cover. Vielleicht würde ich es mir bestellen und nach neuen Anregungen suchen. Doch nicht heute. Heute musste ich mich erst mal ins Badezimmer schleppen, um mich „salonfähig“ zu machen. Bald darauf folgte die Umsiedlung in meine neue Residenz bei Lotta und Henry.

◇◇◇◇

Mittlerweile hatte ich mein Auto wieder und konnte kurze Strecken fahren. Eine Herkulesaufgabe war es allerdings, auf den Sitz hinein und wieder hinaus zu gelangen. Für den Notfall gerüstet, hatte ich eine aufgeblasene Luftmatratze auf dem Rücksitz, die ich an einer Tankstelle oder Parkbucht nutzen konnte, um meinem Rücken eine Pause zu gönnen. Kurzum: ich fuhr nur, wenn es unbedingt nötig war. Die beiden bereiteten mir einen herzlichen Empfang. Sie hatten bereits aus dem Fenster Ausschau nach mir gehalten und kamen mir mit strahlenden Gesichtern die Auffahrt entgegen, als ich noch überlegte, ob es überhaupt die richtige Hausnummer war. „Grüß dich, liebe Celine!“, hörte ich Lotta mit gefühlvoller Stimme rufen, als sie mich behutsam in den Arm nahm. „Wie schön, jetzt endlich dein Gesicht der Stimme zuordnen zu können!“ Auch Henry drückte mich vorsichtig. Die Begrüßung war vergleichbar mit dem Ausbreiten des Aromas, nachdem man lustvoll in eine Orangen-Marzipan-Praline gebissen hatte. Sie zeigten mir meine neue Bleibe und halfen mir, mich einzurichten. Die Wohnung war in warmen Blau- und Grüntönen gehalten. Auf dem Esstisch stand eine Vase, in der eine rosa Kletterrose ihren Blütenkelch in Richtung eines großen Fensters neigte. „Die ist aus meinem Garten“, verriet mir Lotta. Ich nickte und spürte, dass ich mich hier wohlfühlen würde.
Lotta ist eine hilfsbereite, lebenslustige Künstlerin, die ihre Einstellung auch über ihre farbenfrohe Kleidung nach außen trägt. Ihr Mann, ein Charmeur mit einem offenen Lächeln und immer bereit, seine Tätigkeit für eine Plauderei oder tatkräftige Unterstützung zu unterbrechen. Sie erzählten mir, dass sie sich bald für sechs Monate nach Bolivien und Amerika aufmachen würden. Da hatten wir genügend Gesprächsstoff und eine Basis, auf der sich eine Freundschaft entwickelte. Die beiden waren bereits im Rentenalter und doch umsorgten sie mich, was mir wieder ein wenig Aufschwung gab. Welch ungewöhnliche und schöne Wirklichkeit! Der einzige Programmpunkt, der nun auf meiner To-do-Liste stand, waren Termine bei einem Physiotherapeuten, der mir wärmsten empfohlen worden war. „Bei dem bist du genau richtig! Der hat Erfahrung und heilende Hände!“

Meine Erwartungshaltung war dementsprechend hoch. Er war ein sehr sympathischer und kompetenter Therapeut, dennoch musste ich die Behandlung bei ihm wegen zu großer Schmerzempfindlichkeit abbrechen. „Wir“ beschlossen, es zu einem anderen Zeitpunkt noch einmal zu versuchen. Kurz darauf war die Zeit des Aufbruchs für Lotta und Henry gekommen. Sie boten mir an, in ihr Haus in der Nähe von Aachen zu ziehen. Es sei hell und freundlich mit einer riesigen Fensterfront, die zu einem idyllischen Obstgarten gelegen ist. Da der Herbst nahte und ich ohnehin keine weiten Strecken gehen konnte, war ein Ausblick in die Natur so verlockend, dass ich begeistert annahm. An einem regnerischen Vormittag verabschiedete ich Lotta und Henry und meine kleine Welt wandelte sich erneut.

◇◇◇◇

Da mein Vorrat an Schmerzmitteln langsam zur Neige ging, vereinbarte ich einen Termin bei einem Orthopäden in der Nähe. Dieser riet mir zu einer Schmerzinfusion, die ich über mehrere Tage wiederholen sollte, um mein Schmerzempfinden zu mildern. Nachdem die erste Infusion durch meine Adern geflossen war, fühlte ich mich im Laufe des Tages immer unwohler.
Allein im Haus kämpfte ich mit Schwindel und Übelkeit. Es dauerte nicht allzu lange, bis ich mich übergeben musste. Auf der einen Seite fühlte ich Erleichterung, wusste ich nun, dass mein Martyrium zu Ende war. Auf der anderen Seite hatte ich panische Angst, dass durch die Wölbung der Wirbelsäule das Metall gelockert worden war. Doch ich fühlte keinen plötzlichen Schmerz, vergleichbar mit einem Messerstich, der diese Vermutung untermauert hätte, und so verkroch ich mich schwach und verletzlich, wie ich mich fühlte, in meinem Bett. Die weiteren Termine für die Infusionen sagte ich ab. Der Arzt antwortete, dass eine Reaktion auf einen Inhaltsstoff immer mal vorkommen könne. Er verschrieb ein alternatives Schmerzmittel zur Behandlung von Nervenschmerzen und so zog ich von dannen. Keine Spontanheilung – kein Mittel, das eine deutliche Verbesserung herbeiführte. Ich bemühte mich jedoch, das Positive zu sehen und war froh, dieses Medikament zu vertragen.

◇◇◇◇

Es passierte nach einigen Wochen an einem warmen Tag im Spätsommer. Ich saß am Frühstückstisch und hielt meinen großen türkisfarbenen Kaffeebecher von Berrin in Händen, der den weiten Weg von Australien überlebt hatte. Da

nahm ich sie zum ersten Mal bewusst wahr – die schier unerträgliche Stille. Fast so ohrenbetäubend wie die Wasserfälle von Iguazu. Ich nahm mein Handy zur Hand und sah auf das Display – keine Nachrichten für mich. Keine Antworten auf die unterschiedlichen WhatsApp-Nachrichten, die ich am Vortag verschickt hatte. Viele meiner Freunde und Bekannten hatten, gelinde gesagt, verhalten auf meine Pläne der Weltreise reagiert. Eine Erwiderung war mir so präsent, als wäre es gestern gewesen: „Du musst es ja nicht gleich übertreiben! Für deinen Selbstfindungstrip reicht doch der Jakobsweg völlig aus!" Ich dachte, den kniffligen Teil damit hinter mir zu haben. So kann man sich irren, versuchte ich den Schmerz, den ich erneut bei der Erinnerung spürte, herunterzuspielen. Das System, in dem ich mich damals bewegte, war gezwungen, sich zu verändern, da ich mein Verhalten geändert hatte. Ähnlich einer Melodie, deren Klang sich wandelt, wenn auch nur eine Note durch eine andere ersetzt wird. Und jetzt saß ich hier an meinem Frühstückstisch und starrte in meinen Kaffee ... Ich hatte unterschätzt, dass der Prozess der Veränderung auch unangenehme Seiten hat. Meine Verletzung war sozusagen das „Sahnehäubchen".
Der Rücken schmerzte und mir fehlte ein aufmunterndes Gespräch, ein gemütlicher Abend mit Freunden. Kontakt zur Außenwelt. Es war niemand hier. Meine Worte verhallten ungehört in der Stille des Raums. An diesem Morgen hatte ich keinen Blick für die bunten Farben der Obstbäume im Garten. Mir fiel auch nicht das Eichhörnchen auf, das munter durch den Garten hüpfte. Nein. Von einer starken Unruhe beseelt erhob ich mich und ging ins Wohnzimmer. Doch die Stille verfolgte mich und so schaltete ich über Spotify das Radio ein.

An meine Ohren drangen die Klänge des Liedes: „Für mich soll's rote Rosen regnen" von Hildegard Knef [(9)], die mit weicher und gefühlsvoller Stimme über ihre Wunschvorstellungen als junge Frau sang. Fast unmerklich ging ich gedanklich mit ihr auf die Reise ... In diesem Alter hatte auch ich große Träume, glaubte fest an ihre Erfüllung. Es war nur eine Frage der Zeit, dachte ich damals. Weiter wird der Umstand besungen, dass Wunsch und Wirklichkeit meist weit auseinanderliegen. Das Leben einen manchmal sogar in die Knie zwingt. Die Sängerin wollte sich damit jedoch nicht zufriedengeben. Niemals. Damit sprach sie mir aus der Seele. Und als die Melodie verklang, tauchte ich ein in ein Gefühl der Melancholie, das die Worte in mir ausgelöst hatten. Es war Anstoß und Einladung zugleich, meine eigenen Hoffnungen und Träume reflektiert zu betrachten. Und wie eine Pfingstrose ihre Blütenblätter zaghaft öffnet, vollzog sich während der nächsten Tage ein innerer Prozess, bei dem Gedanken kamen und gingen: Warum hatten so viele Freundschaften der Krisensituation nicht standgehalten? Würde ich wirklich nie wieder Reiten oder Radfahren können? Würde ich einen Partner finden, der mich trotz meines Handicaps liebt? Wie sollte ich meinen Lebensunterhalt bestreiten?

Eigentlich sollte ich dankbar sein, denn ich hätte bei dem Unfall sterben können, oder wenn der Splitter den Rückenmarkskanal verletzt hätte, säße ich jetzt querschnittsgelähmt im Rollstuhl.
Letzten Endes waren alle Erklärungen nicht von Bedeutung, weshalb die Dinge so waren, wie sie waren. Es ging für mich darum, zu lernen, mit dem Ist-Zustand umzugehen. Diese Einsicht glättete ein wenig die Wogen meiner Unruhe und ich gelangte zu dem Entschluss, einen neuen Weg zu beschreiten.
Um mir den Druck zu nehmen, wollte ich vorerst keine Pläne schmieden. Ein Schritt nach dem anderen lautete meine Devise. So, wie ich es auch beim Wandern bis hinauf zum „Torres del Paine“ in Patagonien geschafft hatte.

◇◇◇◇

Beim Bestreben, meinen Alltag zu meistern, suchte ich nach einer Beschäftigung, der ich nachgehen konnte. Ich erinnerte mich daran, dass meine Mutter mir das Stricken beigebracht hatte. Es war zwar ungefähr dreiundzwanzig Jahre her, aber ich hoffte, es wie das Radfahren einfach wieder abrufen zu können. Und tatsächlich gelang es mir, mithilfe von YouTube einen Schal zu stricken. Ich hatte mich für eine wunderbar weiche Alpakawolle in einem tiefen Waldgrün entschieden. Der Farbe wird eine harmonisierende, beruhigende Wirkung nachgesagt, die Körper und Seele in Einklang bringen soll. So hoffte ich, es würde mich unterschwellig positiv beeinflussen.
Obwohl ich zwar ein einfaches Muster gewählt hatte, bemerkte ich, dass ich mich verstrickte, sobald ich glaubte im „Flow“ zu sein und die Gedanken schweifen ließ. Das ärgerte mich, denn ich fand, „drei Maschen rechts“, „eine Masche links“ müsste ich nebenbei schaffen können – weit gefehlt. So erhielt ich eine weitere Lektion in Sachen Achtsamkeit. Denn nur, wenn ich mich auf mein Tun konzentrierte und im Hier und Jetzt war, funktionierte es.

Hinzu kam, dass durch die kurze Zeit, die mein Körper mir gestattete, die Sitzposition einzuhalten, das Stricken kostbar für mich wurde. Den fertigen Schal trug ich mit Stolz, so lange es das Wetter erlaubte. Nun liegt er sicher verwahrt in meinem Schrank und wartet auf seinen neuen Einsatz.

Ich gewöhnte mir an, viel Tee zu trinken. Damit wollte ich möglichst viele Giftstoffe der Medikamente über die Nieren ausschwemmen und zusätzlich meine Nerven beruhigen. Obendrein ersparte mir dies das mühsame Tragen von Wasserflaschen. Von nun an saß ich mit meiner heißgeliebten türkisfarbenen Teetasse am Tisch und beobachtete jeden Morgen die Wildgänse dabei, wie sie ihren üblichen Flug zum nahegelegenen See vollführten. Häufig flogen sie so tief, dass ich bei offenem Fenster sogar ihren Flügelschlag hören konnte. Ein eindrucksvolles Geräusch, kraftvoll und zart zugleich.

◇◇◇◇

An einem Abend wollte ich mich ablenken und schaltete den Fernseher ein. Es kam „Hidalgo“. Ein Film, benannt nach einem Pferd. Es geht um ein Pferderennen quer durch die Sahara – ohne Regeln, alles ist erlaubt. Im letzten Drittel des Filmes fallen Pferd und Reiter auf dem Weg zur Zielgeraden in eine Fallgrube. Durch einen Holzpfosten wird Hidalgo schwer verletzt. Bei dem leidvollen Blick des Tieres durchzuckte mich ein fast körperlicher Schmerz und ich musste für einen Augenblick wegsehen. Nach ein paar tiefen Atemzügen erinnerte ich mich an mein Pferd.

Eine Haflingerstute mit nussbraunem Fell, wallender weißer Mähne und dunkelblauen Augen. Ich hatte sie bekommen, als ich zehn Jahre alt gewesen war. Sie war mein Weihnachtsgeschenk. Später hatte sie eine schlimme Kolik mit einer folgenden Darmverschlingung. Das war der Punkt, an dem klar war, dass ich sie nicht länger leiden lassen durfte, denn eine Heilung gab es in solch einem Fall nicht mehr. Deshalb führte ich sie auf die Koppel ins Sonnenlicht und hielt ihren Kopf. Streichelte ihr liebevoll über den Hals, während der Tierarzt ihr die tödliche Spritze gab, die ihr Erlösung von den Schmerzen bringen würde. Ich sprach beruhigend auf sie ein, als ich hilflos zusah, wie sich ihre Augenlider langsam senkten. Und dann – ohne Vorwarnung – kippte der stolze Pferdekörper auf die Seite und krachte mit einem ohrenbetäubenden Knall zu Boden. Ich hatte sie nicht losgelassen, sondern kniete nun neben ihr auf der harten Erde. Hielt immer noch ihren Kopf, als die starken Hände des Tierarztes mich an den Schultern nach oben zogen. Doch statt tröstender Worte, traf mich seine Frage mit Entsetzen: „Soll i den Kadawa entsorgn?“. Jegliche Farbe wich aus meinem Gesicht und ein Zittern schüttelte meinen Körper. Diese äußerlichen Anzeichen waren für Außenstehende jedoch der einzige Hinweis auf meinen damaligen Schock. Meine Gefühle vergrub ich ganz, ganz tief in meinem Innersten. Ich blinzelte und zupfte meine Jacke zurecht, um Zeit zu gewinnen, mich zu sammeln. Ein paar Sekunden später brachte ich ein steifes Nicken zustande und lenkte meine schwachen Beine anschließend Richtung Parkplatz. Ich wollte – nein! – ich musste der Situation entkommen, bevor mein Schutzwall in sich zusammenbrach. Zu Hause wurden kurz die Fakten ausgetauscht und ab diesem Zeitpunkt wurde nie wieder darüber gesprochen.

Diese Erinnerung wühlte mich auf und war zugleich befreiend. Im Film wurde Hidalgo aus der Falle befreit und gewann trotz schwerer Verletzung das Wüstenrennen. Als Dank schenkte der Besitzer ihm die Freiheit und er konnte für den Rest seines Lebens als Mustang mit einer Herde Wildpferde durch die Prärie ziehen. Als ich ein paar Schritte vor das Haus setzte, erspähte ich in der Nähe eine Koppel mit Pferden. Bisher war mir diese nicht aufgefallen, doch nun wurde es mir eine liebe Angewohnheit, zur Übung dorthin zu gehen. Ich genoss es, meinen Blick über diese wunderschönen Tiere gleiten zu lassen, ihren Geruch einzuatmen und das Geräusch in mich aufzunehmen, wenn sie das Gras zupften oder entspannt schnaubten. Es löste in mir sofort Wohlbehagen aus.

◇◇◇◇

In den kommenden Monaten barg jeder neue Tag einen neuen Konflikt. Den Konflikt, ob ich trotz der Schmerzen dem Tag etwas Positives abringen konnte. Existenzängste gewannen oft die Oberhand, wenn ich meinen Gedanken gestattete, ein Katastrophen-Szenario nach dem anderen zu entwerfen. Ein häufiges war, dass meine Schmerzen niemals enden würden. Ich würde nie wieder tanzen oder arbeiten können. Deshalb würde ich meine Wohnung, für die ich noch einen Kredit bedienen musste, verlieren und würde letztlich unter einer Brücke enden, würde ... Zu diesen düsteren Überlegungen gesellten sich häufig ein Gefühl der Ohnmacht. Dann fühlte ich mich wie ein Fisch, der in ein Fischernetz geraten war, und versuchte, sich durch Zappeln zu befreien, jedoch dadurch immer mehr in der Falle festhing. Die Erinnerungen an meine Wanderung in Chile gaben mir schließlich einen neuen Impuls – denn hatte ich nicht dort im Flussbett die Ängste zurückgelassen, die nicht die meinen waren? Das war mir gelungen! Was brauchte ich jetzt, um mich aus meiner Lage herauszumanövrieren? Doch statt einer Antwort quälten mich meine Ängste. Hilflos fuhr ich mir durch die Haare und schrie meinen Frust heraus. Es folgte Stille. Stille, aus der ich Mut schöpfte, und meinen Verstand zögerlich zu Rate zog. Er sprang beflissen herbei und präsentierte mir einen Ausweg. Die Erinnerung an einen Ausspruch einer Dozentin während meiner Ausbildung zur Heilpädagogin: *„Um einen wiederkehrenden Kreislauf zu durchbrechen, kann es helfen, die Gedanken aufzuschreiben.“*

Ein Versuch war es wert, entschied ich. Ich durfte mich austoben und jeden einzelnen Gedankengang auf dem Papier festhalten. Also griff ich zu meinem Füller. Der Trick half mir, aus meinem Strudel der negativen Gedanken zu entfliehen. Entscheidungen oder Prognosen waren im Augenblick nicht realistisch, denn die Zukunft war ungewiss. Mein kleines hellgrünes Heft mit einem zarten Rotkehlchen darauf lag nun stets bereit, um meine düsteren Gedanken in sich aufzunehmen. Am besten gefiel mir an der Methode, dass ich das Buch weglegen konnte und mir so eine sichtbare Distanz zu meinen Ängsten schuf. Immer häufiger gelang es mir dadurch, meine Nerven zu beruhigen.

◇◇◇◇

Bald war es November und damit rückte die Zeit immer näher, zum Ende des Monats in meine eigenen vier Wände zurückkehren zu können. Ich telefonierte mit Roger, der meine Wohnung gemietet hatte, besprach die Einzelheiten und vereinbarte mit ihm den Übergabetermin. Jetzt konnte ich meinen „Umzug“ organisieren. Dazu gehörten auch zwei Mitarbeiter einer Umzugsfirma, die meine Boxen aus dem Keller in die Wohnung tragen würden. Am meisten freute ich mich auf meine Matratze. Welch Wohltat würde es für meinen Rücken bedeuten, leicht einzusinken in die zarte Masse der „Cloud“, wie sich lustiger Weise die Kollektion nannte.

◇◇◇◇

Die Übergabe mit Roger verlief anders als erwartet. Er hatte es nicht geschafft, rechtzeitig seine Kartons zu packen, oder gar die Schränke und den Kühlschrank zu reinigen. Das konnte mich jedoch nicht aus dem Gleichgewicht bringen. Ich bemerkte meine Gelassenheit und freute mich darüber. Wir mochten uns, und so legte ich mich einfach aufs Bett und ließ ihn räumen. Die Umzugshelfer würden ohnehin erst morgen kommen und die Spedition, bei der ich vor Beginn meiner Reise meine Matratze und das Ledersofa eingelagert hatte, ebenfalls. Die Matratze hatte ich für die Zeit der Untervermietung gegen eine günstigere Variante ausgetauscht, die ich im Internet bestellt hatte, und Ersatz für das Sofa während meiner Abwesenheit hatte ich auf Ebay-Kleinanzeigen gefunden. Ein echtes Schnäppchen, das vom Stil gut in die Wohnung passte. Auf den Dreisitzer wartete schon meine Nachbarin. Soweit war alles gut organisiert. Jetzt nutzte ich die Gelegenheit, die Tatsache zu verinnerlichen, wirklich wieder zu Hause zu sein.

Mit der Rückkehr endete mein letztes, unbewusstes Festhalten an der Illusion des Reisens. Niedergeschlagenheit überrollte mich wie eine Schlammlawine. Ich hatte nicht einmal die Hälfte der fernen und faszinierenden Orte gesehen, wie eigentlich geplant. Meine anderen Pläne und Träume erst gar nicht zu erwähnen. Es half alles nichts – wieder einmal in meinem Leben hieß es, die Zähne zusammenzubeißen und durchzuhalten. Ich fragte mich langsam nur: wozu?

◇◇◇◇

Am nächsten Tag wurden mir meine Plastikboxen ins Wohnzimmer getragen. Toni, einer der starken Männer des Umzugsunternehmens, wies seinen Kollegen mit freundlicher, tiefer Stimme zurecht, als er sah, wohin er die Kisten stellte. „Die darfst du doch nich aufeinanderstapeln! Da kommt das Mädle doch nich ran! Kann ja nichts heben."
Ich selbst war über seine Aufmerksamkeit wohl mindestens so überrascht wie der Helfershelfer, aber er hatte natürlich recht. Nun wurde begonnen, alle fein säuberlich nebeneinander in der Wohnung zu verteilen, wobei schnell ein Platzproblem entstand. So trugen die beiden geduldig einen Teil meiner Boxen wieder zurück in den Keller. Darum würde ich mich zu einem anderen Zeitpunkt kümmern müssen.

Eine Stunde später saß ich allein auf meinem Sofa und blickte auf all meinen Reichtum. Wie um Himmels Willen konnte ich so viele Sachen besitzen? Ich war gelinde ausgedrückt schockiert. Dabei war doch ein Teil sogar wieder im Keller verschwunden. In meiner Erinnerung hatte ich vor meiner Reise Enormes geleistet. Zig Kisten der Haushaltsauflösungen von meinen Eltern hatte ich geöffnet und schwierige Entscheidungen getroffen, nachdem ich mir die Erlaubnis gegeben hatte, mich von diesen Dingen zu trennen. Einen Großteil der Kleidung gab ich in einen Second-Hand-Shop oder spendete sie. Anderes verkaufte ich über Ebay-Kleinanzeigen. Das Bild, das sich mir nun bot, zeigte mir jedoch, dass ich damals lediglich einen bescheidenen Anfang gestartet hatte.
Eine bleierne Schwere überfiel mich und so blieb ich erst einmal, wo ich war – auf meinem braunen Sofa und versuchte, mich zu sammeln. Als ich endlich soweit war und einen Deckel von einer Box nahm, um die Angelegenheit einfach hinter mich zu bringen, steigerten sich meine Schmerzen in kürzester Zeit in ungeahnte Höhen. Die Bewegungseinschränkungen und das geringe Gewicht, das ich heben konnte, und vor allem das „Nicht-bücken-können" stellten mich vor ein riesiges Problem, das ich nicht lösen konnte. Also verschob ich mein Vorhaben auf den nächsten Tag.

Sophie rief an und lud sich auf einen Tee bei mir ein. Als sie mich eine Stunde später in dem Chaos erblickte, krempelte sie die Ärmel hoch und half mir, Ordnung zu schaffen. Ich schwankte zwischen Dankbarkeit und Entsetzen, da mein Körper mir seine klaren Grenzen aufzeigte. So ähnlich, als ob man sich einen großen Eisbecher mit Sahne und roten Kirschen gegönnt hat und sich danach das schlechtes Gewissen meldet, da man sein Idealgewicht so nie erreichen wird.

◇◇◇◇

Im Laufe der nächsten Woche drehte sich vieles darum, meinen Alltag leichter zu gestalten. Ein neues Ordnungssystem musste her. Als oberstes Gebot galt es, den Dingen des täglichen Gebrauchs einen neuen Platz in Armhöhe zuzuweisen. In einem weiteren Schritt ersetzte ich die alten schweren gusseisernen Pfannen und Töpfe durch extra leichte Modelle. Sie fanden ihr neues Heim auf meinem Herd. Nicht gerade schick, aber zumindest praktisch, versuchte ich mich zu trösten und die Aktion aus einem positiven Blickwinkel zu betrachten. Als letzte Maßnahme tauschte ich meinen Konsolentisch im Flur gegen eine Ausführung in Stehhöhe. So musste ich mich nicht mehr bücken, um an mein Telefon zu kommen.
Trotz der tatkräftigen Unterstützung von Freunden und Bekannten, die mir dabei halfen meine Umgebung neu zu gestalten, fand ich keinen Trost darin. Vielmehr verdunkelte sich mein Gemüt durch den Dauerschmerz und den Unmut darüber, dass alte Gewohnheiten nicht Bestand hatten. Obenauf schenkte mir meine Matratze zwar einen wunderbar sanften Liegekomfort, nur änderte dies wenig an der Tatsache, dass meine Nächte von anstrengender Natur waren. Denn das Liegen in derselben Position wurde schnell schmerzhaft und bei den Bemühungen diese zu verändern, wachte ich häufig auf. Der viskoelastische Schaum der Matratze, der auf meine Körperwärme reagierte, sorgte dafür, dass ich tief einsank. Gerade diese Eigenschaft verwandelte jedes Umdrehen in eine qualvolle Angelegenheit. Hinzu gesellte sich ein gelegentliches leises Knacken im unteren Rücken, das sich für mich wie Donnerhall anhörte.
Ich kam mir vor wie Sisyphus, der ehemalige König von Korinth, der von den Göttern dazu verdammt war, jeden Tag einen schweren, runden Felsblock einen steilen Hügel hinaufzurollen. Kurz vor Erreichen seines Ziels rollte der Stein jedoch zum Ausgangspunkt zurück und er musste erneut mit der mühevollen Arbeit beginnen, die niemals enden würde. Mit ähnlicher Verzweiflung und dem Wissen, dass es kein Entrinnen gab, beugte ich mich den Gegebenheiten.

◇◇◇◇

Die Tage wurden kürzer und bald stand die Adventszeit vor der Tür. Aus fast jedem Fenster und von dem gegenüberliegenden Balkon blinkte mir Weihnachtsbeleuchtung entgegen. „Es ist höchste Zeit, deiner Wohnung auch einen adventlichen Touch zu verleihen!“, hörte ich meine innere Stimme rufen. Also kramte ich meinen Weihnachtsschmuck hervor und fand in einer roten Schachtel die zehn Zentimeter hohen Engel, die ich seit so vielen Jahren aufbewahrte. Sie trugen goldene Gewänder, hatten bewegliche Arme und Beine, ihr roter Mund war zu einem strahlenden Lächeln geöffnet.

Als meine Großmutter ihre letzte Lebensphase in einem Altenheim verbrachte, hatte ich ihr einen Adventskranz gebastelt. Da aufgrund der Brandschutzbestimmungen keine Kerzen erlaubt waren, hatte ich diese vier Engelchen auf dem Kranz befestigt. Und wie sehr hatte sie sich an den wippenden Himmelsboten erfreut. Für mich war es unendlich schwer gewesen, mitzuerleben, wie diese einst so starke und dynamische Persönlichkeit zu einer fragilen Frau von neunzig Jahren gealtert war. Ich dachte daran, was sie in ihrem Leben alles schon erlebt und erduldet hatte: Zwei Weltkriege überlebt, einen Ehemann viel zu früh verloren, die Tochter allein großgezogen und zeitgleich ein Hotel geleitet und diesem nach dem Krieg neuen Glanz verliehen. Doch in ihren letzten Lebensmonaten verwechselte sie mich häufig mit meiner Mutter. Ich erinnere mich noch an meine Hilflosigkeit, wenn sie bei der Verabschiedung an meinem Ärmel zupfte und mich mit weinender Stimme bat: „Bitte nimm mich doch mit nach Hause!“ Was hätte ich da tun können? Das Altenheim war ein sehr schwerer, aber notwendiger Schritt gewesen. Also versuchte ich, ihren verwirrten Geist zu beruhigen, ließ sie in dem Glauben, ich sei ihre Tochter und tröstete sie mit dem Gedanken an ein morgiges Wiedersehen. Der Sturm, der damals in mir tobte, verbannte ich in einen kleinen Winkel meines Herzens, gut verschlossen mit sieben Siegeln.

Nun kamen mir diese Szenen wieder ins Bewusstsein und ich hieß sie willkommen. Sah sie mir interessiert an und da wurde mir klar, dass mir die Erinnerung genügte. Darüber erleichtert und beglückt gab ich die Engelchen und weiteren Weihnachtsschmuck, den ich nie benutzt, aber trotzdem aufgehoben hatte, an Sarah, die Freundin einer Freundin. Sie bastelte Weihnachtskränze, um diese auf einem Basar zu verkaufen. Die Idee gefiel mir. Nun würden sich andere Personen neu an diesen Dingen erfreuen, für die ich keine Verwendung mehr hatte.

◇◇◇◇

Nach den vielen Wochen, in denen ich das Teetrinken als festen Bestandteil in meinen Alltag etablierte hatte, fand ich es an der Zeit für eine Abwechslung. Es war an einem Dienstag. Den Vormittag hatte ich genutzt, um Kraft zu schöpfen. Am frühen Abend war ich dann mutig genug, um mir einen Vorrat an Mineralwasser zuzulegen. Ich dachte für den Anfang an sechs Flaschen Gerolsteiner, die meist eingeschweißt als Paket verkauft werden. Dieses wollte ich mir von hilfsbereiten Mitmenschen in den Einkaufswagen und anschließend in den Kofferraum stellen lassen, um die Flaschen zu Hause einzeln in meine Wohnung zu tragen. Das könnte ich, wenn nötig, auch auf verschiedene Tage aufteilen. Es war ja nur Wasser. Als ich im passenden Gang des Supermarktes stand, trat ein breitschultriger, großer Mann neben mich. „Entschuldigen Sie, bitte. Wären Sie so freundlich und stellen mir das Wasser in meinen Wagen?“, fragte ich erwartungsvoll, zeigte auf das Wasser und sah ihn mit einem Lächeln an. „Weshalb sollte ich Ihnen denn helfen?“, erwiderte er unwirsch und musterte mich dabei ungehalten von oben bis unten. Ich musste schlucken. So etwas Ungeheuerliches war mir bisher noch niemals passiert. Ich bat ihn ja nicht, mir das Wasser nach Hause zu tragen. Zum Glück war ich schlagfertig und so konterte ich entrüstet: „Wenn Sie schon kein Gentleman sind, dann helfen Sie mir, weil ich eine Rücken-OP hatte und nicht so schwer heben kann!“
Daraufhin wurden seine Gesichtszüge sanfter und die Spannung in der Luft löste sich auf wie der Nebel über einem unruhigen Gewässer. Er murmelte: „Nun, ja, natürlich, kein Problem“, und stellte das Gewünschte in meinen Wagen. Ehe ich mich versah, hatte er mir den Rücken zugekehrt und strebte der entlegenen Käsetheke entgegen. „Geht doch“, stellte ich erleichtert fest, gönnte dieser Begegnung keinen Gedanken mehr und steuerte den Wagen mühsam Richtung Kasse. Dort wiederholte sich das Spiel in gewisser Weise, da das Wasser zum Scannen auf das Band gelegt werden musste. Auf Hilfe angewiesen zu sein, gefiel mir ganz und gar nicht. Begegnungen wie diese bestärkten meine Denkweise nur. Komm schon, Celine! Dir wird doch irgendetwas einfallen! Du hast schließlich schon ganz anderes geschafft! Mit diesem Gedanken versuchte ich eine Alternative aus mir hervorzuzaubern. Und da – einfach so – hatte ich meine Idee: Ein Sodastreamer! Solch einer hatte in meiner ersten Arbeitsstelle den Mitarbeitern zur freien Verfügung gestanden. Sobald dieser Gedanke Gestalt angenommen hatte, folgte der zweite. Um die Qualität des Trinkwassers zu gewährleisten, würde ich mir einen Wasserfilter besorgen. „Problem gelöst!“, jauchzte ich vor Freude, obwohl die Anstrengung bereits meine Kräfte schwinden ließ. Auf mein Organisationstalent konnte ich mich wenigstens verlassen. Zu Hause angekommen schälte ich mich mühsam aus dem Sitz des Autos und suchte Erholung in meinem Bett.

Als mein Kopf die Kissen berührte, ließ ich mit einer gewissen Genugtuung den entstandenen psychischen Stress los, denn der Einkauf von Wasser würde sich vorerst nicht wiederholen.

◇◇◇◇

Da das neue Jahr näher rückte, musste ich mich der Tatsache stellen, dass ich meine Arbeit nicht würde aufnehmen können. Wegen der Feiertage kümmerte ich mich im Vorfeld um einen Termin bei meiner Hausärztin und reichte meine Krankmeldung ein. Mit der Versicherung klärte ich den Wechsel von unbezahltem Urlaub zurück in mein Arbeitnehmerverhältnis. Ab Januar musste ich nun keine Beiträge mehr zahlen und erhielt ab der sechsten Woche im Krankenstand Krankengeld. Mit diesem Schritt wurde mir die Schwere des Unfalls zwar deutlich, doch gab ich mein Bestes, um genau dieses Wissen zu ignorieren.
Weihnachten verbrachte ich nicht allein, sondern wurde von einer Freundin aus Kindertagen eingeladen. Es tat mir gut, von viel Trubel umgeben zu sein. Helena hatte nämlich drei Mädchen und das vierte war unterwegs. Sie hatte sich mit den Jahren kaum verändert. Immer noch ließ sie ihre langen dunkelblonden Locken über die Schultern fallen und strich sich ein paar vorwitzige Strähnen beim Lachen aus der Stirn. Am liebsten trug sie Jeans und bunte Tuniken. Humorvoll und dem Leben positiv zugewandt, blüht sie auf in ihrem Familienleben. An jenem Abend, als die Kinder bereits schliefen, saßen Helena, ihr Mann Kian und ich im Wohnzimmer zusammen. Beziehungsweise Helena saß und ich durfte mich auf der kaminroten Couch aus weichem Cord in vielen bunten Kissen räkeln, während Kian es sich auf dem Sessel gegenüber bequem gemacht hatte. Eine große Lampe über dem Wohnzimmertisch verbreitete ein schummriges gelbes Licht und wir tranken Tee und Bier. Ganz nach dem jeweiligen Befinden. Die Akzeptanz und die Zuneigung, die sich dahinter verbargen, taten mir unheimlich gut. Mein Blick fiel auf Helenas Bauch, der sich stolz und rund durch ihre diesmal blaue Tunika abzeichnete. Sanft strich sie mit stetigen Bewegungen darüber. Fasziniert beobachtete ich diese Liebkosung des neuen Lebens. Verstohlen legte ich eine Hand auf meinen flachen Bauch. Wie wäre es wohl gewesen, das eigene Kind in sich wachsen zu spüren? Schwermütige Gedanken, die aufzogen wie Gewitterwolken. Manche Dinge sollen eben nicht sein, rief ich mich zur Ordnung. Entschlossen wendete ich mich wieder dem augenblicklichen Gespräch über eine gemeinsame Freundin zu. Die Zeit zusammen verging schnell und war voll mit Eindrücken und Gesprächen. Es war aber nur eine kleine Abwechslung in meinem neuen Alltag, in dem ich die Tage hauptsächlich mit mir als Gesellschaft verbrachte.

Allein mit meinen Schmerzen, Gedanken, Gefühlen und Existenzsorgen. Allein in einer neuen, sehr klein gewordenen Welt, in der ich mich nicht wohlfühlte und der ich nicht entrinnen konnte.

◇◇◇◇

Während ich mit meinem Schicksal haderte, endete das alte Jahr und ein neues begann. Mir fehlte mein Sport, doch die Schmerzen begrenzten meine Möglichkeiten auf ein Minimum. Trotzdem oder vielleicht aus einem letzten Versuch heraus, meinen neuen Lebensumständen zu trotzen, wollte ich es mit Schwimmen probieren. In der Reha hatte man mir mit auf den Weg gegeben, dass ich nur auf dem Rücken schwimmen dürfe, um den Rücken nicht zu überstrecken. Nicht wirklich prickelnd, diese Aussichten, dachte ich mir. Ich suchte den Austausch mit einem Physiotherapeuten und erhielt die Anregung, mir eine Taucherbrille mit Schnorchel zu kaufen. So konnte ich meine Wirbelsäule geradehalten. Gesagt getan. In Höchststimmung unterdrückte ich das Zittern und Rebellieren meiner Muskeln und Nerven. Stattdessen leistete ich mir eine Tageskarte im Wellnessbereich eines Hotels, um den dortigen Pool zu nutzen. Ich wollte so das Risiko, auszurutschen oder geschubst zu werden, minimieren. Außerdem wollte ich keine Zuschauer, wenn ich in meinem schicken Bikini zum Beckenrand lief und die riesige Taucherbrille mit dem Schnorchel mein schmales Gesicht verunstaltete. Aber wer konnte wissen, ob ich mich nicht auch auf meinen Luxusurlaub auf den Malediven vorbereitete? Letztendlich war es egal – einmal vor dem Pool stehend, war ich vom Glück beseelt, endlich wieder aktiv sein zu können.
Vorsichtig stieg ich die Treppen ins Wasser hinab. Als das köstliche Nass meinen Körper umspielte, jubilierte ich innerlich. Ich sah mich schon auf der Zielgeraden, nachdem ich von jetzt an jeden Tag üben würde. Bestimmt wäre es bei mir so, wie bei Menschen mit Arthrose, deren Schmerzen durch Bewegung einfach verschwinden oder zumindest in ihrer Intensität stark nachlassen. Leider war und blieb das eine schöne Fantasie. Bei jeder Auf- und Abbewegung meiner Beine fühlte es sich an, als ob mir jemand ein Messer in den Rücken rammen würde. Bereits nach zwei Bahnen in dem überschaubaren Pool half mir das sture Festhalten an meiner Willenskraft nicht mehr weiter. Ich musste den Versuch abbrechen. Wut vermischte sich mit Schmerz und Verzweiflung als ich mich mit letzter Kraft nach Hause schleppte. Zumindest kann niemand sagen, ich hätte es nicht versucht, coachte ich mich gedanklich selbst. Es wollte mir jedoch nicht so recht gelingen, mich aufzubauen.
Wie auf Zehenspitzen schlich sich am nächsten Morgen beim Kaffeetrinken ein rebellischer Gedanke ein: Vielleicht hatte ich lediglich einen schlechten Tag gehabt?

Mein „eiserner Wille“ hatte bereitwillig in einer Ecke gelauert und nährte nun die Möglichkeit des Unmöglichen. Und so kam es, dass ich keine zwei Tage später erneut am Rand des Swimmingpools stand. Eine halbe Bahn hatte ich geschafft, mit den Armen gerudert anstatt mit den Beinen. Dann gab ich auf. Wem wollte ich hier etwas beweisen? Mein Körper setzte mir wieder einmal eine klare Grenze und diesmal waren die Schmerzen so immens, dass ich sie nicht ignorieren konnte. Nicht einmal für einen Moment. Für meine Probe aufs Exempel musste ich mit Bettruhe bezahlen. „Ich hab‘s verstanden!“, murrte ich zerknirscht in die Dunkelheit, als ich mir das Heizkissen zurechtrückte, welches mir ein wenig Linderung verschaffte.

Sophie wollte mich aufmuntern: „Du musst mal wieder unter Leute! Komm lass uns doch am Samstag zu Giovanni gehen. Das wird bestimmt lustig, so wie früher!“ Ich ließ mich überreden zu einem gemütlichen Abendessen bei unserem Lieblings-Italiener, die Scampi vom Grill waren einfach lecker und dazu ein halbtrockener Pino Grigio. Vielleicht brauchte ich gerade das, um aus meinem Stimmungstief zu kommen. Und der Wein gemischt mit den Schmerzmitteln... Mit etwas Glück würde ich ein wenig „schweben“. Am Samstag war ich dann richtig aufgeregt, endlich mal wieder „auszugehen“. Ich trug seit langer, langer Zeit Wimperntusche auf und ein wenig Make-up, um die Zeichen der Anstrengung ein wenig zu mildern. Was so ein bisschen Schminke doch für mein eigenes Wohlgefühl tat, war erstaunlich! Es währte jedoch nicht lange, denn die Stühle waren hart und die Rückenlehnen viel zu kurz, um mir Halt geben zu können. So endete der geplante Mädelsabend bevor er richtig begonnen hatte.

◇◇◇◇

Lange hatte ich auf einen Termin in einer orthopädischen Praxis gewartet, deren Ärztin „einfach Spitze“ sein sollte. Ich setzte all meine Hoffnungen für eine positive Veränderung auf dieses Treffen. Frau Dr. kam mit energischen Schritten in den Untersuchungsraum. Anstatt mir die Hand zu reichen, nickte sie mir starr zu, nahm eines meiner Röntgenbilder in die Hand und hielt es gegen das Licht. Nach ein paar Sekunden drehte sie sich zu mir um und teilte mir unverblümt mit, dass meine Verletzung so schwerwiegend sei, dass sie mich an einen Kollegen der Neurochirurgie und eine Schmerztherapeutin überweisen würde. Sie sei definitiv die falsche Ansprechpartnerin. Ich war geschockt über diese knappe Abhandlung meines Anliegens, hatte ich doch so große Erwartung in dieses Treffen gesetzt. Wieder einmal schnürte es mir die Kehle zu und ich spürte, wie mir Tränen in die Augen stiegen.

Ich hasste mich für diese Schwäche und war wütend auf die Ärztin, die mir nicht das anbot, was ich wollte – nämlich ein Zaubermittel für eine sofortige Linderung meiner Schmerzen. Zumindest war ich noch so geistesgegenwärtig, dass ich sie fragte, wer mir denn nun die Krankmeldungen ausschreiben würde, wenn nicht ein Orthopäde. Das sei Aufgabe des Hausarztes wurde ich belehrt. Ich gab mich geschlagen und folgte der Sprechstundenhilfe in ihrem perfekten weißen Outfit und ihren perfekt sitzenden Haaren zurück zum Empfang. Fühlte mich noch elender, denn ich trug dieselbe verknitterte Bluse wie am Vortag und meine Haare hingen widerspenstig um mein Gesicht. Frustriert nahm ich die Überweisungen entgegen und machte mich auf den Weg nach Hause. Mein Leben verlief so anders, als ich es mir ausgemalt hatte.
In Liebesromanen konnte man lesen, wie die Heldin oder der Held etwas gewagt hatten, ihre oder seine wahre Liebe fanden und anschließend gemeinsam in den Sonnenuntergang segelten. Nun, ich hatte auch etwas gewagt. Auf meiner Reise fühlte ich mich für einen kurzen Augenblick so glücklich wie noch nie zuvor in meinem Leben, doch anstelle eines Happy Ends, stand ich nun vor einem Trümmerhaufen. Warum? Diese Frage stellte ich mir immer wieder und haderte mit Gott. Trübsal hüllte mich ein. Mir fehlte es, unbeschwert loszurennen oder spontan auf mein Pferd zu springen und über die Wiesen zu galoppieren. Stattdessen vereinbarte ich einen Termin bei einer Schmerztherapeutin. Nach eingehender Anamnese tippte sie ihre Stichpunkte in die Tastatur ihres Computers und händigte mir ein Rezept mit neuen Medikamenten aus. „Die werden Ihnen helfen. Darüber hinaus beugen sie einer Depression vor und in drei Wochen sehen wir uns dann wieder." Mit diesen Worten war ich entlassen. Ich las den Beipackzettel durch und war mir gar nicht mehr so sicher, ob die Tabletten mir nun helfen würden oder nicht. Ich entschied, der Ärztin zu vertrauen, und begann mit der Einnahme. Die Nebenwirkungen erzeugten Schwindel bei mir, so dass ich die ersten Tage zwischen Bett und Sofa pendelte. Es folgten Heißhunger-Attacken und mein Lebensgefühl wandelte sich. Es wurde dumpfer.

An einem Mittwochabend rief mich eine Freundin an und fragte: „Hej, hast du nicht Lust auf einen Saunatag? Mal wieder so richtig die Seele baumeln lassen?" Bei dieser unbedachten und so gut gemeinten Einladung war ich wie vom Donner gerührt. Ich seufzte tief und gab widerwillig zu: „Dafür fehlt mir die Kraft. Außerdem habe ich Angst in der Sauna zu stürzen." Solche Situationen halfen mir nicht gerade, meine Stimmung zu heben, und ich fühlte mich hineingezogen in einen Strudel der Aussichtslosigkeit. Zu dieser Zeit verkaufte ich mein Mountainbike an eine Freundin. Ich konnte es ohnehin nicht mehr gebrauchen …
Die Zeit verging und mein nächster Termin bei der Schmerztherapeutin stand an. Ich teilte ihr mit, dass die Schmerzen sich in ihrer Intensität kaum verändert hätten und sich über mein inneres Erleben eine Art Schleier gelegt hätte.

Auch berichtete ich ihr meine Sorge bezüglich meiner Gewichtszunahme. Zum einen fühlte ich mich noch weniger wohl in meinem Körper und zum anderen musste mein Rücken mit noch mehr Gewicht zurechtkommen. Meiner Rückmeldung schenkte sie nicht so viel Aufmerksamkeit, wie ich mir erhofft hatte. Meinen Vorschlag, ein anderes Medikament zu versuchen, lehnte sie kategorisch ab und sprach sich stattdessen für eine Erhöhung der Dosierung aus, denn mein Körper müsse sich erst „daran“ gewöhnen. Wieder nahm ich das Rezept entgegen, spürte aber tief in mir, dass dies keine Lösung für mich war. Wie anders ich mich doch nach und während den Besuchen bei meiner Hausärztin fühlte! Unsere Gespräche zeichneten sich durch Akzeptanz und Wertschätzung füreinander aus. Sie merkte sich die Inhalte und griff sie beim nächsten Termin wieder auf. Auch das gesamte Team war einfach aufmerksam und fand jedes Mal ein freundliches, aufmunterndes Wort für mich. Die immense Wirkung eines solchen Verhaltens wurde mir erst jetzt in meiner außergewöhnlichen Situation bewusst, in der ich so sensibel reagierte, wie ein Metalldetektor am Flughafen.

◇◇◇◇

Die Stille in meiner kleinen Welt lernte ich immer mehr zu schätzen. Sie half mir, meine Nerven zu beruhigen und gab mir Raum, herauszufinden, was mir guttun würde. So kam mir die Idee, die Fotos meiner Reise durchzusehen, um die für mich bedeutsamsten entwickeln zu lassen. Das würde mir vor Augen führen, was ich in letzter Zeit alles erleben durfte und auch geschafft hatte. Kein leichtes Unterfangen. Ich verteilte die Bilder überall in meiner Wohnung. Auf dem Esstisch, der Küchenplatte, den Fensterbrettern ... Alle möglichst auf einer Höhe, die mir das Bücken ersparte. Nach einigen Tagen, in denen ich um die Fotos schlich, gelang es mir, die Anzahl zu minimieren. Ich ließ mich von meinem Herzen leiten, und schließlich lagen vierzig ausgewählte Bilder auf einem Stapel. Über das Internet fand ich eine Firma, die mir diese auf Leinwand druckte und bald würde ich eine „Wall of memories“ – meine Wand der Erinnerungen von fast zwei Metern Länge und achtzig Zentimetern Breite besitzen. Binnen einer Woche klingelte der Paketdienst an der Tür und ich konnte sie in aller Pracht bewundern. Sie bekam ihren Platz direkt gegenüber meinem Bett, so dass mein Blick am Morgen als Erstes darauf fiel. Auf die atemberaubenden Wasserfälle bei Iguazu, die Wüstenlandschaft des „Valle de la Luna“, die „Carretera de la muerte“, die ich mit dem Mountainbike in Bolivien hinabgefahren bin und mein Lieblingscafé in San Pedro de Atacama und, und, und ... Was mich freute, war, dass ich mein Vorhaben umsetzen konnte, ohne auch nur einen Schritt vor die Tür setzen zu müssen. Das sind die Vorzüge des Zeitalters der Digitalisierung.

◇◇◇◇

Der Frühling löste den Winter ab, und zum krönenden Abschluss meiner Umgestaltungsarbeit fragte ich bei der Gärtnerei in meiner Nähe nach, ob sie mir meine leeren Blumenkästen bepflanzen und auch bis an ihren Platz auf meinen Balkon liefern würden. Und tatsächlich stimmten sie zu. So saß ich in eine Decke gemummelt auf meinem Balkon, blickte auf sattes Grün und leuchtendes Lila, und atmete den zarten Duft von Lavendel und Rosmarin ein. Die ideale Wahl. Nicht nur wegen der Schönheit, sondern auch, da beide Pflanzen extrem pflegeleicht und einfach sehr lange haltbar sind. In diesem Moment fühlte ich mich seit langem wieder einmal glücklich.
Auch dämmerte mir langsam, dass ich keineswegs so einsam war, wie ich annahm. Einige Freundschaften hatten nach wie vor Bestand, bewährten sich in dieser Krisensituation. Rieke, mit der ich gemeinsam meine Ausbildung zur Heilpädagogin gemacht hatte, bot mir sogar an, ihren Schrebergarten zu nutzen. Da dieser mit dem Auto nicht weit von meiner Wohnung entfernt liegt, war das tatsächlich eine Option und eine wundervolle Abwechslung in meinem grauen Alltagsgeschehen. Durch Zufallsbegegnungen, wie im Wartezimmer einer Ärztin oder beim Ausruhen auf einer Parkbank, waren ebenfalls neue Bekanntschaften hinzugekommen. Eine schwärmte mir von ihrem Heilpraktiker und Osteopathen vor und wie er sie von ihren Knieschmerzen befreit hätte. Da meine Schmerzen schon bedeutend länger als sechs Monate anhielten, waren sie nun von chronischer Natur. Es hatte sich ein Schmerzgedächtnis gebildet. Das bedeutet, dass die starken und andauernden Schmerzsignale Spuren im Nervensystem hinterlassen hatten. Um präziser zu sein, im Gehirn und im Rückenmark. Durch diese Verankerung reichte nunmehr ein viel geringerer Schmerzreiz aus, um die gleiche Intensität zu spüren wie bei dem ursprünglichen Schmerz. Durch die Einnahme der Medikamente wurde nun versucht, diese starke Signatur zu blockieren, was bisher jedoch kaum Wirkung zeigte.
Nach jedem Strohhalm greifend ließ ich mir deshalb die Nummer des Heilpraktikers geben und vereinbarte kurzentschlossen einen Termin. Dieser Besuch sollte eine bedeutende Wende für mich bereithalten. Der Medikus empfing mich bereits im Treppenaufgang. Als mein Blick ihn das erste Mal streifte, fielen mir als Erstes sein aufmerksamer Blick und das freundliche Lächeln in seinem gebräunten Gesicht auf. Er nahm sich Zeit, mich zu begrüßen, und führte mich in lichtdurchflutete und sehr stilvoll eingerichtete Räumlichkeiten. Er benannte anhand meines Gangbildes schon viele Symptome, die mit meinem Erleben zu hundert Prozent übereinstimmten, bevor ich überhaupt begonnen hatte, diese aufzuzählen. Er fühlte an meiner Wirbelsäule entlang und half – unter anderem – einen Wirbel an der Halswirbelsäule zu „richten“.

Auch machte er mich mit einem Verfahren vertraut, das mit Stromwellen arbeitet. Durch dieses wird ein neuer Reiz erschaffen und so das Schmerzgedächtnis für kurze Zeit „überlagert". Dies führt zu einer Minimierung der Schmerzen. Die Dauer und Stärke der Wirkung ist jedoch von Person zu Person unterschiedlich. Diese Errungenschaft der Technik nennt sich: TENS-Gerät. Da dieses Gerät mir tatsächliche Linderung verschaffte, besorgte ich es mir umgehend für den Eigengebrauch. Ganz tief in mir verborgen spürte ich, wie meine totgeglaubte Zuversicht, dass aus allem Schlechten etwas Gutes entstehen kann, sich regte und zu neuem Leben erwachte.

◇◇◇◇

So vergingen die Tage, bis zu jenem usseligen Sonntag. Regen prasselte an die Fensterscheibe. Ich beobachtete, wie die Nachbarin in ihrem grauen Tweedmantel mit langen Schritten von ihrem Auto zur Haustür sprintete. Irgendwo bellte ein Hund. Mich störte der Regen nicht. So hatte ich nicht das Gefühl, mich vor anderen rechtfertigen zu müssen, kaum vor die Tür zu gehen. Mein Blick fiel auf mein hohes Regal im Schlafzimmer. Dort stand schon lange ein Buch mit einem weinroten Einband.

Der Titel lautete: „Die Kuh, die weinte" und war so skurril, wie ich meine Situation empfand. Um mir die Zeit zu vertreiben, nahm ich es zur Hand und stieß auf die Zeilen von Jonathan Wilson-Fuller (10), der erst neun Jahre alt gewesen war, als er dies schrieb. Mit einer kindlichen Klarheit benennt er die Angst als das, was sie ist: ein körpereigenes Hilfesystem.

Den chronischen Schmerz bezeichnet er als eine Herausforderung und verweist auf unsere innere Kraft ihn zu besiegen. So viel Weisheit aus der Feder eines Kindes rührte mich. Ich konnte mich auf seine Worte einlassen und sie halfen mir, zu erkennen, dass ich im Augenblick in all meiner Wut und Verzweiflung meinen Blick starr auf meinen schmerzenden Körper gerichtet hielt. Mein Herz und meine Seele kämpften tapfer in der Schlacht um mein Wohlergehen gegen ihn, nicht sehend, dass dieser die Hand zum Frieden reichen wollte. Ich war so verbissen, wie zwei Clans im schottischen Hochland, die ihre Fehde weiterführten, obwohl schon lange niemand mehr den eigentlichen Auslöser dafür kannte.

In meinem Lieblingssessel sitzend, der genau wie die Kaffeetasse in einem leuchtenden Türkis gehalten war, dachte ich also über meine verfahrene Lage nach. All meine bisherigen Versuche, den chronischen Schmerz zu ignorieren oder zu bekämpfen, waren nicht auf fruchtbare Erde gefallen. War es Zeit für einen Waffenstillstand, fragte ich mich. Und wenn, wie sollte ich das anstellen? Ich war verwirrt. Wer war der Feind? Mein schmerzender Körper oder der Schmerz allein?

Beide oder keiner der beiden? Um es greifbarer zu gestalten, grübelte ich über einen passenden Namen für meinen Schmerz nach. Denn ein Gegner war nur halb so fruchteinflößend, wenn man ihn kannte, bestärkte ich mich.

In den Tiefen meines Langzeitgedächtnisses stieg die Erinnerung an meinen Geschichtsunterricht aus Kindertagen empor, in dem wir Karl Martell mit dem Beinamen „Der Hammer“ als Thema behandelt hatten. Der fränkische Hausmeier hatte im Jahre 732 in einer Schlacht bei Poitiers, dem heutigen Frankreich, ein Heer von maurischen Kriegern besiegt und ging so als „Retter des Abendlandes“ in die Geschichte ein. Zielgerichtet und kraftvoll hatte er seine Gegner bezwungen. Genauso empfand ich meinen Schmerz, der meinen Körper durchfloss und den ich trotz der Unmengen an Schmerzmitteln nicht zu besänftigen vermochte. Letztlich entschieden sich mein Herz und meine Seele dazu, ihre Waffen zu strecken, und dem schmerzenden Körper die Hände zum Frieden zu reichen. Meinen Schmerz taufte ich „Martell“ und erlaubte mir ihn zu spüren. Er durfte da sein. Ich versuchte anzuerkennen, dass er mich schützen wollte.
Und wie die ersten Sonnenstrahlen das Dunkel der Nacht durchdringen und stetig mehr Raum einnehmen, so langsam begann sich eine Veränderung in meinem Denken zu vollziehen. Aus Martell wurde Karlchen und zu meiner Verwunderung stellte sich eine leichte, aber wahrnehmbare Linderung ein. Tatsächlich auch ohne das TENS-Gerät. Karlchen hatte sich gewandelt: vom bittren Feind zu einem akzeptierten Teil von mir.

Dank dieses Durchbruchs schöpfte ich Mut und beschloss, all meine Medikamente „ausschleichen zu lassen“. Dies tat ich mit Bedacht und dem griffbereiten Handy, um bei Bedarf Hilfe rufen zu können. Es war schon erschreckend und beglückend zugleich, durch dieses tiefe Tal zu schreiten. Ich pendelte zwischen Freude, wenn ich eine positive Resonanz des Körpers spürte, und Frust gepaart mit Hoffnungslosigkeit, wenn der Schmerz die Oberhand gewann und ich mich im Bett verkroch. Doch als die ersten Entzugserscheinungen nachließen, fühlte ich seit langer Zeit eine Verbesserung. Mein Kopf war wieder klar, der Schwindel fort und die Belastung durch die Nebenwirkungen der Medikamente würden nun wegfallen.
Karlchen war immer noch da, doch seine Intensität verstärkte sich keineswegs durch das Weglassen der Medikamente. Da ich ihm nun anders begegnete und versuchte, achtsam mit mir umzugehen, stellte sich eine zaghafte Tagesroutine ein, mit der ich mich arrangieren konnte. Denn genauso wie ich es mir in El Bolson vorgenommen hatte, wollte ich darauf hören, was ich brauchte. Im Jetzt und Hier hieß das konkret: mein Körper hatte Vorrang. Das bedeutete einen sehr begrenzten Bewegungsradius, der sich hauptsächlich auf die Wohnung beschränkte. Ich legte häufig Pausen am Tag ein, in denen ich mich bewusst

entspannte und hinlegte. Ich achtete darauf, wie ich auf dem Sofa saß und half meiner Wahrnehmung mit einem Wecker auf die Sprünge, um nicht zu vergessen, wann die Zeit für einen Positionswechsel gekommen war. Besonders ärgerlich war das, wenn mich ein Buch in seinen Bann zog, doch viel besser als noch tagelang die Folgen einer Überbelastung zu spüren. Der Mut, die Medikamente abzusetzen, hatte sich als goldrichtig erwiesen.

◇◇◇◇

Zu diesem Zeitpunkt ging ich davon aus, dass der Schmerz allein von dem eingesetzten Metall in meiner Wirbelsäule herrührte. Um mich mehr spüren zu können, lief ich häufig barfuß. Meine Fußsohlen waren danach schwarz vor Dreck. Da ein „Nach-vorne-Beugen" nicht möglich war, kaufte ich mir eine lange Saunabürste. Meine Haare wusch ich weiterhin im Stehen unter der Dusche. Mit dem Ziel, mir Wohlgefühl zu schenken, gönnte ich mir wunderbar riechenden Badeschaum und Haarspülungen.
So umhüllte mich der zarte Duft von Lotus und weißem Tee. Zusätzlich suchte ich nach Übungen, um mein Körperbewusstsein zu verbessern. Als ich darüber nachdachte, ob ich es wagen sollte, in einer Buchhandlung zu schmökern, fiel mir das Buch, das ich bei Thea auf dem Fensterbrett entdeckt hatte, wieder ein. „Auf den Schultern des Windes schaukeln", lautete der Titel. Ich erinnerte mich genau. Vielleicht war das ja genau das Richtige! Ich suchte das Foto auf meinem Handy, das ich vom Einband gemacht hatte und wurde tatsächlich fündig. Jetzt musste ich es nur noch bei Amazon bestellen. Die Entspannungsübungen waren in Geschichten gekleidet, die meine Fantasie hervorlockte, Bilder zu formen. Allerdings fiel es mir schon schwer, meine Konzentration für längere Zeit auf meine Atmung zu legen. Geduld war gefragt und da ich die Flinte nicht so schnell ins Korn werfen wollte, beschloss ich, mich den Übungen jeden Abend vor dem Schlafengehen zu widmen. Mit diesen alternativen Methoden verhielt es sich ähnlich, wie mit einer Katze, die sich auf leisen Pfoten heranschleicht, wenn sie die Chance auf ein Schälchen Milch wittert. Der Einsatz lohnte sich. Durch all diese Aufmerksamkeit, die ich mir auf einmal angedeihen ließ, bemerkte ich, wie unbequem meine Stühle waren. Zugegeben, sie waren perfekt auf das übrige Mobiliar abgestimmt, im Augenblick war dies jedoch nicht von Bedeutung. Es galt, einen passenden Ersatz zu finden, und das war gar nicht einfach. Nach meiner Suche im Internet fuhr ich bis vor die Tür eines Fachgeschäftes für ergonomisch geformte Stühle. Im Schaufenster erspähte ich einen schlichten Stuhl mit grau-meliertem Stoff. Er war nicht nur bequem, sondern auch um fünfzig Prozent reduziert, da es sich um ein Ausstellungsstück handelte.

„Da dachte doch wohl jemand an mich!“, meldete sich meine innere Stimme zu Wort. Ich überlegte nicht lange, sondern bat im Geschäft darum, ihn mir direkt ins Auto zu laden. Zu Hause angekommen klingelte ich glücklich vor der Haustür bei meinen Nachbarn, um meine neue Errungenschaft nun in mein Wohnzimmer zu bekommen. Als niemand öffnete und ich mein Anliegen wohl oder übel auf später verschieben musste, sah ich ein junges Pärchen mit ihrem weißen Bobtail auf dem Bürgersteig, die mir entgegenkamen. Kurzerhand sprach ich sie an und konnte mich so ein paar Minuten später in meinen nigelnagelneuen Stuhl setzen. Damit war es amtlich: Ich bin stolze Besitzerin eines höhenverstellbaren Stuhls der Firma Giroflex, dessen Rückenlehne aus einem weichen „Mesh-Material“ besteht, um extra sanft zu meinem Rücken zu sein. Es wurde auch Zeit, dass sich die Sonne mal wieder zeigte!
Das tat sie auch am nächsten Tag, als sie heiß auf meinem kleinen Balkon niederbrannte. Ich wollte gerade den Sonnenschirm in die richtige Position bringen, damit mir dieser Schatten spenden konnte, als mir bewusst wurde, dass der Ständer aus massivem Stein bestand. Beim Kauf hielt ich das noch für eine klasse Idee. So würde ihn kein noch so starker Wind umwehen. Nun musste ich entweder einen Sonnenhut tragen oder mich in die Wohnung zurückziehen. Als ich überlegte, in welchem Schrank sich mein Hut verbarg, erinnerte ich mich an das Angebot von Rieke, ihren Schrebergarten nutzen zu dürfen. Welch fantastische Idee …

Mit einer Liege und zusätzlichen Polstern durfte ich nun im Schatten der Bäume die Beschaulichkeit dieser grünen Oase auf mich wirken lassen. Das Zwitschern der Vögel, der süße Duft der Blumen und das Rauschen des Windes waren liebliche Klänge und obenauf kam die geniale Installation einer Dusche mitten im Garten. So konnte ich während des Tages meinen Vitamin-D-Speicher auffüllen und mich zwischendurch unter dem kühlen Nass erfrischen. Mein ganzer Körper prickelte durch den Wechsel von heiß und kalt. Wie wunderbar, dadurch das Gefühl zu erlangen, wieder am normalen Leben teilzuhaben, wenn auch nur von kurzer Dauer …

◇◇◇◇

Ungefähr zur selben Zeit erhielt ich eine Mail von Cho, den ich im Hostel auf der Insel Chiloé, zusammen mit seiner Frau Terry, kennengelernt hatte. Er hatte meine Mail-Adresse wiedergefunden und wollte mal nachfragen, was ich so treibe. Wie nett, freute ich mich. Sollte ich ihm von meinem Unfall berichten oder ihn lieber verschweigen, überlegte ich weiter, denn er rechnete wahrscheinlich mit einer oberflächlichen und humorvollen Antwort.
Ich entschied mich für die Wahrheit. Erstaunlicherweise kündigte mein Laptop nur wenige Minuten später seine Antwort an. Neugierig sog ich all die kleinen und großen Details auf. Die Reise war mittlerweile zu Ende. „Wir haben einen Ort gefunden, an dem wir uns wohlfühlen und zufrieden sind“, schrieb er. Das freute mich für die beiden und insgeheim beneidete ich sie ein wenig um ihr Glück. Einige Tage später erhielt ich eine weitere Mail von ihm mit einer Empfehlung für eine „Vipassana Meditation“. Neugierig geworden befragte ich das Internet. Wie ich erfuhr, handelt es sich um eine buddhistische Meditationstechnik. Meist sitzt man bewegungslos für Stunden da und konzentriert sich auf seinen Atem. Blendet alles andere aus. Lässt sich fallen in die Begegnung mit sich selbst. Akzeptiert seinen Schmerz, der sich eventuell durch das Verharren in der immer gleichen Position zeigt, atmet hindurch. Das Gespür für den eigenen Körper verfeinert sich und Bewegungen zur Entspannung werden allein durch die Vorstellung in Gang gesetzt. Durch die Achtsamkeit auf das innere Geschehen öffnet sich ein Weg zur Ruhe und Klarheit. Spannend, dachte ich mir.
Mit Verwunderung stellte ich fest, dass sich das Ziel der Meditation mit meinem Wunsch deckte. Natürlich steckte ich mit meinen Bemühungen noch in den Kinderschuhen, doch verspürte ich seit langer Zeit ein Gefühl von Lust und Motivation, das neue Wissen zu vertiefen. Meine Recherche machte mich auch sensibel für die verschiedenen Arten von Meditation und ihrer Zielsetzung. Für jemand, der ungern die Kontrolle verliert, eine echte Herausforderung, sich nicht auf

die Fakten, sondern auf das innere Loslassen zu konzentrieren. Sich sozusagen unvoreingenommen auf neuem Terrain zu bewegen. Zuallererst ging ich nach meinem alten Muster verstandgesteuert an die Meditation heran. Sah sie als eine Technik, die mir helfen sollte innere Ruhe zu finden. Unabhängig davon, ob ich auf meinem Bett lag oder auf dem Sofa saß. Als Schlüssel dient wieder einmal das bekannte Prinzip der Achtsamkeit. Ich begann stets mit dem Ritual, meine Konzentration auf meinen Atem zu legen, und so gelang es mir immer mehr, meine Gedanken ruhen zu lassen. Dadurch entstand ein neuer Raum. Ich war begeistert und überrascht, wie gut sich das anfühlte.

Um einen tieferen Blick in mein Innerstes werfen zu können, brauchte ich zuallererst eine Umgebung und Atmosphäre, in der ich mich entspannen konnte. Aus diesem Grund begann ich, meine Wohnung mit kritischem Blick in Augenschein zu nehmen. Fast alle Gegenstände hatten ihren Weg über die Familie zu mir gefunden. Da war das weiße Highboard im Wohnzimmer mit seinen Glastüren. Elegant und zeitlos hatte es schon in meinem Kinderzimmer gestanden und war über die Jahre „mitgewandert“. Jetzt nahm es die gesamte Länge der Wand ein und wartete darauf, wieder mit Erinnerungsstücken gefüllt zu werden, die noch in den Kisten im Keller lagerten. Die Lampen, egal, ob an der Decke oder auf dem Nachtkästchen, begleiteten mich schon viele Jahre. Bis auf meine „Erinnerungswand“ hatten bereits ein oder zwei Generationen aus unserer Familie die übrigen Gemälde an den Wänden betrachtet. Mit meinem Sofa, dem Sessel und einem neuen Teppich hatte ich vor meiner Reise eine erste Veränderung herbeigeführt. Den Sessel hatte ich bei einem Stadtbummel im Schaufenster entdeckt und mich direkt verliebt. Er war elektrisch verstellbar und so konnte ich in aufrechter Haltung die Fußlehne hochfahren und entspannt ein Buch lesen. Einfach perfekt. Das alte Sofa und den Teppich hatte ich vor langer Zeit von meiner Mutter bekommen und die Sachen entsprachen eher ihren Vorstellungen als meinen. Nun hatte ich ein braunes Ledersofa, das genau so lang war, dass ich bequem darauf liegen konnte. Gerade dies kam meinem Rücken jetzt zugute. Davor lag nun ein ovaler, taubenblauer Teppich, der mein Wohnzimmer in eine kleine blaue Insel verwandelte. Ich empfand die Zeit als gekommen, mit den Veränderungen in meiner Wohnung fortzufahren. Keine fünf Minuten später wählte ich die Nummer von Toni, dem Umzugshelfer, und bat ihn, noch einmal vorbeizukommen. Während ich zusah, schleppte er mit seinem Sohn die restlichen Kisten aus dem Keller und half mir den Inhalt auszubreiten, damit ich Entscheidungen treffen konnte. Dafür wollte ich mir so viel Zeit lassen, wie ich eben brauchte. Er bot mir an, auch kurzfristig vorbei zu kommen, um mir zu helfen, da mein Anliegen ja „überschaubar“ sei. Das war eine große Erleichterung, denn wie genau ich mein Vorhaben umsetzen wollte, stand noch in den Sternen.

◇◇◇◇

Nun blickte ich erst einmal auf die geballte Fülle dieser Vergangenheit, die sich ausgebreitet auf meinem langen Wohnzimmertisch und in der Küche verteilte. Da war das silberne Reiterabzeichen meiner Großmutter, auf das sie so stolz gewesen war, außerdem Dekorationsgegenstände wie Vasen in unterschiedlichsten Größen, Farben und Formen. Meine Mutter und mein Vater hatten ihrer Sammelleidenschaft oft und gerne nachgegeben, jedoch mit einem exquisiten Geschmack, wie ich immer wieder feststellte. Das war wahrscheinlich einer der Gründe, weshalb ich so vieles behalten hatte. Hinzu kamen noch Unmengen an Fotos und Familienalben.
Es ging mir nicht darum, einfach alles zu entsorgen oder meine Vergangenheit auszulöschen. Auch nicht darum, nicht mehr an die Todesfälle erinnert zu werden. Nein, es galt zu prüfen, mit welchen Dingen ich mich weiterhin bewusst umgeben wollte, und von welchen ich mich guten Gewissens trennen durfte. So lenkte ich liebevoll meinen Blick auf die einzelnen Stücke und fragte mich, welche Bedeutung sie für mich hatten. Auf meiner Reise hatte ich so viel Armut gesehen, dass mich diese Fülle an Besitz schier zu erdrücken schien. So half Toni mir, einige der Vasen in mein Auto zu laden. Ich hatte die Idee, ob der kleine Blumenladen um die Ecke nicht vielleicht Interesse daran haben könnte, da er auch Vintage-Artikel verkaufte. Und tatsächlich ging mein Plan auf. Einige - vier an der Zahl - behielt ich, da sie mir zum einen unglaublich gut gefallen und zum anderen, da sie es schaffen, mich im Bruchteil einer Sekunde an einen anderen Ort, in eine andere Zeit zu bringen. So kann ich mich kostbaren Erinnerungen mit Abstand hingeben.

Die Dinge, die mir besonders lieb und teuer waren, wie eine Lampe und eine rote, gusseiserne Obstwaage von meiner Mutter, die, solange ich denken kann, zwei bunte Töpfe aus Efeu getragen hatte, verschenkte ich an Personen, die die einzelnen Stücke zu schätzen wussten und sich an ihnen erfreuen würden. Genau das Gleiche hatte ich bereits bei der Haushaltsauflösung meiner Mutter gemacht. Wir besaßen zwei antike Hobelbänke, die aus Platzgründen verkauft werden sollten. Leider fand sich kein Käufer und auch das Heimatmuseum hatte keine Verwendung dafür. Tatsächlich wurde mir von der Mitarbeiterin des Museums am Telefon anvertraut, dass sie mit Angeboten regelrecht überschwemmt wurden. Also fuhr ich in eines der besten Hotels am Ort und bot ihnen die Hobelbänke an. Begeistert wurden dieses umgehend vom Geschäftsführer persönlich abgeholt. Er hatte ihren Wert erkannt und griff zu. Nun waren sie die Prunkstücke in der luxuriösen Hotellobby. Damit war ich zufrieden, denn meiner Mutter und Großmutter hätte es mehr als gefallen, dass diese nun so bewundert und gewürdigt wurden.

Was die neuen Lampen betraf, so gönnte ich mir zwei in einem marokkanischen Stiel, in einem weichen, matten Dunkelbraun. Die Ornamente sorgen für unterschiedliche, wunderschöne Muster an den Wänden. Jeden Abend, wenn ich nun das Licht einschalte, habe ich meine Freude an diesem Schattenspiel.
Bei den Fotos hatte ich es mir zur Gewohnheit gemacht, jeden Tag einen kleinen Stapel durchzusehen, um zu entscheiden, was ich behielt und was ich in den vorbereiteten Karton mit der Beschriftung „darf weg" hineinlegte. Das war zum einen mit meinem Rücken vereinbar und auf der anderen Seite auch emotional machbar, denn jeder „Stapel" bedeutete Seelenarbeit … Manchmal kam es auch vor, dass ich den aktuellen Stapel ein paar Tage liegen ließ, schließlich war ich ja nicht in Eile.
Toni hielt sein Wort und kam treu wieder, um mir meine Anliegen zu erfüllen. Er entsorgte den schweren Karton mit den Fotos, brachte die leeren Boxen wieder in den Keller und hatte sogar einen Abnehmer für das Highboard gefunden. Für den leeren Platz fand ich einen wunderbaren Ersatz: Ein eher schlichtes Regal aus einem anderen Zimmer. Darüber positionierte ich ein weiteres Bild meiner Reise: den Birkenwald, durch den ich in Patagonien gewandert war. Er strahlte nun von einer großen, extra leichten Aluminiumplatte aus in den Raum. Nun hatte ich mir nicht nur die Natur in meine Wohnung geholt, sondern gleichsam einen Rettungsanker, der mich an die schöne Zeit erinnern sollte, wenn Trübsal drohte, mich zu übermannen.

◇◇◇◇

Die jüngsten Aktivitäten halfen mir, meine Schmerzen und die Einschränkungen in meinem Alltag zu ertragen, denn ich nahm wahr, dass ich etwas bewegte. Mit dieser Erkenntnis im Gepäck wurde ich mutiger und forschte nach, welche verschiedenen Ursachen sich möglicherweise hinter meinen Schmerzen verbargen. Da war zuallererst das Metall in meinem Rücken, der Fremdkörper, der geduldet war und wieder entfernt werden sollte. Verbunden damit waren der Knochenschmerz und die Nervenschmerzen. Außerdem meine extreme Anspannung, die sich im gesamten Körper zeigte und niemals von meiner Seite zu weichen schien. Sie war da beim Umrühren der Milch, wenn ich mir Milchreis kochte, beim Zähneputzen, obwohl ich eine elektrische Zahnbürste benutzte, bei der keinerlei Druck erforderlich war. Ja, sogar beim Aufwachen im kuscheligen Bett war es mir, als sei ich eine Harfe, deren Seiten viel zu stark gespannt waren und so nicht sanft klingen konnten. In den Momenten, in denen ich dieser Spannungen gewahr wurde, setzte ich bewusst meine Entspannungstechniken

ein und stellte fest, wie extrem tief dieses Gefühl saß. Ich nahm mir Zeit, auf das Vergangene der letzten Monate zurückzublicken. Dabei stellte ich fest, dass viel in „Bewegung“ war, auch viele positive Prozesse. Diese wollte ich vertiefen und stieß bei meiner Recherche auf die Werke des Psychotherapeuten Franz Ruppert. Ein Buch, das er zusammen mit Harald Banzhaf verfasst hatte, widmet sich der Frage: „Warum werden wir krank?“ [(11)]. Es wird der Zusammenhang zwischen der medizinischen Seite, also den biochemischen und neurologischen Prozessen im Körper und traumatischen Erlebnissen aufgezeigt. Mit der Entstehung und Verarbeitung eines Traumas hatte ich mich bereits während meiner Ausbildung zur Heilpädagogin auseinandergesetzt. Im Wesentlichen versteht man unter einem Trauma ein Ereignis von so bedrohlicher und zerstörerischer Kraft – psychisch und/oder physisch –, dass es nicht vom Organismus verarbeitet werden kann. Das Ereignis wird deshalb in „Einzelteile zerlegt“ und in unterschiedlichen „Schubladen“ des Gehirns abgespeichert, die häufig im Unbewussten „abgestellt und gelagert“ werden. Durch die Ausführungen im Buch wuchs mein Verständnis für das Zusammenspiel zwischen Körper, Geist und Seele. Ich ordnete eigene Erlebnisse anders ein, doch verarbeitete die Informationen noch hauptsächlich mit dem Verstand. Die Suche nach meinem inneren Erleben war von den Schmerzen zum größten Teil überdeckt, so wie der Winterfrost die Scheiben der Autos überzieht.
Ich hatte es immer gemocht, Situationen zu analysieren, doch seit meinem Unfall dominierten der Schmerz und das Gefühl von Angst. Nun stellte ich fest, dass ich nicht weiterkommen würde, ohne das „Gesamtpaket“ in Augenschein zu nehmen. Erinnerungen an vergangene Krankheiten glitten durch meine Gedanken. Mein HNO-Arzt nannte meine Nasennebenhöhlenentzündung bereits chronisch. Sie wanderte langsam weiter nach unten und ich bekam regelmäßige Kehlkopfentzündungen. Es verschlug mir regelrecht die Sprache. Trotzdem war ich zur Arbeit gegangen und hatte eine ganze Kindergartengruppe mithilfe von Pantomime und einer Triangel durch den halben Vormittag geleitet, bevor ich nach Hause ging, um mich auszukurieren. Nun zog ich eine Verbindung zu meiner damaligen Lebenssituation und dem, was mir meine Psyche durch meine vielen Infekte hatte sagen wollen. Tatsächlich konnte ich dankbar auf meine Vergangenheit blicken, denn ich hatte es bereits unbewusst geschafft, eine Konsequenz zu ziehen. Mein Unfall, und nun das Metall in meinem Rücken, waren etwas völlig anderes, oder nicht? Ich musste einfach Gewissheit haben und suchte nach weiteren möglichen Ursachen für meinen extremen Schmerz, der mich bisher so sehr mit seinen scharfen Klauen umklammert hielt. Und das war definitiv komplizierter, als Spanisch zu lernen, jedoch auch viel spannender.

◇◇◇◇

Wie schon so oft in meinem Leben konnte ich feststellen, dass alles seine Zeit hat. Über einen Artikel in einer Zeitschrift, wurde ich auf Eckart Tolle (12) aufmerksam und bestellte mir sein Buch: „Leben im Jetzt!“, in dem er das Phänomen eines „Schmerzkörpers“ behandelt. Er vertritt die These, dass jede unterdrückte Emotion in den Zellen unseres Körpers gespeichert wird. Um diese „aufzulösen“ ist ein Zuwenden und Annehmen aller Gefühle notwendig. Damit untrennbar verbunden ist der Schutzmechanismus. Dieser hat Enormes geleistet, nämlich zum Zeitpunkt des Traumas. „Nach getaner Arbeit“ kann dieser uns jedoch häufig im Alltag ausbremsen, statt uns zu nutzen. Um eine Veränderung herbeizuführen ist es bedeutsam, seine Rolle zu erkennen und ihm den Respekt entgegenzubringen, den er verdient, und ihm Raum zu geben. Durch das erneute Fühlen der Emotionen können diese schließlich losgelassen werden. Nun fiel mir auf, dass mir der erste Schritt gelungen war, indem ich Karlchen seinen Namen gegeben und ihn akzeptiert hatte. Erst dadurch war ich bereit, mich meinen anderen Gefühlen zuzuwenden, und genau darin übte ich mich gerade durch das Sortieren der Fotos. Glücklich über diese Erkenntnis wollte ich den Prozess zelebrieren. Dafür bereitete ich die Fotos in der ganzen Wohnung aus. Auf dem Wohnzimmertisch, dem Esstisch, den Fensterbänken, Regalen und auf der Küchenplatte. Sogar im Bad klebte ich ein paar Bilder mit Tesafilm an die Kacheln. Alles möglichst in angenehmer Höhe. Bei jedem Bild ließ ich meine Empfindungen zu. Fühlte, was die Erinnerung mit mir machte.
Ich entdeckte zum Beispiel einen Schnappschuss mit meinem Vater und mir. Ich schätzte, ich war so vier Jahre alt. Wir lagen auf dem Boden und malten gemeinsam an einem Pferdebild mit bunter Wachsmalkreide. Er trug einen knallroten Pulli und ich mein geliebtes „Reitkaschet“, wie ich es damals aussprach. An solch eine Zweisamkeit konnte ich mich gar nicht mehr erinnern. Deshalb legte ich das Foto sorgsam in meine Schachtel mit der Aufschrift: „Behalten“. Aus einer Serie von eigentlich acht Bildern, die meine Mutter und mich beim Reiten zeigte, entschied ich mich für das Foto, zu dem mich mein Herz hinzog. Nur so war es mir möglich gewesen, zu entscheiden, welche Bilder ich behalten wollte und welche nicht. Bei den Einrichtungsgegenständen war es dasselbe gewesen. Ich war also auf dem richtigen Weg um „loszulassen“.

Manche meiner alten Muster waren von besonders hartnäckiger Natur. So begann ich meine bisherige Rolle als „starke Frau“ genauer zu betrachten. Die Rolle einer Frau, die sich den Problemen anderer annahm und dabei ihre eigenen Kräfte überstrapazierte und ihre Bedürfnisse vernachlässigte. Im beruflichen wie im privaten Bereich. Ein Muster, das ich über viele Generationen in

meiner Familie zurückverfolgen konnte. Mir war es mittlerweile gelungen, viele neue Wege zu beschreiten. Das Urteil anderer erhielt einen neuen Stellenwert. Es war nicht mehr das Maß aller Dinge. Denn Wertschätzung und Anerkennung sind Angelegenheiten des Herzens und beginnen immer bei einem selbst. Erst durch den Unfall und dem damit verbundenen Rückzug vom sozialen Leben trat diese Erkenntnis ans Tageslicht. Darüber staunte und jubelte ich zugleich. Mir ging es ähnlich wie dem Entfesselungskünstler, wenn er es schafft, sich in einem Wassergefängnis von seinen Eisenketten zu befreien, die Wasseroberfläche durchbricht und erneut Luft seine Lungen füllt.
Durch die Stille der Meditation kam ich in engeren Austausch mit meiner Seele, lernte, was sie brauchte, um sich wohlzufühlen. Mein Gefühlsbarometer, wie ich sie nannte. Jeden Tag bemühte ich mich um das Gefühl der inneren Stimmigkeit. Dazu gehörten klare und authentische Rückmeldungen in Gesprächen und das Gestalten der Tage nach den eigenen Bedürfnissen. Ein wichtiger Teil war es, gnädig mit mir umzugehen, wenn es mir noch nicht gelang und aus diesen Erfahrungen zu lernen. Ein ständiger Prozess. Wann würde es leichter werden, fragte ich mich.

◇◇◇◇

Am Morgen trat ich auf den Balkon. Die Sonne schien und ich hörte die Vögel zwitschern. Ich atmete tief ein und legte dabei meinen Kopf in den Nacken, zog die Schultern leicht nach unten. „Au!“, quittierte ich den Protest meiner Muskeln und seufzte. Und dann fiel es mir ein. Heute war der 27. Mai. Genau ein Jahr war vergangen seit dem Tandemsprung, seit dem schicksalhaften Tag, der mein Leben auf so dramatische Weise verändert hatte. Ich hätte eigentlich wütend sein müssen. Zumindest ein wenig Verbitterung verspüren müssen, doch ich fühlte von all dem nichts. Was geschehen war, war geschehen. Ich wusste jedoch um die Kraft meiner Gedanken. Deshalb hatte ich schon vor vielen Wochen begonnen, meiner Situation auch Positives abzuringen. Gut, es war stets eine Herausforderung, und doch konnte ich den einzelnen Tagen auch schöne Momente abgewinnen. Ein Telefonat, bei dem ich herzlich lachen musste, ein Marienkäfer, der auf meinen Arm flog oder ein spannendes Buch, das mich in eine faszinierende, mir fremde Welt entführte.
Im Augenblick fühlte ich jedoch vor allem Spannung in mir aufsteigen. Denn bald würde mein Ärztemarathon beginnen. Ich hatte die Entscheidung getroffen, mir das Metall auf jeden Fall entfernen zu lassen, und Termine bei – laut meiner Recherchen – den vier besten Neurochirurgen der Umgebung vereinbart. Nun galt es, den richtigen für diese Aufgabe zu finden.

Hab keine zu hohe Erwartungen, versuchte ich mich gut vorzubereiten, als ich dem Arzt Nummero Uno dabei zusah, wie er meine CT-Bilder und das Röntgenbild studierte. „Es haben sich drei Schrauben gelockert“, teilte er mir schließlich mit gewichtiger Stimme mit und warf mir einen ernsten Blick über seine Brille zu. Er nahm einen Kuli und zeigte auf drei Punkte auf dem Röntgenbild als er fortfuhr: „Ganz klar, die müssen raus.“
„Hab ich Sie da richtig verstanden? Meine Schrauben sind locker?“, fragte ich und konnte es kaum fassen. War das die Ursache für meine starken Schmerzen? Das konnte allerdings nicht eindeutig bejaht werden. „Außerdem können Sie hier“, sagte er und deutete dabei erneut mit dem Stift auf das Röntgenbild, „erkennen, dass dieser Metallstab tiefer liegt und möglicherweise an das Sacrum, das Kreuzbein, anstößt.“ Ich nickte verständnislos und fragte nach: „Und das bedeutet …?“ „Einfach formuliert bedeutet das, dass einige der Schmerzen durch Druck auf den Ischiasnerv resultieren können.“ Mit dieser vagen Aussage, von jemandem, der sich unter keinen Umständen festlegen wollte, musste ich mich zufriedengeben. Fakt war, dass sich in beiden Punkten alle weiteren Chirurgen einig waren. Die Herangehensweise unterschied sich jedoch erheblich. Drei der „Götter in Weiß“ wollten zwar eine direkte Metallentnahme, sprachen aber dann von einer drohenden weiteren Versteifung, da der Bruch instabil sei. Allein bei der Vorstellung stellten sich mir die Nackenhaare auf. Eine meiner Top-Adressen trieb es auf die Spitze und sprach nicht nur von einer weiteren Versteifung der Rückenseite, sondern ebenfalls von dem Einsatz einer Platte an der Brustseite. Zusätzlich müsse man überlegen, ob es sinnvoll sei, die betreffenden Bandscheiben direkt „auszuräumen“ … Im ersten Augenblick war ich sprachlos. Ein solches Horrorszenario übertraf meine schlimmsten Befürchtungen. Nach ein paar Sekunden nahm ich es fast mit Humor, denn zu so etwas seine Einwilligung zu geben, wäre für mich so absurd, wie eine Eisdiele in der Antarktis zu eröffnen. Ich durfte nicht vergessen, dass bei all den Vorschlägen der Mediziner auch der wirtschaftliche Aspekt eine Rolle spielte. Den freischwebenden Splitter, der sich damals bedrohlich nah am Rückenmarkskanal befand, hatte ich bei diesen Nachrichten fast vergessen, und tatsächlich spielte dieser bei den Überlegungen der Ärzte keine Rolle mehr.
Der vierte Arzt nahm sich Zeit, all meine CT-Bilder anzusehen und miteinander zu vergleichen. Er erklärte mir seine Empfehlung anhand der Bilder. So erfuhr ich von der Fähigkeit des Körpers, Spondylophyten zu bilden. Das bedeutet, dass der Körper natürliche „Ersatzstifte“ hervorbringen konnte. Auch ein Phänomen, das häufig bei Patienten mit einer Bandscheibenproblematik zu beobachten sei. In meinem Fall war zu sehen, dass mein Körper bereits damit begonnen hatte. Mit der nötigen Zeit könnte dieser Vorgang abgeschlossen werden und sich eine natürliche Versteifung gebildet haben. Nach Schätzungen dieses Neurochirurgen sollte ich mit einer Wartezeit von weiteren neun bis zwölf Monaten rechnen.

Ob sich eine deutliche Verbesserung meiner Schmerzen nach der Operation einstellen würde, galt abzuwarten. Am liebsten hätte ich vor all diesen Prognosen meine Ohren verschlossen. Nun hieß es, gut abzuwägen! Selbstredend war mir ein natürlicher Heilungsprozess die willkommenste Lösung. Doch würde ich diese vielen Monate mit den Schmerzen noch aushalten können? Für meine Entscheidungsfindung wollte ich mir Zeit geben. Es gab die Vernunft, die ihren Standpunkt vertrat. Die Angst, die sich meldete.
Ich wollte jedoch auf mein Herz hören. Auf meine Intuition. Hoffte auf eine Antwort im Gebet, denn schließlich wusste ich durch meine Reise, wie eine Gebetserhörung aussehen konnte – ein Autofahrer, der aus dem Nichts erschien und einen samt Fahrrad zum Hostel fuhr oder ein Ehepaar aus Deutschland, das mir auf einmal das nötige Geld geliehen hatte, eine Broschüre für eine Ferienwohnung, die in meinem Koffer lag … Ich würde mich also in Geduld und Vertrauen üben. Zusätzlich wollte ich durch die Stille der Meditation Klarheit gewinnen. Meine Seele kannte den richtigen Weg, dessen war ich gewiss. Sie würde mir Rückmeldung geben. Ganz praktisch hatte ich das bereits erfahren dürfen. Gelang es mir abzuwarten, kam der Augenblick, an dem ich um die gesuchte Antwort oder Lösung wusste. Wie eine Knospe, die auf einmal ganz unbemerkt erblühte.

◇◇◇◇

Mein zweiundvierzigster Geburtstag war ein unscheinbarer Montag, der ebenso leise verging, wie er gekommen war. Es war nicht leicht, die Überlegungen zu unterdrücken, wie mein Leben ohne Unfall jetzt aussehen würde. Eher nachdenklich gestimmt, begab ich mich weiter auf den Weg zur Selbstreflexion. Es war schon spannend, zu entdecken, welche „blinde Flecken“ ich bisher erfolgreich ignoriert hatte, denn an einem Abend fiel mir meine sandfarbene Lackbox auf. Sie war in Vergessenheit geraten, obwohl ich es mir zur Gewohnheit gemacht hatte, in ihr meine bedeutsamsten „Schätze“ aufzubewahren. Neugierig geworden, was sich in ihrem Inneren verbarg, öffnete ich sachte den Deckel. Fast augenblicklich fielen mir zwei Briefumschläge ins Auge. Da wusste ich es wieder! Das waren die zwei längsten und schwierigsten Briefe meines Lebens gewesen. Nach dem Tod meiner Eltern hatte ich einen an meine Mutter und einen an meinen Vater verfasst. All die Dinge, für die ich vorher nie die rechten Worte gefunden hatte, waren hier zu Papier gebracht. Mit zittrigen Händen zog ich den ersten Bogen aus dem Umschlag und las die Zeilen, danach die des anderen Briefs. Es war ein melancholisches Gefühl. Die gemeinsame Zeit war unwiederbringlich – Teil der Vergangenheit. Doch mit jedem weiteren Absatz, den ich las, spürte ich Versöhnung, die mir das Herz wärmte und wunderschöne Erinnerungen aufleben ließ.

Dieser innere Frieden zeigte sich in den folgenden Tagen. Ich fühlte mich leichter. Schlief besser und glaubte zu bemerken, dass sogar Karlchen – mein Schmerz – sich ruhiger verhielt … Der französische Philosoph Henri Bergson (13) formulierte so treffend: *„Das Auge sieht nur, was die Seele bereit ist zu sehen.“*

Nach diesem Erlebnis formte sich in mir ein neuer Wunsch. Ich wollte nach Bayern, und dem Ort einen Besuch abstatten, in dem ich den Großteil meiner Kindheit verbracht hatte. Wie ich dorthin gelangen sollte, entzog sich allerdings im Augenblick noch meiner Vorstellungskraft. Die Entfernung konnte ich weder mit dem Zug noch allein mit dem Auto bewältigen. Aber, wie es der Zufall so wollte, unterhielt ich mich ein paar Tage später mit einer Freundin und wir kamen auf Bayern zu sprechen. Rieke schwärmte mir von ihrem letzten Besuch in den Bergen vor und klagte ihr Leid, dass sie keine Finanzen für eine erneute Fahrt dorthin habe. So entstand die Idee, uns zusammenzutun. Sie würde mit meinem Auto fahren und ich könnte mich während der Fahrt ausstrecken. Ich freute mich, auf dieser besonderen Reise eine Freundin an der Seite zu haben.

◇◇◇◇

Die Fahrt war lang und anstrengend, obwohl ich den Luxus der Beifahrerin genoss. Ohne Rieke hätte ich die Fahrt niemals geschafft. Gegen Abend rückte unsere Ankunft immer näher. In mir tobte kein Orkan, als mein Blick auf die vertraute Silhouette der Berge fiel, noch befand ich mich im Auge des Sturms, als wir durch die gut bekannten Straßen fuhren, vorbei am Dorfplatz mit dem hohen Zwiebelturm der Kirche. Nein, es durchflutete mich vielmehr ein kurzer Moment der Leichtigkeit und Freude, als ich die süße Luft der Sommerwiesen tief in meine Lungen sog. Eingeladen von Jana, einer Freundin, erlebte ich meine Umgebung zum allerersten Mal von einer neuen unbeschwerten Warte aus. Ich hatte keine Verpflichtungen zu erfüllen, durfte einfach hier sein. Bei Sonnenschein lagen wir faul in ihrem Garten und tauschten Neuigkeiten aus. Doch trotz des Müßiggangs war ich erschöpft, denn meinem Körper war die Anstrengung viel zu viel. Es meldeten sich meine Schmerzen zu Wort, und ich fühlte eine starke Anspannung in meinem Körper.
Jana ist Physiotherapeutin. Einfühlsam und herrlich unkompliziert. So konnte ich ihre Tipps aufgreifen und durfte aus ihrem Erfahrungsreichtum schöpfen. Auf diese Weise kam ich an ein paar Wanderstöcke mit einer zusätzlichen Abfederung für meine Laufübungen. Ich versuchte mir durch kleinste Gewichtsverlagerungen, Erleichterung zu verschaffen und gleichzeitig einer Fehlhaltung entgegenzuwirken. Ich war verblüfft und begeistert, welch minimale und doch

so effektive Wirkung ich damit erzielen konnte. Es erforderte allerdings absolute Konzentration.
An einem Nachmittag, als ich aus meinem Mittagsschlaf erwachte, fühlte ich mich gestärkt genug, um besondere Orte meiner Vergangenheit zu besuchen, wie das Reitgeschäft meiner Mutter im Ortskern. Natürlich wollte ich auch einen Blick auf mein altes „Zuhause“ riskieren. Bewusst hatte ich mich dazu entschieden, mich allein auf den Weg zu machen. Wollte mich ganz auf meine Gefühle einlassen können. Ich wappnete mich innerlich und rechnete mit Tränen und Trauer. Doch nichts dergleichen geschah. Was war los mit mir, wunderte ich mich. Lange hatte ich diesen schweren Gang hinausgezögert, aus Angst, ihn nicht ertragen zu können. Alles, was ich nun spürte, war jedoch eine unendliche Erleichterung und ein Gefühl der Wärme, das sich in meinem Körper ausbreitete. Mit dem Auto fuhr ich zu dem alten Pfad am Bergsee, den ich so oft mit meiner Mutter auf unseren Hundespaziergängen gegangen war. Ich stieg aus und blickte mich um. Die Grillen zirpten im Gras und ein sanfter Windhauch streichelte mir übers Haar. Mein Herz war erfüllt von ein wenig Wehmut und ganz viel Liebe, ausgelöst durch Erinnerungen, die mich in ihrer bunten Vielfalt erfüllten, verbunden mit dem Wissen, dass alles seine Zeit hat.

◇◇◇◇

Mit den Eindrücken des Urlaubs und den neu erlernten Techniken im Gepäck ging es zurück nach Hause. Dort versuchte ich, während meiner Spaziergänge die praktische Umsetzung zu verinnerlichen. Ich kam mir vor wie früher bei einer Fahrstunde in Vorbereitung auf den Führerschein – Vor dem Abbiegen den Blinker betätigen, Blick über die Schulter und bei Regen sogar noch den Scheibenwischer anstellen … Jetzt versuchte ich gedanklich, links im unteren Rücken die Spannung zu minimieren und gleichzeitig die Spannung im Bauch zu erhöhen, um meinem Rücken dadurch mehr Halt zu geben …
Es klingt albern, bereitete mir aber große Anstrengung, denn es bedeutete gleichsam den Schmerz liebevoll anzunehmen. Während des Laufens war dies viel herausfordernder als im Liegen. Deshalb gelang es mir zu Anfang nur für ein paar Sekunden und darüber jubelte ich innerlich vor Stolz und Glück, denn in diesen kostbaren Sequenzen stellte sich eine weitere Linderung ein.
Doch ich wollte mehr erreichen und versuchte es mit der Methodik nach Moshé Feldenkrais. Im Kern geht es um die Bewusstheit bei der Bewegung. Darum, die eigene Wahrnehmung zu sensibilisieren, um alte und/oder ungesunde Bewegungsmuster zu erkennen und zu ersetzen. Um mir das Zusammenspiel meines „Innenlebens“ besser vorstellen zu können, half mir der Nachbau eines Skeletts

in einer Arztpraxis. Ein Anatomiebuch aus dem Jahre 1968 eröffnete mir zusätzliche Kenntnisse über die Kompensationsfähigkeiten des Körpers. Es wurde der Vergleich zwischen der Wirbelsäule und einem Schiffsmast gezogen. Mit dieser bildlichen Vorstellung konnte ich sofort etwas anfangen, auch ohne medizinisches Fachwissen. Weiter führte mich die Beschreibung zur Takelage, die die Aufgabe hat, den Schiffsmast zu stabilisieren, ähnlich wie die Rückenmuskulatur die Wirbelsäule unterstützt. Die Fülle der Informationen zum Beispiel, wie sich das Becken, das Kugelgelenk der Hüfte und die vielen Muskelstränge, Sehnen und Faszien des Rückens und die des restlichen Körpers bei einer bestimmten Bewegung verhalten, gaben mir die Sicherheit, dass das eingesetzte Metall nicht allein die Last trägt.
All mein Wissen, das ich verloren geglaubt hatte, tauchten nun aus meinem Inneren wieder auf und verwandelte meinen Rücken in ein solides, aber bewegliches Geflecht aus unzähligen filigranen Titanketten, auf denen Edelsteine aufgezogen waren. Plötzlich erkannte ich die wundersamen Fähigkeiten meines Körperbaus. Sie offenbarte sich mir in der Finesse ihrer ganzen funkelnden, farbenfrohen Pracht. Das nährte ein Gefühl der Zuversicht. Genau das hätte ich schon in der Reha wissen sollen, schoss es mir mit Erstaunen und Wut zugleich durch den Kopf. Wer hätte gedacht, dass allein das Wissen um Zusammenhänge mein Körpergefühl veränderte! Natürlich nicht sofort, zaghaft zuerst, jedoch kontinuierlich in winzigen kleinen Schritten mündete es in neuem Vertrauen in die Fähigkeiten meines Körpers. Der nächste Weg führte mich zu meiner Schmerztherapeutin. Denn nun hieß es, das Innere nach außen zu tragen. Heraus aus der Rolle der „passiven Schmerzpatientin“ und hin zu einer aktiv gestaltenden Person mit einer Beeinträchtigung, die positiv in die Zukunft blickt.
Ich teilte ihr mit, dass ich meine Schmerzmittel abgesetzt hatte. Sie nickte und sagte mir, dass sie sich notiere, ich würde im Augenblick versuchen, zu pausieren. Wie bedauerlich, dass sie sich nicht einfach für mich freuen kann, dachte ich bei mir. Zumindest wusste ich, dass ich die richtige Entscheidung getroffen hatte. Spürte das Gefühl der Gewissheit, dass sich meine Situation zum Guten wenden würde. Hatte Gott mir nicht bisher immer zur rechten Zeit ein neues Puzzleteil angeboten, das mir half, weiter zu gesunden?

◇◇◇◇

Obwohl ich keinen Sport mehr treiben konnte, fühlte ich mich häufig ausgelaugt und erschöpft. Natürlich zehrten die Schmerzen an meinen Kräften, doch trotz dieser Erschöpfung litt ich unter Schlafstörungen. Meine naturverbundene Freundin Rieke machte mich auf eine weitere mögliche Ursache aufmerksam:

meine Ernährung. Sie erklärte mir: „Gerade der viele Kaffee, den du trinkst, ist Gift für deine Knochen! Und dann noch die viele Schokolade! Dein Körper ist mit Sicherheit total übersäuert!“ Ich blinzelte und dachte im ersten Augenblick nur: Du kannst gut reden, dir werden ja auch nicht alle anderen Freuden im Leben madig gemacht. Mit der Zeit wurde ich jedoch offener für die Möglichkeiten, die sich mit einer Umstellung auf eine basische Ernährung ergeben sollten.
Ich hatte nämlich recherchiert und wusste nun, dass der Körper bei einer Übersäuerung versucht, den basischen Anteil wieder ins Gleichgewicht zu bringen. Dieser Prozess raubt Energie und entzieht den Knochen Calcium, was für deren Stabilität und Festigkeit aber unverzichtbar ist. Diese Fakten überzeugten mich, es zu versuchen. War ich doch bereit, alles zu tun, um meinen Genesungsprozess anzukurbeln. Das beinhaltete allerdings auch, meinen Schokoladenkonsum drastisch zu reduzieren. Mit einem Hauch von Wehmut dachte ich an meine Fernsehabende, eingekuschelt auf dem Sofa und leckere Schokolade naschend. Beim Googeln stieß ich jedoch auf eine Überraschung, die mich mit der Ernährungsumstellung versöhnte: Bitterschokolade mit einem Kakaoanteil von mindestens sechzig Prozent war basisch. Schokolade würde also weiterhin ein fester Bestandteil meiner Einkaufsliste bleiben. Richtig kniffelig wurde es, als ich mich meinem täglichen Pensum von fast eineinhalb Litern Kaffee zuwendete. Den ersten Morgen ohne Kaffee startete ich mit fröhlichem Optimismus. Gegen Mittag bekam ich die ersten Anzeichen von Kopfschmerzen und die nächsten drei Tage durchlitt ich einen regelrechten Entzug. Zu meinen Rückenschmerzen gesellte sich nicht nur das Kopfweh, sondern auch ein Schwindelgefühl und Übelkeit. Das steigerte sich in solche Höhen, dass ich schon dachte, ich hätte mir einen Magen-Darm-Virus eingefangen. Ich legte mich ins Bett, zog mir die Decke über den Kopf und bemitleidete mich selbst.
Am vierten Tag krabbelte ich aus meiner Höhle heraus und zog vorsichtig das Rollo des Fensters herauf. Die Sonne schien mir hell und warm entgegen. Das passte zu meiner Verfassung, denn endlich fühlte ich mich besser. Ich hatte es geschafft, die Entgiftung war abgeschlossen. Zur Selbstbestätigung stellte ich gleich meine Kaffeemaschine bei Ebay-Kleinanzeigen ein und verkaufte sie keine drei Stunden später als „Schnäppchen“. Damit hatte ich zusätzlichen Freiraum in meiner Küche geschaffen. Wann immer nun mein Blick dorthin wanderte, freute ich mich, meinem Ziel der Heilung näher zu kommen. Hätte ich geahnt, wie gut ich mich fühlen würde, wie positiv sich mein Körpergefühl veränderte, hätte ich schon viel früher mit einer basenreichen Ernährung begonnen.
Was meine Überlegungen bezüglich der anstehenden Operation anbelangte, so hatte ich mich entschieden, trotz der Schmerzen abzuwarten und auf die Bildung einer Spondylophyte zu hoffen. Für mich war dies die beste Option. Ich wollte auf jeden Fall ein Leben ohne Metall in meiner Wirbelsäule führen.

◇◇◇◇

Um diesen Prozess noch mehr zu unterstützen, durchforstete ich das Internet nach weiteren Möglichkeiten und stieß auf die Magnetfeldtherapie. Also forderte ich Info-Material an und telefonierte mit Fachpersonal. Ich erfuhr, dass die Therapie sich das Wissen zunutze macht, dass der menschliche Körper ein eigenes Magnetfeld durch sogenannte Diffusionsprozesse generiert. Dieses wird heutzutage in diagnostischen Verfahren wie dem EKG oder dem EEG gemessen. Durch unterschiedliche Belastungen, wie Stress, eine falsche Ernährung, Umweltbelastungen, Verletzungen, Knochenbrüche und das Zuführen von Suchtmitteln kann es zu Störungen und einem Abfall dieses Magnetfeldes kommen. Es können degenerative Erkrankungen des Bewegungsapparates und der Wirbelsäule entstehen. Durch verschiedene Faktoren, wie in meinem Fall dem Wirbelbruch, dem eingesetzten Fremdkörper, der emotionale Belastung und den Schmerzen, führt dies zu einem Abfall dieses Magnetfeldes. Mithilfe der Magnetfeldtherapie wird nun ein externes Magnetfeld erzeugt, um die Eigenschwingung zu erhöhen. So wird die Wundheilung unterstützt.
Für mich war dies der entscheidende Faktor, denn durch meine Versteifung war der Bereich um das Metall nicht beweglich. Diese Stimulation war nun dem Effekt sportlicher Aktivitäten ähnlich. Leider erhält man für diese Art der Therapie in Deutschland keine Beteiligung oder gar Kostenübernahme der gesetzlichen Krankenversicherung. Ich finde das völlig widersinnig, da die vielen Medikamente im Vergleich auch nicht preisgünstiger sind. Meine Wahl beeinflusste das jedoch nicht.

◇◇◇◇

Es war ein guter Tag, denn die Schmerzen waren wie ein Hintergrundrauschen, an das ich mich gewöhnt hatte. In den letzten Monaten war so viel passiert …Häufig waren Sätze gefallen wie: „Alles hat einen Sinn." Oder der Klassiker: „Hast du gewusst, dass das Wort Krise im Chinesischen auch Chance bedeutet?"
Ja, prinzipiell hatte ich das auch in meiner Ausbildung gelernt und teilte diese Ansicht. Als ich im Krankenhaus lag und vor Schmerzen nicht wusste, wie ich den Tag überstehen sollte, hielt ich die gut gemeinten Ratschläge jedoch für unsensibel und deplatziert. Doch wie ich feststellte, ist das Einzige was Bestand hat die Veränderung – innerlich wie äußerlich. Diese These fand auch Bestätigung in der Tatsache, dass sich bei einer Untersuchung auf den CT-Bildern entgegen meiner Erwartung kein Wachstum einer Spondyolphyte zeigte.

Sich also kein Ersatzstift für mehr Stabilität in meinem Rücken entwickelte. Waren etwa all meine Bemühungen umsonst gewesen, wütete es damals in mir. Mit verzweifelter Vehemenz suchte mein Blick eine Erklärung auf den schwarz-weißen Bildern, die vor mir lagen. Eine Erklärung fand ich dort nicht, jedoch eine faszinierende Entdeckung: Im Bereich meiner Fraktur hatte sich ganz eindeutig neues Knochengewebe gebildet.
War das meine Gebetserhörung? Konnte mein Körper nun auch ohne den erhofften „Ersatzstift“ und ohne Metall die Verletzung kompensieren? War die fehlende Spondylophyte ein Glück, da ich so mehr Flexibilität innerhalb des Körpers behielt?
Um mehr Klarheit zu gewinnen, entschloss ich mich zu fasten. Es wurden neun Tage. Neun Tage, an denen ich erleben durfte, zu was mein Körper auch ohne Nahrung fähig war! In dieser Zeit fühlte ich mich großartig. Endorphine fluteten meinen Körper bis in den letzten Winkel meines Seelenkraters und die Schmerzen wurden für köstliche Augenblicke davon überlagert. So entwuchs aus dieser Erfahrung ein unerschütterliches Vertrauen in die Heilungskräfte meines Körpers. Entspannt vereinbarte ich einen OP-Termin für die Metallentnahme. Die Bedenken, die Herr Prof. Dr. Dr. bezüglich meines Anliegens äußerte und die mahnenden Worte, dass sich innerhalb der folgenden sechs Monate der gebrochene Wirbelkörper nach vorne neigen könnte und deshalb eine erneute Versteifung folgen müsse, ließ ich unkommentiert.

◇◇◇◇

Nun sind fast zweieinhalb Jahre seit meinem Aufbruch zu meiner Reise um die Welt und sechsundzwanzig Monate seit meinem Unfall vergangen. Ich sitze auf meinem liebgewonnenen Giroflex-Stuhl und ziehe Bilanz: Mittlerweile besitze ich einen Schwerbehindertenausweis mit einem „G“, was für eine Gehbeeinträchtigung steht. Was das für meinen beruflichen Werdegang bedeutet, gilt abzuwarten. Eines steht jedoch fest, es wird eine neue Aufgabe sein. Ich schmunzle, wenn ich daran denke, wie viel Freude ich verspüre bei den gleichen Dingen, die auch meine Eltern mit Hingabe pflegten. Ein gutes Glas Wein am Kamin, gesellige Abende mit Freunden, das Lernen von Fremdsprachen, tanzen und die Wunder der Natur genießen zu können sind einige davon. Gleichsam erfüllen mich Erleichterung und Frohsinn darüber, dass ich es geschafft habe, viele meiner alten, übernommenen Muster zu durchbrechen und ich nun neue Wege beschreite. Dazu gehört auch das Thema Abgrenzung. Manche Freundschaften endeten, da die Wünsche und Bedürfnisse zu unterschiedlich waren, andere erhielten eine neue Chance zu wachsen und blühten neu auf.

Zu meinen Geschwistern pflege ich nun einen Abstand, mit dem ich mich wohlfühle und darüber bin ich unendlich froh. Das Leben ist Veränderung. Dazu fällt mir Helena ein. Meine Freundin aus Kindertagen brachte am 10. Mai eine kleine Tochter zur Welt. Ann-Marie ist mit knapp 3500 Gramm und zweiundfünfzig Zentimetern gesund und munter und hat die süßeste Stupsnase, die ich je gesehen habe. Die Krönung dieses Wunders – ich wurde Patentante! Welch wundervolles Geschenk! Nun kann ich die Kleine verwöhnen und knuddeln und, wer weiß, vielleicht kann ich ihr eines Tages das Reiten beibringen. Bis dahin liegt jedoch noch eine Wegstrecke vor mir, doch kenne ich nun ihren ungefähren Verlauf … Alles wird gut! Ich bin mir sicher und vor meinem inneren Auge schwebe ich bereits in einem schicken weinroten Kleid und meinen glitzernden Tanzschuhen über das Parkett. Meine berufliche Zukunft steht noch in den Sternen. Ich werde versuchen, feinfühlig in mich hineinzulauschen, um so das zu tun, was richtig für mich ist. Das nötige Handwerkszeug habe ich bereits, denn mittlerweile fand ich heraus, wie viel Vergnügen es mir bereitet, mein inneres, starres Ordnungssystem durcheinanderzuwirbeln. Ich stelle mir einen antiquierten Apothekerschrank vor, dessen Schubladen ab jetzt weit offenstehen. Gefüllt mit der bunten Vielfalt des Lebens, die ich begierig, wie ein Schwamm, aufsauge. In einigen meiner Schubladen befinden sich sogar Blumen. Farbenfrohe Wicken, duftender Lavendel, eine stachelige Silberdistel mit ihren Heilkräften und eine Mimose, die mich daran erinnert, die Signale meines Körpers zu achten. Dazu gesellt sich die Gewissheit, von einer Schöpferkraft behütet und begleitet zu sein. Das alles lehrte mich meine Reise.

◇◇◇◇

Eine Reise, bei der ich mit jeder Begegnung, jedem Gespräch und jeder Etappe ein kleines Stückchen meiner Selbst neu entdeckte. Wie bei einem kostbaren Geschenk, das in viele Schichten hauchzarten sonnengelben Seidenpapiers gehüllt ist, aus dem ein leichter Duft von Patschuli strömt. Und das es gilt auszupacken. Schicht um Schicht. Manches mit Ehrfurcht und unbändiger Freude, manches mit einem Husten, da das Parfüm einem in der Nase juckt oder einem das ein oder andere Mal sogar Tränen in die Augen treibt. Doch die Neugier und der Wunsch, ans Ziel zu gelangen, gestatten kein Halten – so lange, bis der Schatz sich offenbart. Der Schatz, sich selbst zu begegnen, sich zu kennen. Mir ist das gelungen. Ich weiß wieder, wer ich bin, habe mich erinnert an das kleine Mädchen mit dem mutigen Herzen. Nun kenne ich meine Gefühle in all ihren Farben, weiß um meine Fähigkeiten, meine Stärken, meine Schwächen, meine Ziele, meine Wünsche. Das gibt mir Sicherheit und diese trägt auf ihren

Flügeln die Leichtigkeit mit sich. Unabhängig davon, wie schwierig eine Situation auch sein mag, denn das Geheimnis liegt darin, dem eigenen Gefühl der Stimmigkeit zu folgen, in dem Wissen handlungsfähig zu sein. Bei dem Gedanken daran, muss ich an die Worte von Juan denken, dem Busfahrer aus Patagonien, der es in so einfache, aber treffende Worte kleidete: „You know, life is easy!" – „Weißt du, das Leben ist leicht!"

Dabei jubiliert mein Herz und ruft: „Es geht mir gut!".
„Endlich darf ich atmen!", seufzt meine Seele.
„Ich bin nun ein Teil von euch", merkt der Verstand an und der Köper spricht: „Danke, dass ihr mich wahrnehmt und euch um mich kümmert!"

„Für eine bessere Zukunft“

Dies ist der Name des Hilfsprojekts von Dorothea und Wolfgang Landes in Bolivien, von dem ich Ihnen berichten möchte.

In diesem Land sind 60 Prozent der Bevölkerung von Armut und sogar 28 Prozent von extremer Armut betroffen. Das deutsche Ehepaar Landes lebt seit 1995 in Bolivien. Dort haben sie in verschiedenen Projekten mitgearbeitet. Die ständige Konfrontation mit Armut und ihren vielfältigen Gesichtern führte das Ehepaar dazu, ein eigenes Projekt zu entwickeln. Das Besondere ihres Engagements ist ihre ganzheitliche Arbeitsweise! Sie sehen die Kinder, ihre Eltern und ihr Lebensumfeld. Durch Schulbildung, Fortbildungen, finanzielle Unterstützung und der Weitergabe von christlichen Werten ermöglichen sie den Menschen vor Ort, einen Weg aus der Perspektivlosigkeit.

Möchten Sie mehr erfahren...?
Weitere Informationen finden Sie unter:

www.bolivien-landesweb.net

Literaturverzeichnis

1 Inspiration zur Reise: The World Travel Book – Die faszinierendsten Reiseziele der Welt, Kunth Verlag GmbH&Co.KG, München, 2016

2 Meike Winnemuth: „Das große Los“, Knaus Verlag, 2013

3 Martin Buber: „Das Dialogische Prinzip“, Lambert Schneider Verlag, Ersterscheinung 1999, 10. Auflage 2006

4 Psalm 121, Gute Nachricht Bibel, Deutsche Bibelgemeinschaft, Revidierte Fassung 1997

5 Zitat aus dem Film: „Sissi – Die junge Kaiserin“, Studiocanal, 1956

6 Johnny Cash, „Man in Black“, Album: The Legend of Johnny Cash, Label: Hip-o-Records, 2010

7 Matthias Claudius: „Wenn jemand eine Reise tut, so kann er was erzählen.“, 1774, Musik: Friedrich Zelter, 1793

8 Daniel Wilk: „Auf den Schultern des Windes schaukeln“, Carl-Auer Verlag, 6. überarbeitete Auflage 2014

9 Hildegard Knef, Hans Hammerschmid, „Für mich soll‘s rote Rosen regen“, Single, Decca, 1968

10 Ajahn Brahm: „Die Kuh die weinte“, Seite 109, Lotus Verlag, deutschsprachige Auflage 2006

11 Franz Ruppert und Harald Banzhaf: „Mein Körper, mein Trauma, mein Ich – Warum werden wir krank?“, Kösel-Verlag, 2017

12 Eckhart Tolle: „Leben im Jetzt“, Goldmann Verlag, Erstauflage der deutschsprachigen Ausgabe 2002

13 Henri Bergson: „Zeit und Freiheit“, Ersterscheinung 1889, Hamburg, 3. Auflage, 2006

Zusätzliche Literaturempfehlungen

„Lonely Planet“, Reiseführer als Internet-Version für das Handy

Bert Hellinger, „Glück das bleibt“, Herder Verlag

Bert Hellinger, „Ordnungen der Liebe“, Carl-Auer-Verlag

Susanne Hühn, „Die Heilung des inneren Kindes“, Schirren Verlag

Franz Ruppert: „Trauma, Angst und Liebe – Traumata als Hauptursache für psychische und körperliche Probleme“, Kösel Verlag

Ruediger Dahlke, „Krankheit als Sprache der Seele“, Orbis Verlag

Virginia Satir, „Meine vielen Gesichter“, Kösel Verlag

Virginia Satir, „Fragen können wie Küsse schmecken“, Carl-Auer-Verlag

Dr. Moshé Feldenkrais, „Bewusstheit durch Bewegung“, Suhrkamp Verlag/ praktische Inhalte des Buches verdeutlicht auf YouTube von Andrew Gibbons: What is Good Posture?

Bettina Egger und Jörg Merz, „Lösungsorientierte Maltherapie“, Hogrefe Verlag

Clements Kuby, „Selbstheilung“, Nikol Verlag

Über die Autorin

Celine Stüker wurde 1976 in Herford geboren. Die Liebe zu Pferden, der Natur und Büchern begleiteten sie bereits ihr ganzes Leben. Ihre Passion für die Beweggründe menschlichen Handelns spiegeln sich in ihren beruflichen Qualifikationen als Erzieherin, Heilpädagogin, Heilpraktikerin (Psychotherapie) und Autorin wieder. Heute lebt sie in Düsseldorf am Rhein. Vor allem ihre Fähigkeit, die kleinen Dinge des Lebens als Geschenk zu betrachten, und die Besinnung auf das, was Bestand hat, sind Quelle ihrer Kraft. Das Schreiben dieses Buches zeichnet einen bedeutsamen Mosaikstein ihres fortwährenden Heilungsprozesses nach.

www.celinestueker.com

post@gmail.com

Eine Auswahl an Kalendern mit Reisefotos von Südamerika und Australien finden Sie unter:

https://www.etsy.com/de/listing/1437783161/kalender-2023-mit-fotos-tischkalender

https://www.etsy.com/de/listing/1431860238/inspirierender-tischkalender-mit-fotos

Danksagung

Ich bin unendlich dankbar für die vielen kleinen und großen Geschenke, die mir auf meiner Reise gemacht wurden: In Gestalt von alten und neuen Freunden, „zufälligen" Begegnungen und in Form von Büchern, Filmen, Geschichten oder Liedern, die mich inspiriert haben, sowie durch Geschenke der Natur und die Gewissheit von einer Schöpferkraft behütet und getragen zu sein.

„Das Buch soll in die Welt." ...das durfte ich von Freunden und von Menschen, bei denen ich für mein Herzensprojekt Unterstützung einholte, häufig hören. Auch ich teilte dises Gefühl. Nun ist der Wunsch Realität. Meinen tiefen Dank an jeden einzelnen von Euch! Welch Wohltat waren für mich ein offenes Ohr zur rechten Zeit, ermutigende Worte und ehrliche Rückmeldugen! Durch Euer Mitwirken ist das Buch nun im Handel erhältlich! Möge es durch meine Geschichte gelingen, Ihnen lieber Leser, liebe Leserin, Mut zu machen, neue Perpektiven zu gewinnen und die Neugier wecken auf die Schätze, die das Leben für jeden von uns täglich bereithält.

Hat Ihnen mein Buch gefallen?

Nun kommen wir zu dem Teil des Buches, in dem ich Sie um einen kleinen Gefallen bitte. Rezensionen sind ein extrem wichtiger Bestandteil von Produkten, auch bei Büchern. Kunden können sich besser entscheiden, ob sie ein Buch kaufen möchten oder nicht. Und Rezensionen helfen, Bücher innerhalb des vielfältigen Angebotes von Amazon sichtbarer zu machen.

Wenn Ihnen mein Buch gefallen hat, würde ich mich sehr über eine Rezension freuen. Schreiben Sie, was Sie über mein Buch denken, was Ihnen gefallen hat, ob man es gut lesen konnte und natürlich auch, was Ihnen womöglich gefehlt oder nicht so gut gefallen hat.

Ich lese jede Bewertung und jedes persönliche Feedback (cs@klhe.de). Das hilft mir dabei, meine Bücher stetig zu verbessern.

Ich freue mich auf Ihre offene und ehrliche Bewertung und bedanke mich herzlich für Ihre Unterstützung,

Celine Stüker

Weitere Titel von KLHE helper

138 Seiten
ISBN 978-3-947061-54-9
Auch als eBook und Hörbuch erhältlich

Die hermetischen Gesetze und Universalprinzipien durchziehen unser aller leben, doch kaum jemand versteht sie. Lernen Sie jetzt geistige Alchemie!

110 Seiten
ISBN 978-3-947061-34-1
Auch als eBook oder Hörbuch erhältlich

Dieses Buch ist nur für Menschen, die nicht nur sich, sondern zugleich die Welt verbessern möchten!

120 Seiten
ISBN 978-3-947061-23-5
Auch als eBook oder Hardcover erhältlich

Sie fühlen sich manchmal vom Pech verfolgt und wünschen sich mehr Glück und Zufriedenheit im Leben?

204 Seiten
ISBN 978-3-947061-90-7
Auch als eBook, Hörbuch oder Hardcover erhältlich

Christiane Tietz schildert in diesem Buch, wie sie sich selbst aus Depressionen und Unglück befreit hat - und auch Sie das können!

KLHE helper